U0462889

本书为2022年湖北省社会科学基金一般项目(后期资助项目)"数智时代湖北方言语义演化研究"(HBSK2022YB479)、2021年湖北省教育厅哲学社会科学研究项目(青年项目)"现代汉语方言被动标记语义功能的演变研究"(21Q264)、2021年湖北省高校人文社会科学重点研究基地湖北方言文化研究中心项目(重点项目)"湖北方言躯体动作动词多义性研究"(2021FYZ001)的成果之一,并得到湖北第二师范学院学术著作出版项目资助。

光谷语言文学研究丛书

曾 妮／著

数智时代
湖北方言语义演化研究

Research on the Semantic Evolution of
Hubei Dialect in the Age of Digital Intelligence

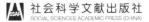

社会科学文献出版社
SOCIAL SCIENCES ACADEMIC PRESS (CHINA)

序　言

语言类型学研究领域的语义地图模型，是用于分析跨语言变异的强大工具。近几十年来，其理论与应用研究都有了较大的进展。许多学者将原本用于研究跨语言多功能语法形式的语义地图模型，应用到汉语方言语法词和实词的研究中。躯体动作动词是人类活动中使用最频繁且重要的一类实词，人类活动会受到地理条件的限制，这些限制同样会反映在语言方面。因此，将语言类型学及地理语言学的相关理论和方法应用到躯体动作动词的研究中，具有较高的可行性。

本书从语言类型学和地理语言学的视角出发，运用语义地图模型和时间地理学理论，集中探讨《斯瓦迪士核心词列表（100 词）》中前五个躯体动作动词。在研究方法及技术方面，对语义地图中基元间的蕴涵关系算法进行了优化。通过关联分析，基于 Apriori 算法，寻找频繁项集来辅助构建经典的语义地图，挖掘词义基元间的蕴涵关系，并将蕴涵关系转置到地理空间中进行分析。引进时间地理学中的相关概念探讨分析方言演变问题，将生命线概念、基本事件类型、制约因素匹配到语言研究中。在分析及结论方面，结合本次田野调查所获语料，通过计算辅助，构建了相关的躯体动作动词的经典语义地图，较全面地展示了相关动词的词义在湖北地区的共时面貌。同时，将词义间的蕴涵关系转置到地理空间中，结合词义的活跃程度，推测词义未来的地理走向。此外，从时间地理学角度分析，通过方言使用者的生命线，可以观察到某一词义在方言中的生存状况，预测其演变状况。

结合个体行为的基本事件类型，探讨了各种事件类型在方言演变上的体现。从能力制约、组合制约和权威制约三方面，说明了不同制约下移民个体方言演变的特点。

　　本书是在前人研究的基础上结合近年来的科研成果而完成，由于时间有限，仍存在许多不足之处，恳请大家批评指正。

目 录

绪　论

一　选题缘起

动作动词在整个动词群体中占比最大，而躯体动作动词又是动作动词的主要部分，而且词义丰富，常常具有多义性，躯体动作动词的这种多义模式在不同语言或方言中既有共性也有差异。湖北境内江汉流域，是农耕文明的重要发祥地，而人们劳作都要用到躯体部位，因此，本书选择躯体动作动词作为研究对象，在田野调查的基础上，探讨湖北境内江汉流域各方言点躯体动作动词的语义面貌。然后，运用语义地图模型来表征词语的多义模式，展示词语的共时状况，发现词义间的关联，并从语言地理的角度解释词义间的蕴涵关系。最后，从时间地理学角度，探讨词义的生命力问题，时空间行为中的基本事件在语言演变上的体现，以及移民个体在制约下的时空行为特征及其对语言或方言的影响。

二　动词概说

在研究汉语躯体动作动词之前，首先要了解动词和动词的分类。

关于动词的定义，汉语语法论著通常认为"在汉语中，动词是表示动作、行动、活动、变化、状态（具有'时'、'体'、'量'形式）、关系（句子平面上实词之间的）等的词类"（李临定，1990：1）；从词义角度出发，分为"活动动词"（包括动作、行为、思想、感觉等）、

"变化动词"（包括发展、变化、出现、消亡等）、"表白动词"（包括叙述事件以及经历、过程、联系等）、"判断动词"、"能愿动词"（张志公，1991：13~14）；又指出"动词表示动作、行为、心理活动或存现等"（黄伯荣等，2011：10），以及认为"动词主要表示动作行为"（刘月华等，2010：151）。

　　关于动词的分类，从传统语言学角度看，从《马氏文通》就开始了对动词类型的探讨，按照西方语法的分类原则，分为"外动字、自反动字、受动字、内动字、同动字、助动字和无属动字"。何融（1962）探讨了汉语动词的重叠方法和作用，指出动词重叠的作用有三点：加强动作；减弱动作；加繁动作。由此可见，动词重叠和动词的动作性有密切的关联。赵元任（1979：292~296）讨论动词时，用"不、没、很、别、数词＋名量词、数词＋动量词、重叠、进行态'着'、无定过去态'过'、完成态'了'、命令句、构成'Ｖ不Ｖ'问话形式"这12个语法特点把动词分为9种，分列于不及物动词（动作、性质、状态）和及物动词（动作、性质、分类、"是"、"有"、助动）这两类中。这种以动词在不同语境中的分布为分类依据的做法，使动词的次范畴同动词的组合关系紧紧相连，具有相当的解释力。邓守信（1985）将动词分为动作动词、状态动词和变化动词。李子云（1991）讨论了动词后的"着"与现代汉语动词的分类，将其分为"着"类动词和非"着"类动词。塔广珍（1994）认为汉语的动词主要有两类：一类是不表示动作行为的动词，如"是、为、等于、应该、应该能"等，这一类动词数量不多；另一类是表示动作行为的动作动词，如"走、跑、跳、飞"等，是构成汉语动词的主体。刘月华等（2010：153~154）在讨论动词分类时，将动词分为动作动词、状态动词、关系动词和能愿动词，并指出动作动词是最典型的动词，其语法特征有7点，即"一般可以重叠，一般可以带动态助词'了、着、过'，可以用'不'和'没'来否定，可以带表示动量、时段的词语，可以构成命令句，可以用正反疑问式提问，不能受程度副词修饰"。这就将动作动词从语法功能上与其他类型的动词区分开来，给动作动词划定了一个相对明确的范围。

从形式主义角度来看，分类标准有两种，一种是按动词所带的论元，划分为及物动词和不及物动词，设所有的动词都可能有一个用主语表达的题元，而及物动词除此之外，还有用宾语或者补语表达的题元。带一个题元成分的动词叫一元动词，带两个题元成分的动词叫二元动词，带三个题元成分的动词叫三元动词。另一种分类是按照动词是否表示动作、过程或者状态，以及这些动作、过程或者状态是自主的还是非自主的，将动词分为若干小类（何元建，2012：207）。黄正德（2007）也应用非宾格假设将动词细化为动作类和状态类。

由此可见，无论是从形式还是从意义的角度来划分动词，都将动作动词分列出来。可见，动作动词是动词中最典型、最不可忽视的一类。究其原因，可以从形式和意义两方面来解释。从形式上来讲，动作动词分布在及物和不及物两种类别中，可带有丰富的论元结构；从意义上来讲，动作动词的词义丰富，常常具有多义性。因此，我们立足于现代汉语，以动作动词为研究对象。

对汉语动作动词的研究主要是从内容和方法上展开，随之细化到动作动词内部的分类研究。

从研究方法和研究内容上来讲，主要有以下几类。

从认知（隐喻、转喻、语义沾染、主观化等）角度看，研究内容主要有：汉语动作动词意义的认知（张积家等，2005）、视觉行为动词（武文杰，2008）、汉语静态存在构式中包含的动作动词（田臻，2009）、动词的域的转变（马云霞，2010）、汉英思考类动词（李秋杨，2010）、动词重叠（华玉明，2010）、汉语"拿"义动词（孙崇飞等，2013）、动词的手部动作范畴的转变（李小军，2014）、俄汉躯体动作动词（侯丽娜，2015；郭欣欣，2016）、意象图式对汉语动作动词多义性的重要意义（朱彦，2016）。

从语义语法特征角度看，研究内容主要有：汉语动作动词的持续性和非持续性（丁新伯，1989）、施事与动作动词的关系（马洪海，1998）、动作动词的价（任鹰，2001；朴花艳，2009；徐春兰，2017）、动作动词与句法结构（高燕，2005；许秀霞，2008；潘桂妮，2008；范晓，2013；张和友等，2013；刘街生，2013；王丹凤，2015）、单音节动作动词（王媛，2007）、不同类型的动作动词（马赟，2007；吴胜伟，2012；杨曼华，2013）、动作动词的语义特征（马煜逵，2009，2010；朱青，2014；韩超，2015）、留学生对汉语动作动词的习得（苏晓绪，2013；金心怡，2015）、动作动词指派受事题元角色和瞬间动作动词（何薇，2015a，2015b）、参与空间位置的动词（杨梅丽，2016）。

从释义的角度看，研究内容主要有：动作动词的静态义和动态义（塔广珍，1994），动作动词的词义延伸（曾艳青等，2000）、历时演变（徐磊，2010）、词义误推（王希元，2015），人体动作动词研究（李瑞，2006），方言中动作动词词义的演变以及多义项动词带宾语的情况（魏红，2006，2008），跨语言词义研究（曾岚，2008；王迎春，2006；叶梦，2012；殷琪，2014；冉松，2015），等等。

从类型学的视角看，研究内容是动词"给"在向被动标记发展的过程中所具有的"动作行为方向"的语义特征（刘晋等，2013）。

此外，还有对动作动词进行多维思考的研究，比如，路丽梅（2009）从认知、语义语法特征和释义三个角度，对英汉常用动作动词的动宾搭配进行多维研究。该研究运用语义成分分析法对每个动词的词义加以分析；运用配价语法分析汉英动作动词的价位；运用语义场理论分析一个动词在与一个名词进行搭配时，是否也能同这个词的上下位词语进行搭配；运用框架语义学分析两种语言所形成的不同认知框架。再比如，张定（2016，2017）从释义角度对跨语言、跨方言"追逐"义、"穿戴"义动词的多义性进行探讨，绘制了动态化的概念空间及相关语言和方言"追逐"义、"穿戴"义动词的语义地图，并认为传统的语义特征或义素分析法不能对语义地图中的关联做出解释，所以他从转喻的角度进行了解释。

可见，有关动作动词的研究，从方法上看，主要是从三个平面角度进行分析，从认知角度对语言现象进行解释。从内容上看，将共时和历时两个层面结合进行探讨，也应得到更多的关注。从语言类型学角度进行分析也是应该重视之处，用类型学的研究方法对实词进行研究。这些都是值得深入探讨的地方。

动作动词的分类情况主要有以下几种。

按照语法功能，分为：及物动作动词与不及物动作动词（许秀霞，2008；苏晓绪，2013）。

按照语义特征，分为：持续动作动词和非持续动作动词（丁新伯，1989）；现实方向动作动词（包括空间方向动词、过程性方向动词、关系化方向动词）和虚拟方向动词（包括虚拟下向、里向、外向动词）（王媛，2007）；姿势动词、移位动词、消耗动词、处置动词、内容动词、目标动词、成果动词、阶段动词、一次性动作动词（许秀霞，2008）；移位动词、姿势动词、消耗动词、处置动词、成果动词（苏晓绪，2013）。

按照身体部位，分为：头部动作动词、上肢动作动词、下肢动作动词、全身动作动词（沈贺，2014）；基本动作动词（由肢体或身体其他部位自动运作）、拓展动作动词（借助工具或其他相关要素运作）、协同动作动词（肢体的几个相关部位配合动作）、组合动作动词（几个动作先后进行）、综合动作动词（一组相关动作）、概括动作动词（可以替代多个具体动作）（何薇，2015b）。

由以上梳理可见，对于汉语动作动词的研究主要是从认知、三个平面、类型学的角度进行，而从类型学角度进行研究的不多。从类型学角度出发可以对动作动词进行历时和共时分析，并且原本用于分析多功能虚词的语义地图,也可以用来分析实词的多义现象,这无疑是一条研究实词的新路子,值得探索。同时,从共时和历时两条线进行全面的考察和分析,以更好地把握动作动词的全貌。有关动作动词的分类,按照躯体部位进行划分,相对全面,也有助于动作动词词义的分类探讨。

三　语义地图模型

(一) 语义地图在国外的发展

语义地图 (semantic map) (Croft,2001:92~94) 是语言类型学的一种理论框架,它是跨语言变化分析的有力工具。用语义地图来表征多功能语法标记是目前学者的一个研究方向。学界利用语义地图来表征人类语言中语法形式与语义关系最早始于 20 世纪 80 年代 (Anderson,1982:227~264)。此后多年,研究语义地图的学者对语义地图理论与地图的形式进行了讨论与发展,目前已经有两种形式的语义地图模型 (semantic map model) (Croft,2003:133)。

第一代语义地图通常被称为经典的语义地图,运用的是传统的手绘表征方式。比如 Haspelmath (1997a) 绘制的不定代词的普遍的语义空间,被他称为蕴涵图 (implicational map) (Haspelmath,1997a:63),即通常所说的概念空间 (conceptual space) (Croft,2001:92~94)。不定代词功能的概念空间如图 1 所示。

在完成概念空间图的绘制后,就可以根据具体的语言特征进行语义地图的绘制。图 2 是在不定代词功能的概念空间的基础上,用封闭图形表征的汉语不定代词"也/都"、"任何"以及"通指名词"和"光杆疑问词"的语义地图。

此外,还有一些具有代表性的研究,其中来自专著的有:用语义地图理论研究中动态 (Kemmer,1993)、欧洲语言的副词性从属

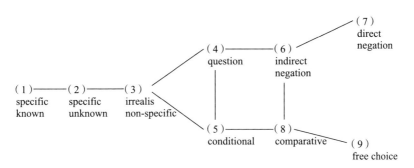

图 1 不定代词功能的概念空间（Haspelmath，1997a：64）

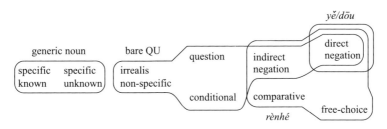

图 2 汉语不定代词也/都、任何、通指名词、光杆疑问词的
语义地图（Haspelmath，1997a：307）

结构（Kortmann，1997）、不及物谓语（Stassen，1997）、时间状语（Haspelmath，1997b），以及上文介绍的不定代词（Haspelmath，1997a）；来自单篇论文的有：用语义地图理论研究情态（van der Auwera and Plungian，1998；van der Auwera，1999；de Haan，2006；van der Auwera et al.，2009）、题元角色（Luraghi，2001；Haspelmath，2003；Malchukov and Narrog，2009）、祈请语气（van der Auwera et al.，2004）、并列结构和从属结构（Haspelmath，2004）、转折和对比标记（Malchukov，2004）、描述性形容词（Malchukov and van der Auwera，2005）以及双及物结构（Malchukov et al.，2007）等。此外，Croft（2001，2003）将表征特定语言变异类型的语义地图和人类认知普遍具有的概念空间联系起来，提出语义地图连续性假说，从而进一步推动语义地图模型的发展。用语义地图研究实词多义的成果，除了 Haspelmath（2003）所绘制的"树木"语义地图，还有 François（2008）构建的

"呼吸"语义地图。

经典的语义地图无疑在人类语言的形式和意义之间提供了一种很好的呈现方式，但是它忽略了两功能间的频率差异。同时，功能间线段的距离缺少理论意义。此外，随着语料数据的增多，手工绘图比较费劲，所以学者们开始尝试运用计算机技术对语料进行数理分析。

第二代语义地图主要基于数学模型。最具代表性的模型是多维尺度分析（Multidimensional Scaling，MDS），具有代表性的成果有用MDS分析人称标记范畴（Cysouw，2007）、不定代词（Croft and Poole，2008）等（Clancy，2006；Narrog and Ito，2007；Sansò，2007；Wälchli and Cysouw，2012；Forker，2016）。Croft 和 Poole（2008）首先使用"最优分类非参数展开算法"（optimal classification nonparametric unfolding algorithm）来分析 Haspelmath（1997a）的数据并生成不定代词的二维 MDS 模型。图 3 和图 4 分别展示了由 MDS 分析生成的不定代词的概念空间及语义地图。

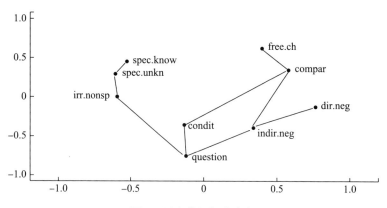

图 3　不定代词概念空间

Zwarts（2008）指出，以上两代语义地图在构建语义地图的几何形状时可以相互补充。它们具有许多优势，例如中立，蕴涵和证伪（Georgakopoulos and Polis，2018）。经典的语义地图无疑为呈现"语言共性和特定语言的语法知识"提供了一种很好的方式（Croft，2003；

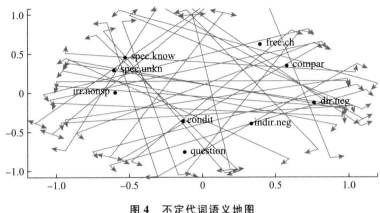

图 4　不定代词语义地图

133)，是捕获功能之间关系的有力工具，并且语言共性以及特定语言的语法和词汇知识在其中得到了很好的体现，但是随着语言数据的增加，很难通过人工手绘构建的语义地图来推断功能之间的含义。而且，经典语义地图中忽略了已证实的功能（或基元，下文都用基元表示）出现的频率差异。MDS 模型解决了繁复的计算问题，并通过将频率考虑在内来提供生动的表示形式。但有关基元点间的距离这一问题，又出现了新的争议。比如，经典的语义地图中的线性图表示形式对应于 MDS 模型中的弯曲马蹄形结构（Borg and Groenen，1997；Croft and Poole，2008)，本来处于概念空间两端关系较远的两个基元，特指知晓（specific known）和自由选择（free choice)，在 MDS 上的距离却被拉近了（Croft and Poole，2008)。因此，MDS 仍然不能很好地解释功能之间的距离这一问题。Cysouw（2007）采用了一种不同的算法来分析语言数据，并用不同的形式在人称标记语义地图中表示数据（见图5)。他使用基元之间线的粗细而不是欧式距离来表示两功能共现的频率，以寻求覆盖率和准确率之间的最佳平衡。此外，Majid（2008）也证明了心理空间和欧几里得空间之间缺乏对应关系。

　　语义地图的另一个重要特征是基于蕴涵关系的预测能力。针对如何自动寻找基元间的蕴涵关系这一问题，在跨语言数据中，由人工直

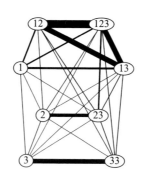

图 5　人称标记概念空间

接观察归纳来确定蕴涵关系并不容易。MDS 就是一个不错的开始，它提供了一种新的有效算法来计算基元之间的欧氏距离，并以拟合图的形式表示它们之间的关系，从而使我们能够比以前更快地捕获基元之间的关系。更进一步，学者们又采用统计分析和数据挖掘的方法来寻找基元之间的关系（Cysouw，2007；Regier et al.，2013）。Regier 等（2013）发现，从疾病暴发中推断出社交网络的算法适用于从跨语言数据中推测基于图形结构的语义地图，他们以 40 种语言（Haspelmath，1997a）和空间关系（Bowerman and Pederson，1992）检验不定代词数据集，并自动构建图像模型。Cysouw（2007）和 Regier 等（2013）从算法层面入手，为语义地图模型的研究指引了一条正确而宽广的道路。

（二）语义地图在国内的发展

国内学者用语义地图理论研究汉语已有十多年历程。在德国于 2007 年召开的语义地图专题研讨会后，张敏（2008a，2008b）将语义地图模型介绍给了国内学者，此后运用语义地图研究汉语的案例开始多起来。

1. 理论的介绍与探讨

张敏（2010a）对语义地图的原理及应用进行了详细介绍，指出语义地图模型的用途并不限于跨语言比较，它也能有效地用于单个语言的内部比较。倡导以汉语为本的语义地图研究的"自下而上"的工作模式，即从单个方言的内部比较开始，逐步将比较的范围扩展到一片、一区的方言乃至全国的方言，以及可进一步扩展到汉藏系语言及世界其他语言，找到蕴涵性的规律。王瑞晶（2010）介绍了语义地图的发展情况和基本操作方法及相关概念，包括经典的语义地图到 MDS 图的转变、MDS 图的不足之处，以及语义地图在词汇研究方面的应用。吴福祥、张定（2011）指出语义地图模型是采用几何图形来表征语法形式的多功能性，揭示人类语言中语法形式多功能模式的系统性和规律性。基于初步的文献调查，介绍了近年来国外语义地图研究中的几个核心问题，同时对语义地图模型今后的发展提出了一些展望。曹晋（2012）也对语义地图理论的发展、操作、原则和方法进行了论述，并指出语义地图也开始用于历时类型学研究。刘兆沿（2012）对语义地图理论进行了介绍，指出其语言多功能性的思想使之在跨语言的层面上有效地区分了多义性和同音形异义性，深刻地揭示了多义性的变异模式及普遍特征。沈掌荣（2013）对语义地图理论提出了质疑，认为我们无法确定语义地图模型假设人类具有共同的概念空间是否为事实。有些现象表明，我们无法进行有意义的比较，因为不同的语言在对现实世界进行概念化的过程中所用的参数、表达手段以及隐喻可能并不一样，甚至是完全不兼容，而这些无法在语义地图模型中得到体现。因此，语义地图模型中的功能节点，很有可能就是不同甚至完全不兼容的概念，而共同概念空间的存在，也就值得质疑了。张谊生（2016）在综述 30 年汉语虚词研究的发展趋势与当前课题时，指出汉语中有借助语义地图模型来解决汉语虚词问题的研究，并用语义地图来表示副词的篇章衔接功能。

2. 应用型研究

第一代语义地图研究成果，如下。

运用第一代语义地图的研究成果主要是对某一个特定词语或某一

类语法标记的个案研究，包括一些单篇成果和学位论文。

单篇研究有运用语义地图和语法化相结合进行的研究，通常的研究方法是运用语义地图模型来研究语法化路径或用历时演变路径来绘制概念空间的节点。第一，从语法化角度讨论语义地图模型中概念空间动态化的几种方法（吴福祥，2014）；言说动词语法化路径（王健，2011）；汉语虚词的语法化（曹爽，2012）；方言词的语法化（卢笑予，2013；牛彬，2014；王玮，2015；张惠清，2015；祁淑玲，2015，2016；张军，2016）；动词的语法化（陈凤，2015；陈浩，2015；饶春，2016）；假设连词在先秦汉语的共同义位之间的关联（龚波，2017）。第二，用语义地图理论研究多功能虚词（翁姗姗等，2010；张明仙，2011；陆丙甫等，2010；盛益民，2010；潘秋平等，2011；李博寒，2012；王志英等，2013；陈颖等，2015；刘菲晖，2015；翟赟，2015；野田宽达，2015；赵春利等，2015；张言军，2015；谭方方，2016；杨松柠等，2016）。第三，用语义地图理论研究句式，如，方言的双及物论元结构（丁家勇等，2015）；双宾语结构的发展（潘秋平，2015）；上古汉语受益表达（蔡燕凤等，2015）；英汉双宾语句式（金瑛，2015）；跨语言双及物句述评（王恩旭等，2015）。第四，用语义地图理论研究情态、时体（范晓蕾，2009，2011，2012，2014，2015，2016，2017；张则顺等，2015；陈前瑞等，2010）。第五，用语义地图理论研究实词（颜洽茂等，2012；原苏荣，2013；林华勇等，2013；魏海平，2013；张志伟，2014；吴迪，2015；林艳，2016；张定，2016，2017；潘秋平等，2017；李静波，2017）。

学位论文中大多将语义地图和语法化相结合，从共时和历时角度进行分析，有些绘制历时语义地图，研究内容涉及虚词、句式、情态、实词方面。

按内容分类，第一，有用语义地图理论研究多功能虚词（胡雪婵，2011；王菲宇，2012；张惠清，2012；李恒，2013；郑慧仁，

2013；李占炳，2014；杨雪漓，2015；孙丽，2015；董晴晴，2015；屈倩，2016）。第二，用语义地图理论研究句式，如：上古汉语和中古汉语测度句的形态标记和测度构式（王玲，2012）；汉韩双及物结构的跨语言研究（朴志炫，2014）。第三，用语义地图理论研究情态，如：跨方言的情态语义研究（范晓蕾，2009）；先秦汉语情态副词和虚拟语气及跨语言研究（谷峰，2010）；日汉认识情态标识研究（王晓华，2011）；"好"族词的情态语义的发展过程（陶双，2013）；藏语的情态范畴（曲世锋，2015）。第四，用语义地图理论研究实词，如：对 Haspelmath（1997a）所绘的汉语不定代词"也/都""任何""通指名词""光杆疑问词"的语义地图的修改（李佳丽，2010）；跨语言的量词研究（李知恩，2011）；青岛方言量词"个"（李雪，2013）；"想"的跨语言多义特性及共词化模型（colexification modal）（刘文隆，2015）；动词"吃"的跨方言语义考察（谌欣，2016）；汉英言说类动词的对比研究（翁斯曼，2016）。

第二代语义地图的研究成果，如下。

郭锐（2010）探讨了以补充义为核心的副词语义地图，提出了关联度的概念和计算公式，以此来改善经典语义地图中有关两功能间的频率问题。所谓关联度指两个义项间的关联程度，反映了两个概念间的亲和程度。郭锐（2015）还以 Cysouw（2007）对人称标记的探讨为例，介绍了最小连接原则。所谓最小连接原则（minimal-link principle），即存在两种或多种覆盖率相同的节点连接方式，应选择连线最少的方式，以达到最高的准确率，由此得出了人称标记概念空间的简化图，并用线段的粗细来表现关联度。

郭锐等（2015）从传统视角和 MDU 视角分析了旁语（oblique）标记的多功能性。首先，从传统的语义地图的视角，尝试构建了以"工具—伴随"为核心的概念空间。其次，采用 SPSS（Statistical Package for the Social Sciences，社会科学统计软件包）软件中的 MDU 手段来解决数据量大的问题，以此生成了汉语方言 35 个以及世界语言 135 个 "工具—伴随" 介词的语义地图。

考虑到经典语义地图中有关频率的问题以及 MDS 中有关功能点间距离的问题，国内学者也开始从算法方面入手进行改进。目前，这种方法见于陈振宇和陈振宁（2014，2015）提出的一种新型语义地图。他们认为传统的语义地图分析中存在一些缺陷，主要表现为地图结构上的不充分性，以及地图构造方法上的随意性。同时，SPSS 生成的 MDS 图看不出蕴涵规律性。于是，在 Cysouw（2007）的基础上，提出了一种进一步改良的语义地图，被称为 "加权最少边地图"（weighted maps with least edges），其最大的更新是改变了权重计算的方式，运用 "博弈论" 的优先选择决策方法进行赋权，并根据研究目的的不同，进行降噪处理。此外，还有马腾（2015）所设计的 "语义地图构建辅助程序"，此程序基于 Python 2.7 进行构建，并利用了开源 Python 工具包——matplotlib 进行画图操作。用线的粗细来表示两功能间的 "关联度"（郭锐，2010），用 "100 - 关联度" 来表示功能点间的语义距离，主要运用于构建概念空间。其生成的人称标记概念空间如图 6 所示。

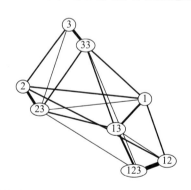

图 6 "语义地图构建辅助程序" 绘制的人称标记概念空间

此外，国内有关语义地图研究的专著，目前只有一本《汉语多功能语法形式的语义地图研究》（李小凡、张敏、郭锐等，2015），此书分为方法引介和个案研究，对目前与语义地图相关的研究进行了全面的介绍与探讨。

综上可见，前文提到的用语义地图模型来分析实词的多义性是可行的。张敏（2010a）提出的"从一粒沙看世界"的"自下而上"的探究模式，对于研究汉语方言也较为合适。

四　语言地理概说

（一）传统地理语言学

有关语言地理与方言词汇的研究方面，我们先从近期汪维辉（2018）所作的名为"词汇史与方言的互证"的讲座谈起。在讲座中，汪维辉提到方言的现实分布有助于厘清词汇演变的脉络和新旧词更替的线索。他同时指出，目前我们所掌握的现代汉语方言共时材料有限，应在确保方言资料质与量的前提下进一步调查。此外，历史移民情况也对方言词汇的共时分布造成了影响。同时，李小凡、项梦冰（2009）在汉语方言学教程中讲到有些方言的词义宽于普通话，有些窄于普通话，有些与普通话不对应，有些与普通话相反，这些现象都值得我们探究。江汉流域是中华文明的重要发祥地，湖北又处于南北过渡地带，是东西交会的枢纽，其方言呈现出多样化的特征，方言词语丰富、词义差异大，值得研究。

有关语言与地理关系的研究，于19世纪后期在欧洲发端，至今已历百余年。它是在青年语法学派鼎盛时期出现的反对声音，舒哈尔德（Hugo Schuchardt）强烈地反对音变规律学说。舒哈尔德的学生吉叶龙（Jules Gilliéron）在舒哈尔德思想的影响下，开展了对法语方言的调查研究，编辑出版《法国语言地图集》（1902～1914年和1920年）。在这项研究中，他发现几乎每一个词都有其独特的同语线，因而提出了"每一个词都有它自己的历史"的口号，并与青年语法学派的"语音规律无例外"口号相抗衡。此后，随着地理语言学的发展，欧美各国相继出版了大量的语言地图集。例如，1926 年，F. Wrede 编辑出版《德国语言地图集》6 册。1928 年起，K. Jaberg 和 J. Jud 编辑出版《意大利瑞士语言地图集》。

一般认为，国内研究发端于 20 世纪 40 年代在华比利时人贺登崧（W. A. Grootaers），他在 1943 年至 1945 年首次把语言地理学应用于汉语研究。直至 20 世纪 80 年代《中国语言地图集》（李荣等，2002）、《语言地理类型学（中文版）》（桥本万太郎，2008）出版，中国的地理语言学研究才开始了蓬勃发展的进程。但在此之前，有关中国现代汉语方言的研究在 20 世纪初就开始了，高本汉（Bernhard Karlgren）以历史比较为目的进行研究，出版了《中国音韵学研究》，该书调查了 20 多种汉语方言。随后，赵元任带领相关研究人员，以地理分类和历史比较为目的，对中国境内多个地区的方言进行了大规模的调查，做了相关调查报告，并使用方言地图来说明方言的分区或方言特征的分布情况，比如《湖北方言调查报告》（赵元任等，1948），这种研究模式对我国汉语方言研究产生了深远的影响。

关于语言与地理研究的基本思想，曹志耘（2002）指出，要慎重遴选少量语音、词汇以及语言片段，到较多的地点进行调查，记录下其发音。以实际记录的形式，将每个调查项目制作成一张地图。把词及其所指对象联系起来，也就是要研究词汇中所反映出来的物质的和精神的文化现象。最后，对地图进行解释，这一点对于语言学者来说是最重要的工作。语言地图的作用是为语言或方言间作比较、为语言演变的历史研究提供可靠的材料。由此，我们能够确定语言的和文化的地理界线，进而研究语言和文化相互影响的问题。此后出版的《汉语方言地图集》（曹志耘，2008）正体现了这种研究思路。近年，曹志耘（2011）又以《汉语方言地图集》为依据，从宏观的角度考察汉语方言主要的地理分布类型，将汉语方言的地理分布类型分为对立型和一致型。对立型主要包括秦淮线型、长江线型、阿那线型；一致型主要包括长江流域型、江南漏斗型、东南沿海型。所谓"地理分布类型"（geographical distribution type）是指方言在具体的地理空间中呈现出来的、与山川等具体的地理因素相联系的分布特点和形状。例如长江流域的方言在很多语言特征上表现出共同的特点，这些共性特征构成了汉语方言的一种重要的地理分布类型，被称为"长江流域型"。另外有关语言地理的研究，又有《中国语言地理（第一辑）》（萧红，2017）。其中提出了如何在学习、借鉴国外理论和研究方法的基础上建立一个有自己特点的中国语言地理研究的理论和方法，指出不仅要从共时层面调查和研究汉语方言，看清汉语全貌，还要从汉语史角度对传统文献中的方言资料进行收集、整理与运用。只有把这两方面结合起来，才能对汉语做精深的研究，才能形成自己的语言地理研究理论方法。

台湾地区关于地理语言学的研究也较为丰富，甘于恩（2010）对台湾地区地理语言学研究进行了回顾。20 世纪 60 年代，钟露昇通过调查，撰写《闽南语在台湾的分布》，并绘制了《各县市代表语音》、《各地区代表语音》图，这是第一类反映语言特征的地域分布的地图。洪惟仁（2001）评价该书是"台湾地理语言学的开山之作"。洪惟仁（1992，2001）、李仲民（2007）等学者也为台湾地区地理语言学研究做出了相当的贡献。

地理语言学在日本的发展也值得重视。日本国语调查委员会 1905 年发表《音韵分布图》计 29 幅，1906 年发表《口语法分布图》计 37 幅。1930 年，柳田国男发表著名的《蜗牛考》。1950 年起，贺登崧在日本积极推行地理语言学研究，并参与编辑了著名的《日本言语地图》。1966 年至 1974 年，日本国立国语研究所编辑出版《日本言语地图》6 卷（1981～1985 年重印），包括 2400 个地点，涉及 300 幅地图。1989～1999 年，日本国立国语研究所编辑出版《方言文法全国地图》，包括 807 个地点，计 267 个研究项目，发音人均为 1926 年以前出生的男性老年人。1994 年，日本学者岩田礼和桥爪正子将贺登崧于 1945～

1958 年发表的有关汉语方言的研究成果进行整理并出版了《中国の方言地理学のために》，由中国学者石汝杰和日本学者岩田礼翻译，中文版于 2003 年出版。其选取较少的词语，在较小的范围内进行众多地点的田野调查，包括收集民俗等信息，以方言地图的形式来展示调查结果，结合非语言因素来解释语言现象的分布和变化。这种研究是西方早期地理语言学在亚洲地区的实践（曹志耘，2003）。

岩田礼表示（黄晓东，2012），现在欧洲及日本语言地理学者的做法一般是把前人的调查成果输入电脑，建立语言信息库和地理信息库，然后利用专业绘图软件绘制各种各样的地图，例如语言数据和海拔数据相结合的地图。这是因为在这些地区、国家中传统的农村方言大部分都已消失，没有条件进行语言地理学的调查，而这个条件在中国可以得到满足。正如曹志耘（2002）所指出的，中国拥有复杂的语言和较大的方言差异，悠久的发展历史，以及丰富的社会文化背景，是当今语言地理学研究不可多得的沃土，也正如柴田武在《汉语方言地理学》序"愿方言地理学在中国开花结果"中所预料的"（方言地理学）这一方法是 20 世纪初在法国诞生的，到 20 世纪末，在日本已经极为普及，而到 21 世纪将在中国发扬光大"（黄晓东，2012）。

由以上可见，中国的语言地理研究要充分利用得天独厚的地理条件和人文条件，在共时考察的同时结合历史语言材料，进行更加全面的分析与研究。

（二）地理语言学的新视角

语言与地理的关系，不仅包括语言与空间的关系，也包括语言与时间的关系，还包括一些语言的非地理因素。在传统的地理语言学研究中，更加注重语言与地形地貌、河流水文、空间距离等的关系，而对语言地理合并时间以及非地理因素的研究较少。这或是由于没有找到合适的理论支撑与研究方法来解决这一类问题。

时间地理学是在各种制约下研究人类活动的时空特征的方法之一。它最早由瑞典地理学家 Torsten Hägerstrand 于 20 世纪 60 年代中后期提出，此方法论的提出基于他早期的人类迁徙研究（Hägerstrand，1970）。在 20 世纪 70 年代至 80 年代早期，时间地理学在他所领导的隆德学派（Lund School）学者的研究下得到了发展（Chapin，1974；Ellegård et al.，1977；Lenntorp，1978；Carlstein et al.，1978；Mårtensson，1977；Thrift and Pred，1981；Pred，1981；Miller，1982）。

20 世纪 80 年代中后期至 90 年代初期，时间地理学的研究在欧美地区减少，但在日本得到了进一步发展。其中最具影响力的研究有三个方面，分别是以高桥伸夫（1981，1987，1990）为代表的日本农村居民的生活行为及空间研究，以荒井良雄（1992，1996）为代表的时间地理学理论研究及城市地域研究，以及以神谷浩夫（1989，1990）为代表的已婚妇女日常活动结构的实证研究。

由于数据采集、处理和表达技术的发展，20 世纪 90 年代后期至今的时间地理学取得了新的进展。在理论和方法方面，将注意力从物理空间的活动转移到虚拟空间（Raubal et al.，2004；Ellegård and Vilhelmson，2004；Miller，2005a；Farag et al.，2006；Yu and Shaw，2007a），引入情感因素（Kwan，2007），考虑个人偏好（Raubal et al.，2004），并探讨了 LAT（位置识别技术，Location-aware Technologies）（Shoval and Isaancson，2007）和 LBS（定位服务，Location-based Services）（Shaw，2000；Raubal et al.，2004；Miller，2005b；Ahas and Mark，2005）的采集（Ahmed and Miller，2007）和处理（Shaw，2000；Makin et al.，1997；Scott，2006；Buliung and Kanaroglou，2004，2006；Rey and Janikas，2006；Kang and Scott，2008），通过 GIS 模拟个人时空数据（Kwan，1998；Weber，2003；Kim and Kwan，2003）和可视化（Kwan，1999a，1999b；Kwan and Lee，2004；Yu and Shaw，2007a）。应用方面包括时空中个体行为的社会制约（Makin et al.，

1997），交通规划（Miller et al.，1999；Weber and Kwan，2002；Ahmed and Miller，2007；Li et al.，2007），城市空间结构（Huff，1986；Srinivasan and Ferreira，2002；Novák and Sýkora，2007；Wang and Chai，2008），空间和时间活动中的性别约束（Rose，1993；Kwan，2000，2002），ICT 对时空间活动的影响（Ferrell，2005；Kwan，2004；Hubers et al.，2007；Yu and Shaw，2007a）。由此可以看出，时间地理学理论在与其他学科结合的研究中具有良好的普适性。

国内对时间地理学的关注也于 20 世纪 90 年代中后期开始，并逐渐将其应用到中国社会问题的研究中。90 年代末主要以理论引介（柴彦威等，1997，2000a，2000b；柴彦威，1998）为主。从 21 世纪开始，时间地理学理论的应用研究在中国发展起来。

其应用研究涉及许多方面：城市社会问题，比如，城市社会（柴彦威等，2001）、企业空间扩张（刘志林等，2001）、城市交通（柴彦威等，2010）、城市规划（柴彦威等，2010a，2010b，2016）；个体行为问题，比如，消费者行为（柴彦威等，2004）、居民日常活动及生活空间（柴彦威等，2008；申悦等，2017）、基于地方秩序嵌套的人类活动研究（Ellegård et al.，2004）、生活方式（塔娜等，2016）、休闲时空行为（赵莹等，2016）；区域性研究（柴彦威等，2017；谭一洺等，2017）；技术领域的应用，比如，LBS（黄潇婷等，2009）、GIS 分析及可视化（赵莹等，2009；关美宝等，2010，2013）；制约研究，比如，年龄制约（柴彦威等，2002；张纯等，2007）、性别制约（柴彦威等，2014）、收入制约（兰宗敏等，2012）、民族习俗制约（郑凯等，2009；石天戈等，2013；柴彦威等，2017；谭一洺等，2017）；时空关系研究的知识图谱（古杰等，2013）。

由上文可见，时间地理学的理论不断更新，应用领域十分广泛，最初是地理学与社会学结合的产物。地理语言学在研究语言和方言演变的问题上，也需要引入时间及其他非地理因素，这些在时间地理学理论框架下，都可以得到相应的分析探索。

五　主要研究内容与方法

（一）存在的问题

语义地图的一个重要特征是基于蕴涵关系的预测能力，所以，要满足语义地图的预测能力，就要弄清语义地图中基元间的蕴涵关系，从而揭示跨语言数据中的语言共性和特定语言的语法知识。但目前语义地图中仍然存在许多待解决的问题，比如基元间蕴涵（implications）不平衡问题，如何推测蕴涵方向的问题，如何改进算法自动计算蕴涵关系，如何用图示表达多功能间的蕴涵关系。这些问题都涉及语义地图中基元间的蕴涵关系。如果语言中的某一标记表示功能 A，那么它也表示功能 B，这是蕴涵关系的一种表述（Croft，2003：53）。语义地图的基础是概念空间的构建，概念空间由基元和它们之间可能的关系组成，这些关系必须满足功能之间的蕴涵关系。概念空间中的蕴涵关系不同于（语法）蕴涵等级中的蕴涵关系，概念空间中的蕴涵关系仅对邻接的基元之间的关系进行预测，而后者是蕴涵共性的链式关系（Haspelmath，1997a：62）。下面就语义地图中的蕴涵关系问题进行分析。

首先，基元间蕴涵不平衡的问题。用 Cysouw（2007）文中的 591 条人称代词基元分布的语料作为例子能很好地说明这个问题。Cysouw（2007）的算法关注两基元的共现频次，比如，"3（除说话人和听话人外的第三人）"和"33（除说话人和听话人外的多个第三人）"的共现频次为 137 次，所以 3→33 的频率为 0.232，33→3 的频率也为 0.232，在此算法中不涉及蕴涵的不平衡问题。然而，当我们关注"3 出现但 33 未出现"和"33 出现但 3 未出现"的情况时，就会注意到不平衡的问题。从 Cysouw（2007）提供的数据可以发现，"3 出现但

33 未出现"的情况发生了 22 次，而"33 出现但 3 未出现"的情况发生了 37 次。根据该数据，可以发现 3→33 与 33→3 并不相同，这就是基元间蕴涵不平衡的问题。当只关注两基元共现情况的时候，我们很难发现蕴涵不平衡的问题，而当我们开始关注两基元不共现的情况时，不平衡问题就浮出表面了。

其次，由于蕴涵的不平衡问题的出现，我们开始思考蕴涵的方向问题。语义地图模型的一个很重要的特征就是基于蕴涵关系的预测能力。要提高语义地图模型的预测能力，就要先弄清蕴涵关系。我们想知道更多有关蕴涵关系的细节，尤其是基元间不同方向的蕴涵情况。

最后，由于蕴涵关系实现了可计算性，我们面临的另一个问题就是语义地图的呈现方式的改变。之前的概念空间中展现的多为功能（基元或意思）间的共现关系，或者说两两共现关系，所以在蕴涵关系的展示方面，还可以向前推进。我们也应在自动计算蕴涵关系的基础上，实现计算结果的自动可视化，同时应解决原有的概念空间相对固定化、难更改的问题。在大量语言数据中，如果增加一条数据，而这条数据又正好是例外，这种情况在经典语义地图中则难以修改。当然，MDS 是一个良好的开端，它提供了一种新的有效算法来计算基元之间的欧几里得距离，并在拟合图中表示它们之间的关系，从而使我们能够比以前更快地捕获基元之间的关系（Croft and Poole，2008），还有采用新的统计分析和数据挖掘方法来寻找基元之间关系以及图形自动绘制的研究（Cysouw，2007；Regier et al.，2013）。但是，新算法的出现，使基元间的蕴涵关系可以量化，蕴涵方向得以择优，同时，两两共现关系也变成了多基元间的蕴涵关系，此外，隐含的不平衡关系无法反映在现有的语义地图中。所以，在绘制语义地图的时候，我们基于以上三点，还应将蕴涵的不平衡问题、蕴涵方向问题以及多功能间蕴涵关系的展示问题考虑在内。基于此，语义地图的呈现模式也应更新。

在语言地理方面，当前国内语言地理和汉语方言研究虽然取得了进展，但是所依托的理论及研究手段方面仍需要向前推。

第一，调查对象的单一性。国家语委（国家语言文字工作委员会，简称国家语委）从关于中国语言资源保护研究的大型调研项目中发现方言调查研究中存在研究对象的选取标准不统一的问题，从 2005 年起开展了全国范围的民族语言和汉语方言资料调查和整理工作，注重规范性和统一性，调查对象分为方言音系、1000 个单字、1200 个词语、50 条语法例句、口头文化 20 分钟这几个比较重要的部分。然而，学者们在进行核心词研究时，除了关注词语的方言地理分布，更注重共有词语的语义演变。同一概念空间的词在不同方言中语法形式和语义变迁的研究的重要性高于区域特征词的研究，也更有难度。这一方面的研究成果比较薄弱。

第二，目前学界刚刚兴起借助 GIS 技术进行方言词语分布研究，成果还不多。在此视角下，有微观研究，如区域地名研究、方言语音或特征词语研究，也有宏观探索，如在语言研究中使用 GIS 技术意义、价值的讨论，还有相关软件开发，对文学、语言数据进行地理可视化研究，惠及学人，不足之处是其地理关联分析还很简单，在数据挖掘和分析方面有待加强。

基于以上分析，我们将以语言类型学和时间地理学为理论基础，从对蕴涵关系的挖掘和时空分析的角度着手，将语义地图中的蕴涵关系转置到地理空间中，并分析核心动词语义由于人类的时空活动引起的变异，寻找湖北江汉流域躯体动作动词语义演变的轨迹和机制。

（二）研究内容

江汉流域历来是农耕文明发展的重要区域，人们劳作都要用到躯体部位，而躯体动作动词是汉语中最活跃、意义最丰富的一类实词。中国地域广，方言多，即使是同一地区，方言分化程度也会较高，适合运用语言类型学的分析方法。张敏（2010a）提出的"从一粒沙看世界"的"自下而上"的探究模式，对于研究汉语方言较为合适。语义地图模型对于表征汉语动词多义性的可行性也得到了证实（张定，2016，2017），当然也可以借来研究汉语躯体动作动词。江汉流域是中华文明的重要发祥地，湖北又处于南北过渡地区，是东西交会的枢纽，其方言呈现出多样化的特征，词义丰富。此地在历史上发生过几次大的移民潮，对语言也产生了一定的影响，这些都值得研究。故此，本书拟对湖北境内江汉流域方言中意义丰富的躯体动作动词的共时状况和历时演变进行调查，运用语义地图模型分析词语的多义性，并试图从语言地理角度解释动作动词词义的演变。

（三）研究方法

按照医学常规对人类躯体进行划分，并以此作为动作动词分类的依据，这样分类较全面、较清晰；从语言类型学的角度出发，不仅调查词语的共时面貌，还考察其历时演变；运用研究多功能虚词的语义地图模型来研究实词的多义性，也是一个新的研究方向；用新算法处理语言数据，辅助构建语义地图，用 GIS 辅助绘制词语的地理分布图，这些跨学科技术的运用也为本体研究提供了新的分析手段和呈现方式；从语言地理角度对语义地图中的蕴涵关系进行解释，也是除认知外的一个新角度。

我们研究的重点是语义地图中推测蕴涵关系的算法上的更新以及时间地理学的引入。从计算方面来说，某一语法标记或词语可能表示的功能或词义，与消费者交易单中所包含的购买商品类似。后者的问题是寻找哪些商品通常被消费者一起购买，在大型数据集中查找物品之间的隐藏关系，然后提出有关如何将商品放置在货架上的建议。这与寻找某些功能或词义在某一语法标记或词语中同时出现的问题一样，在大型跨语言数据中查找功能或词义之间的隐藏关系，然后就如何将功能或词义放置在概念空间中提出建议。这种"挖掘"隐藏关系的过程被称为"关联分析"（Association analysis），隐藏的关系恰恰是"蕴涵关系"。我们用 Apriori 算法来执行关联分析，寻找基元之间的蕴涵关系。

本研究基于本体研究、田野调查，试图在跨学科技术的帮助下，将湖北境内江汉流域 25 处方言点的躯体动作动词多义模式的全貌进行形象化的展示；将蕴涵关系转置到地理空间中，分析基元可能的传播方向，并以时间地理学理论和方法为基础，探讨基元的生命力、时空间行为中的基本事件在语言演变上的体现，以及方言演变的类型与三大制约。这种集传统语言学、语言类型学和语言地理学于一体的多维研究方法也适用于其他语言或方言词语多义性的研究，以资参考。

（四）躯体动作动词的选取

我们所选的躯体动作动词主要来自《斯瓦迪士核心词列表（100词）》（Swadesh list），在筛选躯体动作动词之前，首先要对它进行限定，基于《现代汉语词典（第七版）》的常用义项（词条中的第一个义项）来筛选词语。以下为我们筛选躯体动作动词的标准。

入选标准如下。

1. 动作的主体是人。

2. 在义项的选择上只选择其动词义项，且包含两个及以上动词义项的动词。

3. 初始释义中包含明确人类身体器官名词的动词。例如：

　　吃：把食物等放到嘴里经过咀嚼咽下去。

4. 初始释义中没有明确器官名词，但推测动作可由人类身体器官发出的动词。例如：

　　说：用话来表达意思。

5. 初始释义中没有明确器官名词，但是由第 2 类词或第 3 类词解释的动词。例如：

喝：把液体或流食咽下。（"咽"属于第 1 类）

不入选标准如下。

1. 在汉语中为动词，但在其他语言中不作动词的词不能入选。

2. 严格区分身体动作动词与心理动作动词，表示抽象思维活动类的词不入选。例如：

想：开动脑筋；思索。

虽然"想"的释义中出现了与脑部有关的词，但它属于抽象的心理动作。

按照以上选词标准，从《斯瓦迪士核心词列表（100 词）》（以下简称：百词表）中选取了 11 个躯体动作动词，分别为：54 喝；55 吃；56 咬；57 看见；60 睡；63 游泳；65 走；67 躺；68 坐；69 站；71 说。

由于时间限制，我们着重探讨百词表中排列靠前的 5 个词语，剩下的词语之后再讨论。

（五）语料来源

语料来源主要有以下四大类。

第一类为各种典籍和词典。现代汉语普通话的释义主要来自《现代汉语词典（第 7 版）》，现代汉语方言的释义主要来自《汉语方言大词典》，古代汉语的释义主要来自《汉语大词典》。

第二类为田野调查。通过对湖北境内 25 个方言点中 38 人的调查，搜集到 16 个方言词语的相关语言材料。

第三类为专著和期刊论文。

第四类为网络。

书中动词词义大致出现的最早年代多依据《汉语大词典》和其他古籍中的历史语料，结合相关研究学者的探讨确定，偏颇之处，望不吝指教。

1 语义地图中的蕴涵关系及算法优化

1.1 Apriori 算法

每种语言或方言中的一个语法标记或词语所包含的基元与每位消费者每笔交易所购买的商品类似。语义地图模型中概念空间里的每一个基元所在位置，类似于超市货架上的商品的摆放位置。哪些基元经常一起出现在一个语法标记中，类似于哪些商品经常一起被购买。在大量账单数据中寻找隐藏关系，最终给出如何在货架上放置商品的建议，这就与在大量跨语言或跨方言数据中寻找基元间的隐藏关系，最终提供如何在概念空间中摆放基元的建议一样。这种寻找隐藏关系的过程叫作"关联分析"（Association analysis），而隐藏关系实际就是蕴涵关系。在商品间寻找关联规则，与在基元间寻找蕴涵规则相同（Zeng and Xiao，2020）。

Apriori 算法是执行关联分析的一个有效算法，由 Agrawal 等人（1993，1994）提出，是一种计算物品间的关联规则的有效算法。Apriori 算法包含两个主要的步骤：寻找频繁项集（Frequent item sets）和挖掘关联规则（Association rules）。通过寻找频繁项集，可以知道哪些基元经常一起出现。通过 Apriori 算法得到的关联规则即蕴涵规则。

下面对 Apriori 算法中的几个测度和相关术语进行解释。

给定一个集合 $I = \{i_1, i_2, \cdots, i_m\}$，集合中的元素 i 代表超市货架上不同种类的物品（items）。在语义地图模型中，我们可以将其看作概念空间中的每一个基元，即某一语法标记或词语在所有语言（或方言）中所包含的所有基元。项集（itemset）X 为 I 的子集，一个项集有 k 个元素就被称为 k 项集。给定集合 $T = \{t_1, t_2, \cdots, t_n\}$，集合中的元素 t 代表每一笔交易（transaction，购物清单或购物篮），即一个语法标记或词语在一种语言（或方言）中所包含的基元集，每一个 t 都是 I 的子集。

关联规则即跨语言（或跨方言）中的蕴涵规则，其一般表现形式为：$X \rightarrow Y$，即如果语言中的某一标记表示集合 X 中包含的基元，那么它也可能表示集合 Y 中包含的基元。其中 X 和 Y 均为 I 的子集，且 $X \cap Y = \varnothing$。X 和 Y 分别代表关联规则中的前项〔Antecedent 或 left-hand-side（LHS）〕和后项〔Consequent 或 right-hand-side（RHS）〕。此外，有三个测度来衡量关联规则，分别是：支持度（Support）、置信度（Confidence）和提升度（Lift）。

某一项集的支持度（Support）定义为该项集出现的次数〔Number(X)〕与总项集数（N）的百分比（Harrington，2012：226）。我们可以通过支持度来衡量某一项集在总项集中出现的频率。

项集 X 的支持度可表示为：

$$Support(X) = \frac{Number(X)}{N} \quad\quad\quad (1)$$

Support（$X \cup Y$）测量项集 X 和项集 Y 同时出现的次数〔Number$(X \cup Y)$〕与总项集数（N）的百分比。

规则 $X \rightarrow Y$ 的支持度可表示为：

$$Support(X \rightarrow Y) = \frac{Number(X \cup Y)}{N} \quad\quad\quad (2)$$

支持度与 Cysouw（2007）提出的共现（co-occurrence）类似，我

们可以通过支持度来测量项集或规则出现的频率，但不能以此数值测量蕴涵规则的方向性以及观察蕴涵的不平衡状况。

然而，Apriori 算法中的另一个测度——置信度（Confidence）可以满足此要求，可以解决基元间蕴涵不平衡的问题。某条规则的置信度定义为项集 Y 中的元素（items）在包含项集 X 的交易中出现的频率（Agrawal and Srikant，1994）。我们可以通过某一条关联规则的置信度来衡量其可信度。高置信度表明，当前项出现时，后项很可能出现。

规则 X→Y 的置信度可表示为：

$$Confidence(X \to Y) = \frac{Support(X \cup Y)}{Support(X)} \quad (3)$$

此外，衡量一条关联规则的实用性，则需要计算规则的提升度（Lift），即该条规则的置信度与后项的支持度之比。此测度是用来检测一条关联规则是否具有实际意义和指导作用，提升度大于 1 的规则具有实用性。

规则 X→Y 的提升度可表示为：

$$Lift(X \to Y) = \frac{Confidence(X \to Y)}{Support(Y)} = \frac{Support(X \cup Y)}{Support(X)Support(Y)} \quad (4)$$

Apriori 算法用于查找频繁项集以及关联规则，在语义地图中分别指频繁共现的基元组成的项集和蕴涵规则，通过支持度可以获得基元共现的频率，通过置信度则可以获得关联规则，即基元之间的蕴涵关系，最后通过提升度可以获得具有实际指导意义的蕴涵关系。

在自动计算蕴涵关系的基础上，我们将计算结果可视化，将基元间的蕴涵关系进行展示，即 Apriori 图。其展示了基元间的蕴涵方向，以及多基元间的蕴涵关系。

我们用 Cysouw（2007）的人称标记数据对 Apriori 算法进行了检验，并将结果可视化，来为原有的语义地图提供补充信息，解决了基元间蕴涵不平衡的问题，获得了基元间可靠的蕴涵规则，同时，揭示了以往语义地图中很难注意到的一些细节。

上文提到，Cysouw（2007）的人称标记语义地图用基元之间的线的粗细来表示每对基元的共现频率。从这些基元共现的频率中，我们可以观察到两个基元之间蕴涵的强度。但是，有关蕴涵的更多细节，尤其是不同方向的蕴涵状况的研究，还需从算法入手。下面我们以Cysouw（2007）的人称标记数据为例进行举例分析。

1.2　基元的分布

根据跨语言人称标记的数据，Cysouw（2007）整理出了人称标记所包含的 8 个基元，分别表示为：1（speaker），2（addressee），3（neither speaker nor addressee），12（speaker and addressee only），123（including speaker and addressee），13（including speaker but excluding addressee），23（including addressee but excluding speaker），33（excluding speaker and addressee）。表 1 和图 7 展示了每个基元的支持度，其结果与基元的频率计数结果一致。另外，通过统计人称标记所包含的基元多少的分布，我们发现大多数人称标记（实际上至少有60%）仅包含两个基元，而有些包含七个基元。我们更详细地观察统计结果，可以发现，99%的人称标记包含不超过五个基元；90%的人称标记包含四个或更少的基元；80%的人称标记包含三个或更少的基元。尽管如此，仍有一些人称标记包含六个或七个基元［见表 2（a）、表 2（b）］。

表 1　人称标记所含基元的支持度①

	1	12	123	13	2	23	3	33
Support	0.147	0.487	0.489	0.382	0.201	0.255	0.269	0.294

---

① 为了区别不同基元的支持度，本书中所保留的有效数字位数视具体情况而定。

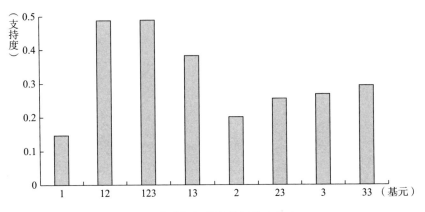

图7　人称标记所含基元的支持度

表2（a）　人称标记所含基元的分布a

Min.	1stQu.	Median	Mean	3rdQu.	Max
2.0	2.0	2.0	2.526	3.0	7.0

表2（b）　人称标记所含基元的分布b

0%	10%	20%	30%	40%	50%	60%	70%	80%	90%	99%	100%
2.0	2.0	2.0	2.0	2.0	2.0	2.0	3.0	3.0	4.0	5.0	7.0

1.3　频繁基元集

通过计算，获得了28个频繁两基元集的支持度（见表3），此结果与两基元共现结果一致。如图8所示，其中每个圆形代表箭头两端基元所在的频繁两基元集的支持度，支持度越大，圆形越大。图8通过代表支持度的圆形大小更直观地展示了两基元的共现状况。

表3　频繁两基元集的支持度

	2	3	12	123	13	23	33
1	0.014	0.022	0.069	0.068	0.115	0.008	0.002
2		0.027	0.020	0.020	0.020	0.171	0.014

	2	3	12	123	13	23	33
3			0.002	0.002	0.008	0.014	0.232
12				0.482	0.306	0.058	0.034
123					0.310	0.059	0.034
13						0.059	0.041
23							0.051

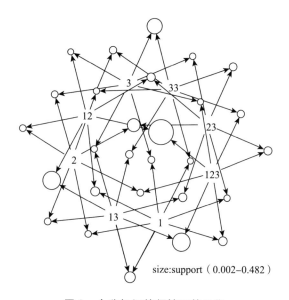

size:support（0.002–0.482）

图 8　人称标记的频繁两基元集

此外，我们不仅要关注基元的两两共现状况，还要寻找多基元共现情况，来揭示更多细节。Apriori 算法中计算频繁项集的方法，可以实现多基元共现的计算，为寻找多基元共现提供量化方法。当支持度的最小值设置为 0.050 时，可以用最少的线和圆来展示拥有最高支持度的多基元集。图 9 显示了频繁多基元集，其中包含所有八个基元的前几个频繁基元集分别是：{12，123}，{123，13}，{12，13}，{12，123，13}，{3，33}，{2，23} 和 {1，13}（按基元集的支持度由高到低排列）。其中 {12}，{123} 和 {13} 这三个基元连接最紧密，其

次是 {3} 和 {33}，{2} 和 {23}，以及 {1} 和 {3}。

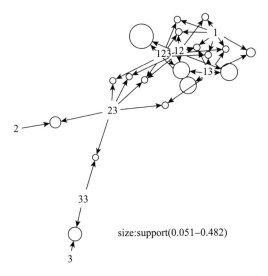

size:support(0.051−0.482)

图 9　频繁多基元集

此结果也与 Cysouw（2007）的结果相符，因此，我们假设在大多数语言样本中有人称标记"we"，其次是"he/she/it"或"they"，再次是"you"。此外，可能也存在某个人称标记包含基元"1"，则基元"13"也可能由同一个人称标记来标记。Cysouw 的方法是一种在基元之间寻找相对明显的两两关联的高效方法，与 Apriori 算法中寻找频繁两基元集的方法类似，由此也验证了 Apriori 算法在寻找两基元共现关系方面的可行性，同时，在计算和可视化上将两基元共现关系向多基元共现关系推进。下一步，我们应关注的是基元之间的蕴涵关系。

1.4　蕴涵的不平衡问题

如表 4 所示，规则 {3} ⇒ {33} 和 {33} ⇒ {3} 的支持度、提升度和频次没有差异，表明不能使用支持度、提升度或频次来评估蕴涵的不平衡现象，但可以从规则 $\{3\} \Rightarrow \{33\}$ 和 $\{33\} \Rightarrow \{3\}$ 的置信度的值发现差异。$\{3\} \Rightarrow \{33\}$ 的置信度为 0.862，而 $\{33\} \Rightarrow \{3\}$ 的置信度为 0.787。因此，可以由置信度的值来观察不同方向蕴涵的强度，以此数值分析基元之间蕴涵不平衡的问题。我们挖掘了每个基元的蕴涵能力，然后比较了它们置信度的值。将置信度用作度量标准，可以找到更可信的蕴涵规则。

表 4　人称标记的可行性蕴涵规则

	Rules	Support	Confidence	Lift	Count
1	$\{1\} \Rightarrow \{13\}$	0.115	0.782	2.044	68
13	$\{13\} \Rightarrow \{1\}$	0.115	0.301	2.044	68
	$\{13\} \Rightarrow \{123\}$	0.310	0.810	1.656	183
	$\{13\} \Rightarrow \{12\}$	0.306	0.801	1.643	181
123	$\{123\} \Rightarrow \{12\}$	0.482	0.986	2.024	285
	$\{123\} \Rightarrow \{13\}$	0.310	0.633	1.656	183
12	$\{12\} \Rightarrow \{123\}$	0.482	0.990	2.024	285
	$\{12\} \Rightarrow \{13\}$	0.306	0.628	1.643	181
2	$\{2\} \Rightarrow \{23\}$	0.171	0.849	3.322	101
23	$\{23\} \Rightarrow \{2\}$	0.171	0.669	3.322	101
3	$\{3\} \Rightarrow \{33\}$	0.232	0.862	2.927	137
33	$\{33\} \Rightarrow \{3\}$	0.232	0.787	2.927	137

将每个基元设置为前项时，我们获得了如表 4 所示的具有实用性的规则。与规则 $\{23\} \Rightarrow \{2\}$ 相比，优选 $\{2\} \Rightarrow \{23\}$，因此我们得到了第一个蕴涵规则：2→23，即，如果某种语言中的人称标记具有表示听话人的基元 2，则很可能也具有表示包括听话人但不包括说话人的基元 23，例如，英语人称代词 "you"（Cysouw，2009：118）和 Berik 代词 "aame"（Cysouw，2009：110）等。反之，23→2 则不太常见。表 4 中的其余规则可以用相同的方式处理。其他具有较高置信度

的蕴涵规则是 12→123、13→123、13→12、1→13 和 3→33。从 12→123、13→123 和 13→12 这三条蕴涵规则可以观察到，如果某种语言中的人称标记具有基元 "13"，则很可能也具有 "12" 和 "123"，就像英语的代词 "we"（Cysouw，2009：118）和 Berik 代词 "ne"（Cysouw，2009：110）等。根据当前语言数据还能发现基元 "1" 的标记也可能标记基元 "13"，例如，在 Sierra Popoluca 类型的代词范式中，"13" 与 "1" 被同一个标记进行标记（Cysouw，2009：147 - 151）。对于蕴涵规则 3→33，巴西的 Xokleng 语中属于 Berik 类型范例的第三人称标记 "wũ" 是一个很好的例子（Urban，1985：167；Cysouw，2009：113）。基于上述规则，我们可以观察到人称标记的数从单数到复数的蕴涵，Cysouw（2009，2011）从特定语言和跨语言分析的角度对人和数字进行了更详细的分析。

当这些规则可视化时［见图 10（a）］，我们可以看到它们包含与 Cysouw 的 MDS 图［见图 10（b）］显示的相同的四个基元组（{1}，{12，123，13}，{2，23}，{3，33}）。根据上文的分析，我们可以消除一些非优选的蕴涵路径［见图 10（c）］。同时，从单数到复数的人称标记的数的蕴涵也可以在图 10（c）中观察到。

1.5 本章小结

在本研究中，通过 Apriori 算法对语义功能之间的蕴涵关系进行了系统的研究。通过挖掘蕴涵规则，我们发现了 8 个人称标记的基元间的有趣关系。Apriori 算法适用于寻求蕴涵关系，可以加快计算速度并使图像更直观。与 Cysouw 的两基元共现相比，Apriori 算法具有可以进行更全面分析的重要参数，这些参数可用于计算基元出现的频率并获得 Cysouw（2007）发现的结果。它不仅可以用于计算和使两基元共现

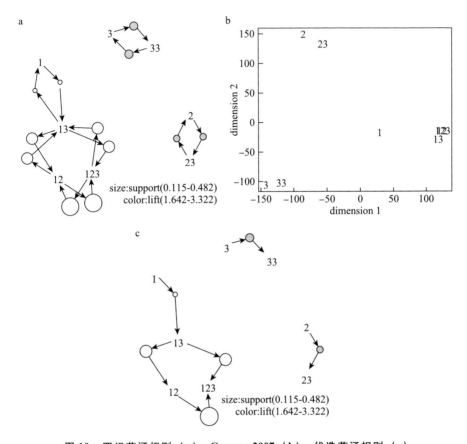

图 10   四组蕴涵规则（a），Cysouw 2007（b），优选蕴涵规则（c）

的问题可视化，而且可以计算和使多个基元同时出现的情况可视化；可以通过置信度来解决基元之间蕴涵不平衡的问题，也可以通过提升度来挖掘具有实用性的蕴涵规则。此外，Apriori 算法将无方向的共现连接转换为有向的蕴涵规则，由此也可以注意到基元间以往较难察觉的关系。

2 时间地理学在语言研究中的 可利用性

随着我国经济及交通事业的发展，人口在区域间的流动愈加频繁，使不同语言（或方言）交互影响，在某些特定区域形成区域性的语言特征。由地理空间信息和格局的改变引起的语言变异，促使交叉学科地理语言学的形成。传统地理语言学多为描述性研究，侧重于静态的方言地图的绘制，在对语言现象的解释分析和呈现方法方面还需改进。同时，当纳入新的参数，比如性别、年龄、人类活动、语言政策等因素时，对语言（或方言）演变机制的研究就变得更为棘手，需要引进新的理论与方法来推进地理语言学向前发展。时间地理学作为一种在各种制约条件下研究人类行为的时空间特征的方法论，从微观视角来解释人地关系，认为人类受到许多非地理因素的影响，使其在地表空间的行为受到制约。这种视角，同样适用于分析时空间背景下语言（或方言）演变的制约因素。本章介绍时间地理学的相关概念（术语）及其在语言研究中的可利用性。

2.1 时间地理学与语言的生命力

语言（或方言）的多样性是文化多样性的一种体现。一种语言（或方言）的消失往往代表着某种民族文化的消失。原本通行于墨西哥热带低洼地区的阿亚帕涅科语（Ayapaneco），在西班牙长达一千多年的教育政策下，目前只剩下生活在墨西哥南部阿亚帕村落里的两位使用者，阿亚帕涅科语的生命或许走到了尽头。可见，语言与使用者的关系十分密切，语言或方言的使用人数，往往决定着它们的命运。时间地理学引进人口统计学中的生命线（见图11），来表示个体的生命历程。每条竖线代表一个人的生命历程。"×"代表死亡，"－"代表国内迁移，"·"代表移居国外，一条竖线中间的间断代表在该段时间移到研究区域以外。对于语言或方言来说，每一条竖线都代表一种母语或母方言存在于某个个体身上的时间长度。而对于阿亚帕涅科语，目前两位老人的生命长度就决定着这种语言所剩的生命长度。通过语言使用者的生命线，我们可以观察到某种语言或方言的生存状况。

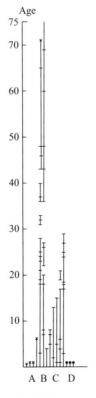

图11   生命线（Hägerstrand，1978）

时间地理学还将生命线加上空间轴面，来表示个体的生命路径（见图 12）。横轴平面表示空间，纵轴表示时间，实线表示个体的活动过程。S1、S2 表示停留点，f 表示迁移。从语言角度出发，人类是语言的载体，人类的移动轨迹往往也是语言或方言的移动轨迹。通过观察人类移动轨迹可以发现语言或方言的移动轨迹。通过改变时空间坐标，可以观察到不同空间尺度（横轴平面：国家、地区、城市等）和时间尺度（纵轴：出现到消亡、千年、百年、年、季度等）上的语言或方言的移动轨迹。此外，通过改变移动对象的规模，可以观察到语言或方言使用个体或群体的移动轨迹。从空间、时间、对象这三个角度出发，可以全面地观察语言或方言使用者的母语或母方言使用情况与移居地的方言的使用情况，从而观察迁移区域与时长对语言或方言演变的影响，以及个体迁移与群体迁移对母语或母方言和迁居地方言产生的影响。

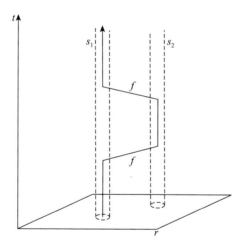

图 12　生命路径（Pred，1973）

2.2　时间地理学与语言演变的类型

为了寻找个体路径中所代表的活动模式，展示一系列独立的活动是如何组合在一起的，Hägerstrand 将这些活动模式称为"基本事件"（Elementary events）（见图 13），分析个体时空间行为中的基本事件，可以从时空情境中解读地方秩序及其嵌套的重要基础与工具（Hägerstrand，2009）。这些基本事件的不同类型体现在语言上，则是不同语言或方言由于个体或群体的迁徙，而产生的转移、分离、组合或冲突等。

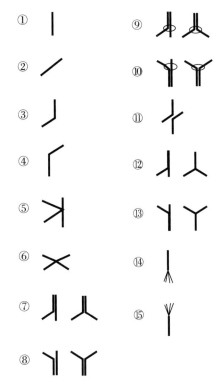

图 13　基本事件类型（Hägerstrand，2009）

基本事件类型在语言中的体现如下。

图①是一条直线，代表一个个体在一个地方一直停留，没有发生位置变化。在语言或方言中，个体因其一生都没有离开过母语/母方言区，从而其语言也不会产生变化。

图②是一条斜线，代表一个个体从一个地方移动到另一个地方，发生了位置转移。

图③表示一个个体从一个地方出发进入、到达另一个地方，并在此停留。

图④表示一个个体在一个地方停留一段时间后离开、出去。这些反映在语言上，表现为由于个体位置移出母语/母方言区，而对其语言或方言产生一定影响。

图⑤、图⑥分别表示了两个个体相遇、面对却没有交集的事件。其中，图⑤中有两条线，代表两个个体的活动，直线代表一个个体一直停留在某地，折线代表另一个个体随后也到达该地方，但没有时间停留或未进入就离开了。图⑥中两条折线表示两个个体分别从两个地方同时到达某地，均没有停留又各自离开去往不同地方。这些反映在语言上，则是他们没有交流，各自保有自己的母语/母方言，这种事件并不会对语言产生任何影响。

图⑦表示两个个体在某地集合后，一起进入该地发生停留，但不产生交流，对彼此语言或方言不会产生影响。

图⑧表示两个个体在同一地点停留一段时间后分开，或一个个体留在原地，另一个个体去其他地方；或两个个体各自去了不同地方。两个个体间并未产生相互作用，这种事件类型在语言上也不会产生任何影响。两种语言或方言在某一时间段并存，并不产生影响。

图⑨和图⑩分别是在图⑦和图⑧的基础上增加了一个小圆圈，代表两个个体发生了相互作用，代表事件的"组合"，两个个体在同时同地进行同一个活动，形成了"活动束"。两个个体在同一领地下相互作用。体现在语言上，就是两个操不同语言或方言的个体，在某一时间段在同一地点相聚，进行语言上有交集的某项活动，从而使两个个体或群体的母语或母方言相互影响。

图⑪表示一个个体在某地进行一项活动一段时间后离开，另一个个体从另一个地方到达该地后继续进行这项活动，表示取代、继承，他们先后存在于同一个地点。在语言上则是一种外来语言或外来方言完全取代土著语言，比如阿亚帕涅科语。这种情况下，土著语言或会逐渐消亡。

图⑫表示两个事物合并、混合在一起，体现在语言上，则是两种不同的语言或方言在某一处汇聚、融合，比如洋泾浜语（pidgin）。

图⑬表示两个事物取消合并、分离，体现在语言上，则是一种方言因使用者地域上的迁移而分化成两种方言变体。

图⑭表示多个分散的事物合并在一起，体现在语言上，则是多种方言因个体或群体迁徙在一处而融合。

图⑮表示某个事物被分散成若干小的组成部分，体现在语言上，则是一种方言因使用者地域上的迁移而分化成多种方言变体。

由此，我们可以从个体路径的活动模式来分析语言演变的基本类型。

2.3 时间地理学与语言演变的制约

随着交通的日益发达，人口流动性增强，人们不像过去一样一生只待在一个地方，与说同一方言的人交流。在迁移过程中，母语或母方言或多或少会受到其他语言或方言的影响，发生改变。这些改变会体现在语音、词汇甚至语法上。同时，在客观条件的制约下，个体行为也会受到一定程度的制约，这些制约也会体现在语言演变上。时间地理学提出三种制约（constraints）：能力制约（capability constraints）、组合制约（coupling constraints）和权威制约（authority constraints）。

能力制约指个体通过自身能力或使用工具进行的活动是有限制的（Hägerstrand，1970），通常用时空棱柱进行展现（见图 14 和图 15）。每条竖线代表一个人，中间的虚线棱柱代表这个人在该时段可能的最大活动范围。对于语言或方言来说，它们的母语使用者的活动路径就代表着语言或方言的传播路径，由时空棱柱可以观察到语言或方言在某个时间段的最大传播范围，从而观察相同或不同语言或方言间的相互影响。

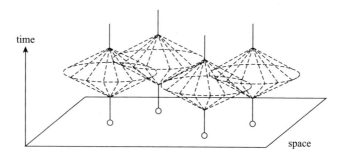

图 14　时空棱柱（Carlstein et al.，1978）

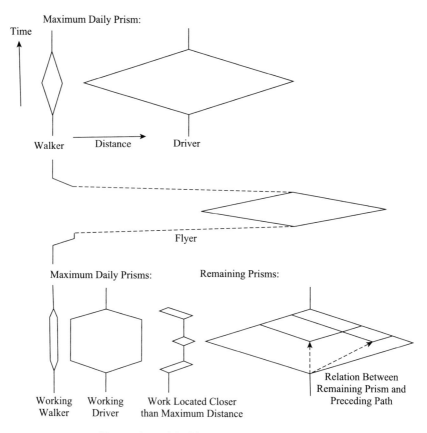

图 15　每日时空棱柱（Hägerstrand，1970）

组合制约指个体或群体为了从事某项活动而必须同其他的人或物的路径同时存在于同一场所的制约（Hägerstrand，1970）。时空棱柱中的多条路径的组合被称为活动束（见图16）。四条活动束表示四个组合，其中左边三个活动束是几个个体到某地汇聚形成的组合，而 Telephone Call 活动束则是两个个体通过虚拟通信手段交流而形成的组合。从活动束可以观察多个方言在某一区域融合的情况。需要强调的是，虚拟行为的时间地理学研究也为通信技术越来越发达的当今社会中的人群联系和语言上的交流提供了更多的理论基础。

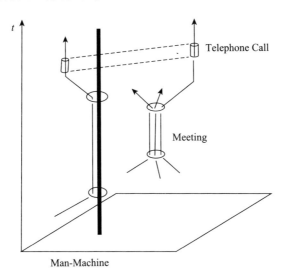

图16   活动束（Hägerstrand，1970）

权威制约指法规、社会习俗等将人或物从特定时空中排除的制约（Hägerstrand，1970），通常用领地来表示（见图17）。在某些时段，特定领地只会对部分人群开放，而其他人不得进入，由此导致未被授权进入特定领地的人群无法进行发生在领地内的活动。从语言层面来看，中国境内学生被要求在校期间使用普通话进行交流，就是一种语言上的权威制约。普通话在中国境内的推广普及也是一种权威制约，这种制约或多或少影响了方言的传承与延续。

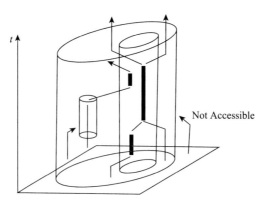

图 17　领地的层级（Hägerstrand，1970）

2.4　移民个体语言演变的制约因素

时间地理学将人类视为活跃因素并结合人类特定约束效应构建时空框架（Kwan，1998）。通过时间地理学视角能够捕捉个体从一个住所移动到另一个住所后，在某些方面发生的变化，产生这些变化的原因是受到了某些约束。

移民个体的语言演变所受的约束同样可以在时空框架下进行分析。移民个体从一地迁徙到另一地，在语言方面会发生一些变化，这些变化体现在不同的移民个体上各不相同。这与以往的基于大规模语料数据的群体语言演变研究不同，本研究从微观角度寻找在不同移民个体身上的语言变化的不同特点，从而由小及大，寻找住所变化情况下语言演变的非地理因素。

从时间地理学视角进行观察，这些影响语言演变的非地理因素，可以由三个制约进行解释。语言或方言的性别差异多是结合社会学（赵蓉晖，2003）或心理学进行研究，从中寻找男女言语的社会本质，或生理及心理差异（施珊珊等，2009），多半是认为女性的语言能力优于男性。然而，还存在另一种现实语言状况，在移民群体中，男性更易习得迁居地的语言或方言，女性则更多地保有母语或母方言，即男性受迁居地方言影响较大，女性所受的影响较小。这种区域性的相反现象就是能力制约。在女性身上存在固定性约束（fixity constraint），通过分析非就业活动，家庭责任和就业状况之间复杂的相互关系显示，无论就业状况如何，女性都会遇到比男性更高的日间固定性约束，当家庭中有其他成年人分担一些家庭责任时，这种限制才会减少（Kwan, 1999a）。固定性约束可看作能力约束的一种类型，由于女性个体最大活动范围受到限制，与迁居地居民的接触会少于男性，语言上的交流也会受到限制，这就使得当地语言或方言对女性的母语或母方言的影响小于男性，这种影响在语音上的体现尤为明显。能力制约还体现在年龄差异上，青年移民者活动范围会大于老年移民者，前者的母语或母方言受迁居地方言的影响会大于后者。

另一种常见现象表现在儿童期移民者和成年期移民者身上。儿童的活动范围往往小于成年人，所受的能力制约更大，但为什么儿童期移民者多半会说母语或母方言，也会说迁居地的语言或方言呢？从时间地理学角度分析，这种现象的产生，部分源于组合制约。儿童和成年人一样，同样会为了从事某项活动而必须同其他的人或物的路径同时存在于同一场所，比如学校。学校作为一个活动束，给儿童提供了一个言语交流的场所，再加上儿童习得语言的能力比成年人强，这就形成了儿童期移民者可能会比成年期移民者更快更好地习得迁居地语言或方言的现象。

然而，这种组合制约下的语言习得，也会受到权威制约。目前国内普遍存在一种现象，儿童不会说母方言，而说普通话，这种现象其实超出了权威制约的范围。不仅要求在特定时间段、特定地点用某种语言交流，为了使儿童能更快融入学习集体中，父母在日常生活中也会用普通话与孩子交流。另一种引起这种现象的原因是，父母来自不同的地方，所说母方言不同，为了使孩子能与父母双方流畅交流，也会与孩子说普通话。这类增加的活动束，给儿童提供了更多的普通话交流场所，增强了习得普通话的权威制约。这也是权威制约不仅可以用"领地"（domain）来表达的另一种表现，语言政策也增强了此种制约。

时间地理学中的三个制约能够给语言或方言的演变提供另一个视角，这无疑为语言研究开辟了一条新的道路。

2.5　本章小结

近年来，随着与 GIS 技术的结合及对语言演化研究的深入，地理语言学有了新的进展。引入时间地理学理论为地理语言学提供了新的科学理论的支撑。同时，随着大数据时代的到来，地理语言学也面临新的机遇和挑战：如何由定性分析转向定量分析，使研究方法更加完善；如何加入时间概念，将语言演变的历时面貌动态化；如何加入更多的参数，比如性别、年龄、活动范围等，来分析语言演变中无法从传统地理语言学分析角度解释的现象；如何运用新的数据处理手段来计算、建模并进行可视化。为此，结合时间地理学和地理语言学理论，从微观到宏观，发掘语言演变过程中所潜藏的丰富信息，这将是进一步探索的新方向。时间地理学也给语言研究带来了更多新的启发。

3 湖北方言动作动词词义的分布状况及其发展

3.1 词义的历时发展

我们现将着重探讨的躯体动作动词"喝"、"吃（喫）"、"咬/啮"、"看见/看到"、"睡/困（睏）"在湖北方言中仍在使用的各词义进行历时梳理。词义出现的最早年代主要依据《汉语大词典》，或据古籍检索，并结合学者的探讨确定。

目前确定在使用并且本字也为"喝"的义项及其最早可能出现的年代如下。

1. 喝：声音嘶哑。如：喉咙喝了。据《汉语大词典（第三卷）》，该义项出现年代不晚于西汉，如：

（1）榜人歌，声流喝。[（南朝·梁）萧统编《文选》司马相如《子虚赋》]

2. 喝：大声喊叫。如：吆喝｜喝喝生的。据《汉语大词典（第三卷）》，该义最早可能出现在唐五代时期，如：

（2）既而四子俱黑，其一子转跃未定，裕厉声喝之，即成卢焉。［（唐）房玄龄等撰《晋书》卷八十五/列传第五十五/刘毅］

3. 喝：咽下液体或流质食物。如：喝水。据《汉语大词典（第三卷）》、吕传峰（2005）和汪维辉（2018），该义最早见于元代，如：

（3）汤送五湖宾。喝上七八盏。［（元）关汉卿《王闰香夜月四春园》第三折］

4. 喝：吸进气体，比喻没有东西吃。如：喝西北风。"喝风"最早出现于元代《老乞大谚解》中，《老乞大谚解》作为元末明初中国北方地区官话教学范本已得到学界认可（梁冬青，2009），如：

（4）客人们，你打火那不打火，我不打火喝风那，你疾快做着五个人的饭着，你吃甚么饭，我五个人，打着三斤面的饼着。（《老乞大谚解》）

5. 喝：特指喝酒。如：喝醉了。根据历史文献整理，该义最早或出现于清代，如：

（5）他自己又老了，又不顾体面，一味的好酒，喝醉了无人不骂。［（清）曹雪芹《红楼梦》第七回］

6. 喝：比喻上学读书。如：这个人没喝过墨水。根据历史文献整理，该义最早可见于清代，如：

（6）老美说道："傻小子你念过书没有？"金头虎说道："老美，我没在圣人厕所出过恭，没喝过墨水。"〔（清）张杰鑫《三侠剑》第二回〕

7. 喝：（快速地）吃。此义只出现在方言中，且"喝"的受事扩展到固体食物，或为通感，与"吃"互用。如：喝饭。

8. 喝：吸（烟），抽（烟）。此义只出现在方言中，如：喝根烟。

目前确定在使用并且本字也为"吃（喫）"的义项及最早可能出现的年代如下。

1. 吃（喫）：把食物放入嘴中经咀嚼咽下。如：吃饭。据《汉语大词典（第三卷）》和汪维辉（2018），该义最早可能出现在西汉，南北朝时期已呈发展之势，到唐代已十分普遍。如：

（7）越王之穷，至乎喫（一本作"吃"）山草。〔（西汉）贾谊《新书》〕

2. 吃（喫）：喝（液体）。如：吃酒。该义最早可能始于东晋，至唐代用例逐渐增多（贾燕子，2017；汪维辉，2018），如：

（8）骨即随顽痰出。若未吐，更吃温酒，但以吐出为妙。酒即随性量力也。若更未出。〔（东晋）葛洪《肘后备急方》卷六〕

（9）临岐意颇切，对酒不能吃。〔（唐）杜甫《送李校书二十六韵》〕

3. 吃（喫）：承受，经受。如：吃不消。由《汉语大词典》推测该义大约产生于唐代，如：

（10）昭王被考，吃苦不前，忍痛不胜，遂即道父之墓所。[（唐）《敦煌变文集》新书卷五]

4. 吃（喫）：遭受；挨。如：吃官司。该义最早可能出现于唐代（谌欣，2016），如：

（11）我欲笞汝一顿，恐天下人称你云，撩得李日知嗔，吃李日知杖。[（唐）张鹭《朝野佥载》卷五]

（12）吾与你讲经，有何事里（理）频啼泣。汝且为复怨恨阿谁，解事速说情由，不说眼看吃杖。[（唐）《敦煌变文集》新书卷六]

5. 吃（喫）：犹跌。如：吃了一跟头。该义最早或可见于宋代（谌欣，2016），如：

（13）沩山雯云："临济怎么，大似平地吃交，虽然如是，临危不变，始称真丈夫。"[（宋）圆悟克勤《碧岩录》卷第四]

6. 吃（喫）：耗费。如：吃力。该义最早或出现于宋代（谌欣，2016），如：

（14）如某许多文字，便觉得有个吃力处，尚有这些病在。[（宋）朱熹《朱子语类》卷第一百三]

7. 吃（喫）：指依赖某种事物来生活。如：吃老本。该义最早或可见于元代（谌欣，2016），如：

（15）必阇赤每也空吃俸钱有，罢了撒儿蛮、脱儿盏、斡脱赤每，那每各自勾当里理会行者。//如今见吃着昭文馆大学士俸钱多年也，因分拣上头，秘书监里不曾入去画字有。〔（元）王士点、商企翁《秘书监志》卷第一〕

（16）田地的租子，他每吃剩下的，擗掠庙宇时分，祭丁的时分有用来。〔（元）无名氏《庙学典礼》六卷（永乐大典本）〕

（17）刘穷穿那个的？吃那个的？生穿泰山，吃泰山。净泰山亡后。生泰山亡后，穿大舅，吃大舅。〔（元）刘唐卿《白兔记》〕

8. 吃（喫）：抽（烟），吸（烟）。如：吃烟。在表达"吸收"一义时，《汉语大词典》和《汉语方言大词典》都将"吃"后接的液体受事和气体受事合为一类，而《现代汉语词典（第七版）》中只收录了"吃"与液体受事的搭配。我们将词义分解细化，将"吸收（气体）"单独列项。该义最早可见于明代（谌欣，2016），如：

（18）要吃烟。没烟袋。宜兴壶嘴插笔管。这是你制下的好烟袋。〔（明）冯梦龙《情经》卷下〕

9. 吃（喫）：除去棋子。如：吃几个子。根据历史文献整理，最早可能出现于明代，如：

（19）黑白棋子儿一百廿个。或吃三。或吃五。或么一颗。〔（明）冯梦龙《情经》卷上〕

10. 吃（喫）：啃、咬。如：吃骨头｜吃甘蔗。根据历史文献整理，该义最早或见于明代，如：

（20）赞曰：普天下人想吃甘蔗，垂涎十丈，既到手中，谁肯吃的不尽情？[（明）赵南星《笑赞》四零]

（21）及至出来，只见他家的两条狗饿得瘦骨伶仃，见人不在跟前，跳上桌子，吃得盘中的骨头余汁酒钟，都掉下地来，打得粉碎。[（清）曹去晶《姑妄言》第二卷/第二回]

11. 吃（喫）：一物体进入另一物体。如：船重吃水很深。|这根檩吃得挺深。|螺丝吃进去蛮深。该义最早或出现于明代（谌欣，2016），如：

（22）设使贼船亦如我福船大，则吾未见其必济之策也。但吃水一丈一二尺，惟利大洋，不然多胶于浅，无风不可使，是以贼舟一入里海，沿浅而行，则福舟为无用矣，故又有海沧之设。//夫海沧稍小福船耳，吃水七八尺，风小亦可动，但其力功皆非福船比。[（明）戚继光《纪效新书》卷十八/治水兵篇]

12. 吃（喫）：吞没。如：吃黑。根据历史文献整理，该义最早或可见于清代，如：

（23）您若要吃独食，我就要搅哩。[（清）李绿园《歧路灯》]
（24）黑吃黑盟兄杀盟弟。[（清）《刘公案·刘墉传奇》第二十三回]

13. 吃（喫）：收取赌注，买进股票等。如：通吃|一吃三。根据历史文献整理，该义最早或出现于清代，如：

（25）那跑堂儿的先说："这，我们怎么倒稳吃三注呢？"

[（清）文康《儿女英雄传》第五回]

（26）至于那注钱亦不是吃掉他的，要查明白没有弊病才肯给他。[（清）李伯元《官场现形记》第五回]

（27）我们怎么好"稳吃三注"呢？[（清）曹雪芹《红楼梦》第五六回]

14. 吃（喫）：指在某一出售食物的地方吃。如：吃馆子。该义最早可能始于清代（谌欣，2016），如：

（28）当天就有人请他吃馆子，吃大菜，吃花酒，听戏。[（清）李伯元《官场现形记》第二十九回]

（29）唐二乱子忙说："我们同去吃馆子。"[（清）李伯元《官场现形记》第三十六回]

（30）后来，来了一个人，天天请他吃馆子。[（清）吴趼人《二十年目睹之怪现状》第三一回]

15. 吃（喫）：控制，驾驭。如：我们三个人吃不住他一个人。该义最早或可见于清代（谌欣，2016），如：

（31）因为叫人挑行李，价钱没有说明白，挑夫欺他也有的，全把那个外国人的行李吃住不放。[（清）李伯元《官场现形记》第五十八回]

（32）碰着个会吃醋的倌人，就要把客人吃住，不放他到别处去再做别人；也有性气好些的，做了客人，却也并不是这个样儿。[（清）张春帆《九尾龟》第四十四回]

16. 吃（喫）：听从；接受；喜爱。如：他软硬不吃。该义最早或可见于清代（谌欣，2016），如：

（33）戴大理说他吃硬不吃软，他们是熟人，说的话一定是不会错的。[（清）文康《儿女英雄传》第十二回]

（34）忽然想到从省里临来的时候，戴大理嘱咐他的一番话，说胡统领的为人，吃硬不吃软。[（清）文康《儿女英雄传》第十七回]

17. 吃（喫）：理解，领会。如：吃透教材｜对他的话有点吃不准。根据历史文献整理，该义最早可能出现于民国时期，如：

（35）我们知道他不怀好意，他见我们穿了裙子，插了花朵，一时吃弗准甚么路道，还道是人家姨太太，所以很有长性的只管守着。[（民国）平襟亚（网蛛生）《人海潮》第二十二回]

18. 吃（喫）：吸收液体。如：吃墨。该义常见于现代汉语中，如：

（36）印版画，中国宣纸第一，世界无比。它温润、柔和、敦厚、吃墨。[曹靖华《飞花集·哪有闲情话年月》]

19. 吃（喫）：消灭敌人。如：敌人被我们吃掉。该义常见于现代汉语中，如：

（37）美国人攻不动我们的阵地，相反，他们总是被我们吃掉。[毛泽东《抗美援朝的伟大胜利和今后的任务》]

20. 吃（喫）：吸收体液。此义只出现在方言中，如：蚊子吃血。

21. 吃（喫）：得到；收进。此义只出现在方言中，如：我吃了一个零蛋。

目前确定在使用并且本字也为"咬/啮"的义项及最早可能出现的年代如下。

1. 咬/啮：上下牙齿用力相对，夹住物体或使物体的一部分从整体分离。如：咬/啮一口。表达此义的"啮"最早可能出现在先秦时期，"咬"最早可能出现在西汉时期（王毅力等，2011；汪维辉，2018），如：

（38）毋咤食，毋啮骨。[（西汉）戴圣编《礼记·曲礼上》]

（39）兵旱相乘，天下大屈，有勇力者聚徒而衡击；罢夫羸老易子而咬其骨。[（西汉）贾谊《论积贮疏》]

（40）狗咬一胫，肉落如手。[（南朝·宋）乔道元《与天公笺》]

2. 咬/啮：（蚊子、虱子）叮（人）。如：蚊子咬/啮人。根据历史文献整理，表达此义的"啮"最早可见于汉代，"咬"最早可能出现于宋代，如：

（41）虱，啮人虫。[（东汉）许慎《说文解字》虫部]

（42）睡里虱子咬人，信手摸得革蚤。[（宋）觉范慧洪《林间录》卷上]

（43）蚊虫咬，虱咬，都奈何自家不得。[（南宋）温州九山书会才人《张协状元》]

3. 咬：过分地计较（字句的意义）。比喻精心琢磨，反复玩味。

如：咬文嚼字。根据历史文献整理，该义最早可能始于宋代，如：

（44）如今人不会古人意，只管咬言嚼句，有甚了期？［（宋）
圆悟克勤《碧岩录》卷第一］

（45）痴人向言下咬嚼，似庠夜塘之水求鱼相似。［（宋）圆
悟克勤《碧岩录》卷第一］

（46）只这一句黑白语千人万人咬不破。［（宋）圆悟克勤《碧
岩录》卷第八］

4. 咬：受责难或审讯时攀扯或诬陷伤害他人（多指无辜的）。如：
反咬一口。根据历史文献整理，该义最早可见于宋元话本中，如：

（47）那边王老员外与女儿并一干邻佑人等，口口声声咬他
二人。［（宋/元）《京本通俗小说·错斩崔宁》］

（48）我则恨那忘恩咬主贼禽兽，怎生不画在凌烟阁上头？
［（元）马致远《汉宫秋》第二折］

5. 咬：油漆、石灰水、洗衣粉等使皮肤过敏或使衣物腐蚀或损
伤。如：石灰咬手｜洗衣粉咬衣服。"啮"表示的"侵蚀"义与"咬"
表达的"腐蚀"义略有不同（汪维辉，2018），"啮"主要表达水对物
体的侵蚀（王毅力等，2011）。"咬"表示此义最早或可见于明代，如：

（49）治漆咬出肘后方用韭叶研傅之。一云捣韭和涂之。煮
蘽叶洗之。佳。治漆疮以五月五日采苦芙。微曝干作灰。可傅。
面目通身漆疮。亦取茎生食之。但不可多食之耳。［（明）朱橚等
《普济方》卷二百七十七］

6. 咬/啮：螫。如：蜜蜂咬人。"啮"在元明清时期逐渐失去了主导地位，而由"咬"替代，由文献材料整理发现，"咬"表示"螫"或不晚于明代，如：

（50）皮间白汁〔释名〕构胶五金胶漆〔气味〕甘，平，无毒。〔主治〕疗癣。傅蛇、虫、蜂、蝎、犬咬。〔（明）李时珍《本草纲目》木部/第三十六卷〕

7. 咬/啮：嚼。如：你咬一下就烂了。根据历史文献整理，"啮"与"嚼"连用最早或可见于三国时期，如"熊虎是生。故人民被害嚼啮"〔（三国魏）阮籍《元父赋》〕，但当时"啮"与"嚼"的动作重心仍不同，"啮"的动作重心偏向其基本义。"咬"单用表示"嚼"义最早或见于明代，如：

（51）不慌不忙，取出一粒黄豆来，放在口里，咬做个查查儿，望正南上一喷。〔（明）罗懋登《三宝太监西洋记》第五十五回〕

8. 咬：（狗）叫。如：狗咬了一晚上。根据历史文献整理，该义最早或见于明代，如：

（52）姐送情哥到半场。门前狗咬两三声。〔（明）冯梦龙《情经》卷上〕

（53）后来经过待质室，听得里头拌嘴的声音，闹得狗咬一般。〔（晚清）陆士谔《十尾龟》第三十八回〕

（54）还有那，金毛小犬汪汪的咬，铜铃挂在脖项中。〔（晚清）《刘公案》一部分《刘墉传奇》第十三回〕

9. 咬：叼（用嘴衔住）。如：老猫把鱼咬在口里。根据历史文献整理，该义最早或见于明代，如：

（55）昨晚买了一个猪蹄子，二人正待吃酒，谁想被一猫神咬了去，将我百般辱骂，好不闷人！〔（明）方汝浩《禅真后史》第十三回〕

10. 咬/啮：（钳子等）夹住或（齿轮、螺丝等）互相卡住。如：咬不住螺丝。根据历史文献整理，该义最早可能出现于清代，如：

（56）他一拧铜环子，是个消息，就打床上下来一个木台阶，正落在三路头里，这台阶是一层一层的木板，银钉扣咬出来，一层一层台阶，往起一拉，就是一罗板子。〔（清）佚名《小五义》第四十三回〕

11. 咬/啮：追赶进逼；紧跟不放。如：你怎么总咬着我不放。根据历史文献整理，该义最早或见于清代，如：

（57）既可兴无风之浪，又能息有浪之风。任意纵横，莫可端倪。总是各衙门是他财库，各差役是他傀儡。勾着一人，弄得你七颠八倒，越好做作，死咬不放。一纸之原被皆是挣子，上官之喜怒尽属钱神，更有什么人跳出得他圈套。〔（清）岐山左臣《花案奇闻》第七回〕

（58）激得楚卿怒发三千道："你看这泼淫妇的声口，还咬着我不放！我几曾约你走，好还我个明白。恁般不识高低好歹的娼妇！不打缘何气得过！"……一把拽住楚卿衣不放，楚卿被他一口咬住，前后俱讲得是真情，本欲盖今日之短行，反彰露从前之

亏心。[（清）青心才人《金云翘传》第十回]

（59）却说宋古玉坐在监中，亏了众社友时时到府堂上来，辩长辩短。袁通判道："宋石这件事，强盗既咬定不放，诸兄又苦苦来辩，本府是署印，实难定此罪案。新太爷已有人了，待他来结此案吧。诸生须静听，不必时时来激哄。"众人听了没奈何，只得散去。[（清）佚名《赛红丝》第五回]

12. 咬：黏结；夹住。此义只出现在方言中，如：刷子毛咬到一路去了。

目前确定在使用并且本字也为"看见/看到"的义项及最早可能出现的年代如下。

1. 看见/看到：看到。比如：我看见（到）他了。｜看得见（到）｜看不见（到）。根据历史文献整理，"看见"最早或见于南北朝时期（汪维辉，2018），"看到"最早或见于宋辽时期，如：

（60）相师看见。怀喜而言。是儿福相。人中挺特。[（北魏）慧觉等译《贤愚经》卷十一]

（61）十年花底承朝露，看到江南树。[（南宋）陈与义《虞美人·亭下桃花盛开，作长短句咏之》]

（62）他时细数平原客，看到还乡第几人？[（金末元初）元好问《别冠氏诸人》]

（63）分明月在梅花上，看到梅花早已迟。[（元）清珙《山居吟（录十二）其四》]

2. 看到：看着。比如：这块死猪头，看见（到）也不能吃。根据历史文献整理，"看到"表示该义最早或见于清代，如：

（64）原来徐家小娘子，从小儿好踢球，若有街坊上踢球的，他便饭也不吃，直看到了。[（清）佚名《醉春风》第一回]

3. 看到：遇见。此义只出现在方言中，比如：昨天我在街上看见/看到他了。

目前确定在使用并且本字也为"睡/困（瞓）"的义项及最早可能出现的年代如下。

1. 睡/困（瞓）：睡觉。① 比如：快点睡！｜我去困（瞓）的。｜睡/困（瞓）着了。结合前人探讨可知，表示"睡觉"义的"睡"最早见于六朝时期（孙玉文，1999），兴起于唐，"困"多见于明代文献，且出现了"瞓"的写法（汪维辉，2018）：

（65）孙岩，娶妻三年，不脱衣而卧。岩因怪之，伺其睡，阴解其衣，有毛，长三尺，似野狐尾。[（北魏）杨衒之《洛阳伽蓝记》卷第四]

（66）用心精苦，曾三冬不畜枕，每至睡时，假寐而已。[（唐）李百药《北齐书》卷四四/列传第三六]

（67）困是不与他困，只嗅得他来调你。[（明）佚名《三刻拍案惊奇》第二十四回]

2. 睡/困（瞓）：躺（下）。比如：你不舒服就到沙发高头去睡/困（瞓）一下。根据历史文献整理，表示"躺（下）"义的"睡"最早或见于明代，"困"最早或见于清代，如：

（68）却正与王夫人睡在床上，便将梦中所见所闻，一一说

---

① 孙玉文（1999）对"睡"的词义的历时发展做了详细的讨论，"睡"在上古时期表示"打瞌睡"，六朝时期发展出睡觉的意义。

了。[（明）凌濛初《初刻拍案惊奇》卷十二]

（69）毕竟儿子年轻嘴快，回称："我娘困在床上，从早上哭到此刻，还没有梳头。"[（清）李伯元《官场现形记》第二十二回]

（70）先生走到床前，只见病人困在床上，喉咙里只有痰出进抽的声响。[（清）李伯元《官场现形记》第四十九回]

3. 睡/困（睏）：倒（在地下）。比如：我挨都没挨他，他就睡/困（睏）到地上去了。根据历史文献整理，表达该义的"睡"最早或见于明代，"困"最早或见于清代。

（71）恰待向前，不觉自家也头重脚轻，晕倒了，软做一堆，睡在地下。[（明）施耐庵《水浒传》第四十三回]

（72）他俩困在地下，羞的面孔绯红，挣扎着爬起来。[（清）李伯元《官场现形记》第二十一回]

3.2　方言词义的共时分布

在现代汉语中"喝""吃（喫)""咬/嗑""看见/看到""睡/困（睏）"都是多义词，结合《汉语大词典》《现代汉语词典》《汉语方言大词典》，通过田野调查，初步归纳出目前湖北地区方言中以上各词的义项（下文称作词义基元），构成它们语义概念空间上的节点。下面对这些词义基元做简要举例说明。

3.2.1　方言词义的地理分布

按历时顺序，"喝"的词义基元、例句与方言字音汇总如表5所示。

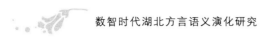

表5 "喝"的词义基元及举例

词义基元	例句	方言字音
S1：声音嘶哑	喉咙~了	鄂城［ie²¹］、团风［ie²¹］、大悟［ie²¹］、黄陂［ie²⁴］、浠水［ie²¹］、黄梅［ie³¹］、蕲春［ie²¹］、广水［ie⁵¹］、大冶［ie¹³］、通城［ie²⁵］
S2：大声喊叫	~彩｜吆~ 你这个人～～生的，吵死人咾	襄阳［xə⁵²］、枝江［xo⁴⁵］、通山［xo⁵⁵］
S3：咽下液体或流质食物	~水｜~汤	武汉［xo²¹³］、汉川［xo¹²］、天门［xo¹³］、襄阳［xə³⁴］、沙洋［xo⁵⁵］、潜江［xo⁴⁵］、沙市［xo⁵⁵］、枝江［xo⁴⁵］、建始［xo⁵⁵］、监利［xo⁴⁵］、石首［xo⁴⁵］、竹溪［xo²⁴］、鄂城［xo²⁴］、团风［xo³⁴］、大悟［xo³⁴］、黄石［xo²²］、黄陂［xo²³］、罗田［xo²¹］、浠水［xo²¹］、黄梅［xo¹¹］、蕲春［xe²¹］／［xo⁴²］、广水［xo³⁴］、大冶［xo²³］、通山［xo⁵⁵］、通城［xo²⁵］
S4：吸进气体，比喻没有饭吃	你~西北风去吧	武汉［xo²¹³］、汉川［xo¹²］、天门［xo¹³］、襄阳［xə³⁴］、沙洋［xo²¹］、沙市［xo⁵⁵］、枝江［xo⁴⁵］、建始［xo⁵⁵］、监利［xo⁴⁵］、石首［xo⁴⁵］、竹溪［xo²⁴］、鄂城［xo²⁴］、团风［xo³⁴］、大悟［xo³⁴］、黄石［xo²²］、黄陂［xo²³］、罗田［xo²¹］、浠水［xo²¹］、黄梅［xo¹¹］、广水［xo³⁴］、大冶［xo²³］、通山［xo⁵⁵］、通城［xo²⁵］
S5：特指喝酒	他~多了 他蛮喜欢~ 他/我~醉了 他~麻木了 他~昏了 ~了一杯	武汉［xo²¹³］、汉川［xo¹²］、天门［xo¹³］、襄阳［xə³⁴］、沙洋［xo⁵⁵］／［xo²¹］、潜江［xo⁴⁵］、沙市［xo⁵⁵］、枝江［xo⁴⁵］、建始［xo⁵⁵］、监利［xo⁴⁵］、石首［xo⁴⁵］、竹溪［xo²⁴］、鄂城［xo²⁴］、团风［xo³⁴］、大悟［xo³⁴］、黄石［xo²²］、黄陂［xo³²³］、罗田［xo²¹］、浠水［xo²¹］、黄梅［xo¹¹］、蕲春［xe²¹］／［xo⁴²］、广水［xo³⁴］、大冶［xo²³］、通山［xo⁵⁵］、通城［xo²⁵］
S6：吸进液体，比喻读过书，有知识，有文化	我没~过多少墨水 他没有~多少墨水 他没有~过好多墨水 他冒~过几年墨水 他~的墨水不多	武汉［xo²¹³］、汉川［xo¹²］、天门［xo¹³］、监利［xo⁴⁵］、石首［xo⁴⁵］、竹溪［xo²⁴］、黄陂［xo³²³］、浠水［xo²¹］、大冶［xo²³］、通山［xo⁵⁵］

续表

词义基元	例句	方言字音
D1：（快速地）吃	同志们，～饭喽 我不做点生意，饭都冇得～的 你好吃懒做，～饭？你喝西北风吧 我请你～一顿 赶紧～两口就走 快点～了	武汉 [xo45]、汉川 [xo12]、黄石 [xo22]、黄陂 [xo33]
D2：吸（烟），抽（烟）	～（一）根烟	汉川 [xo45]、天门 [xo45]、潜江 [xo45]、监利 [xo45]、石首 [xo45]

总结如表6所示。

表6　"喝"的词义基元汇总

	武汉	汉川	天门	襄阳	沙洋	潜江	沙市	枝江	建始	监利	石首	竹溪	鄂城
S1													+
S2				+			+						
S3	+	+	+	+	+	+	+	+	+	+	+	+	+
S4	+	+	+	+	+		+	+	+	+	+	+	+
S5	+	+	+	+	+		+	+	+	+	+	+	+
S6	+	+	+							+	+	+	
D1	+	+											
D2		+	+			+				+	+		

	团风	大悟	黄石	黄陂	罗田	浠水	黄梅	蕲春	广水	大冶	通山	通城
S1	+	+		+		+	+	+				
S2											+	
S3	+	+	+	+	+	+	+	+	+	+	+	+
S4	+	+	+	+	+	+			+	+	+	+
S5	+	+	+	+	+	+	+			+	+	+
S6				+		+				+	+	
D1			+	+								
D2												

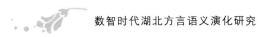

按历时顺序，"吃（喫）"的词义基元、例句与方言字音汇总如表7所示。

表7 "吃（喫）"的词义基元及举例

词义基元	例句	方言字音
S1：把食物等放在嘴里经过咀嚼咽下	你明天来我屋里～饭	武汉［tɕʰi²¹³］、汉川［tɕʰi¹²］、天门［tɕʰi²⁴］、襄阳［tsʰi³⁴］、沙洋［tɕʰi⁵⁵］、潜江［tɕʰi³⁴］、沙市［tɕʰi²¹³］、枝江［tɕʰi¹³］、建始［tɕʰi¹¹］、监利［tɕʰi⁴⁵］、石首［tɕʰi⁴⁵］、竹溪［tʂʰi²⁴］、鄂城［tɕʰi³²⁴］、团风［tɕʰi²¹］、大悟［tɕʰi²¹］、黄石［tɕʰi²¹²］、黄陂［tɕʰi³²³］、罗田［tɕʰi²¹］、浠水［tɕʰi²¹］、黄梅［tɕʰi³²］、蕲春［tɕʰi⁴²］／［tɕʰio⁴²］、广水［tɕʰi³¹］、大冶［tɕʰiɔ¹³］、通山［tɕʰiɔ²⁵⁵］、通城［dʐʰia²⁵］
S2：喝（液体）	～（一）口茶	监利［tɕʰi⁴⁵］、广水［tɕʰi³¹］、通城［dʐʰia²⁵］
S3：承受，经受	～不起 ～不消 ～不住 我有点儿～不消 我熬了几天夜，我～不消，赶紧回去睡觉 你～不～得消？ 我～不过来	武汉［tɕʰi²¹³］、汉川［tɕʰi¹²］、天门［tɕʰi²⁴］、襄阳［tsʰi³⁴］、沙洋［tɕʰi⁵⁵］、潜江［tɕʰi³⁴］、沙市［tɕʰi²¹³］、枝江［tɕʰi¹³］、建始［tɕʰi¹¹］、监利［tɕʰi⁴⁵］、石首［tɕʰi⁴⁵］、竹溪［tʂʰi²⁴］、鄂城［tɕʰi³²⁴］、团风［tɕʰi²¹］、大悟［tɕʰi²¹］、黄陂［tɕʰi³²³］、罗田［tɕʰi²¹］、浠水［tɕʰi²¹］、黄梅［tɕʰi³²］、蕲春［tɕʰi⁴²］／［tɕʰio⁴²］、广水［tɕʰi³¹］、大冶［tɕʰiɔ¹³］、通山［tɕʰiɔ²⁵⁵］、通城［dʐʰia²⁵］
S4：遭受；挨	～亏 ～官司 ～败仗 ～（了）我一拳	武汉［tɕʰi²¹³］、汉川［tɕʰi¹²］、天门［tɕʰi²⁴］、襄阳［tsʰi³⁴］、沙洋［tɕʰi⁵⁵］、潜江［tɕʰi³⁴］、沙市［tɕʰi²¹³］、枝江［tɕʰi¹³］、建始［tɕʰi¹¹］、监利［tɕʰi⁴⁵］、石首［tɕʰi⁴⁵］、竹溪［tʂʰi²⁴］、鄂城［tɕʰi³²⁴］、团风［tɕʰi²¹］、大悟［tɕʰi²¹］、黄石［tɕʰi²¹²］、黄陂［tɕʰi³²³］、罗田［tɕʰi²¹］、浠水［tɕʰi²¹］、黄梅［tɕʰi³²］、蕲春［tɕʰi⁴²］／［tɕʰio⁴²］、广水［tɕʰi³¹］、大冶［tɕʰiɔ¹³］、通山［tɕʰiɔ²⁵⁵］、通城［dʐʰia²⁵］

词义基元	例句	方言字音
S5：犹跌	~ 跟头 我 ~ 了一跟头	沙洋［tɕʰi⁵⁵］、监利［tɕʰi⁴⁵］
S6：耗费	~ 力 很 ~ 力 好 ~ 力哟 ~ 时间	武汉［tɕʰi²¹³］、汉川［tɕʰi¹²］、天门［tɕʰi²⁴］、襄阳［tsʰi³⁴］、沙洋［tɕʰi⁵⁵］、潜江［tɕʰi³⁴］、沙市［tɕʰi²¹³］、枝江［tɕʰi¹³］、建始［tɕʰi¹¹］、监利［tɕʰi⁴⁵］、石首［tɕʰi⁴⁵］、竹溪［tʂʰi²⁴］、鄂城［tɕʰi³²⁴］、团风［tɕʰi²¹］、大悟［tɕʰi²¹］、黄石［tɕʰi²¹²］、黄陂［tɕʰi³²³］、罗田［tɕʰi²¹］、浠水［tɕʰi²¹］、黄梅［tɕʰi³²］、蕲春［tɕʰi⁴²］／［tɕʰio⁴²］、广水［tɕʰi³¹］、大冶［tɕʰiɔ¹³］、通山［tɕʰiɔ²⁵⁵］、通城［dʐʰia²⁵］
S7：指依赖某种事物来生活	~ 老本（儿） ~ 劳保 ~ 低保 ~ 五保 ~ 补贴	武汉［tɕʰi²¹³］、汉川［tɕʰi¹²］、天门［tɕʰi⁴⁵］、襄阳［tsʰi³⁴］、沙洋［tɕʰi⁵⁵］、潜江［tɕʰi⁴⁵］、沙市［tɕʰi²¹³］、枝江［tɕʰi¹³］、建始［tɕʰi¹¹］、监利［tɕʰi⁴⁵］、石首［tɕʰi⁴⁵］、竹溪［tʂʰi²⁴］、鄂城［tɕʰi³²⁴］、团风［tɕʰi²¹］、大悟［tɕʰi²¹］、黄石［tɕʰi²¹²］、黄陂［tɕʰi³²³］、罗田［tɕʰi²¹］、浠水［tɕʰi²¹］、黄梅［tɕʰi³²］、蕲春［tɕʰi⁴²］／［tɕʰio⁴²］、广水［tɕʰi³¹］、大冶［tɕʰiɔ¹³］、通山［tɕʰiɔ²⁵⁵］、通城［dʐʰia²⁵］
S8：吸收气体	~ 烟 ~ 一根儿烟 ~ 一口烟 ~ 鸦片 他最喜 ~ 烟的，~ 几包	武汉［tɕʰi²¹³］、汉川［tɕʰi¹²］、襄阳［tsʰi³⁴］、沙洋［tɕʰi⁵⁵］、枝江［tɕʰi¹³］、石首［tɕʰi⁴⁵］、竹溪［tʂʰi²⁴］、鄂城［tɕʰi³²⁴］、团风［tɕʰi²¹］、大悟［tɕʰi²¹］、黄石［tɕʰi²¹²］、黄陂［tɕʰi²³］、罗田［tɕʰi²¹］、浠水［tɕʰi²¹］、黄梅［tɕʰi³²］、蕲春［tɕʰi⁴²］／［tɕʰio⁴²］、广水［tɕʰi³¹］、大冶［tɕʰiɔ¹³］、通山［tɕʰiɔ²⁵⁵］、通城［dʐʰia²⁵］

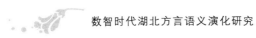
数智时代湖北方言语义演化研究

续表

词义基元	例句	方言字音
S9：弈棋用语。除去对方的棋子	我把你的子都~了 我用车~了你的炮 他把我的棋~了几个去啊 我把你这个子~了 ~你的炮，~你的车 我把你的子~了 我~你的几个子 他把我的子儿全~完了 他~了我六个子	武汉［tɕhi²¹³］、汉川［tɕhi¹²］、天门［tɕhi²⁴］、襄阳［tshi³⁴］、沙洋［tɕhi⁵⁵］、潜江［tɕhi³⁴］、沙市［tɕhi²¹³］、枝江［tɕhi²¹］、建始［tɕhi¹¹］、监利［tɕhi⁴⁵］、石首［tɕhi⁴⁵］、竹溪［tshi²⁴］、鄂城［tɕhi³²⁴］、团风［tɕhi²¹］、大悟［tɕhi²¹］、黄石［tɕhi²¹²］、黄陂［tɕhi³²³］、罗田［tɕhi²¹］、浠水［tɕhi²¹］、黄梅［tɕhi³²］、蕲春［tɕhi⁴²］／［tɕhio⁴²］、广水［tɕhi³¹］、大冶［tɕhiɔ¹³］、通山［tɕhiɔ⁷⁵⁵］、通城［dʐhia²⁵］
S10：啃、咬	~骨头 ~甘蔗 ~高粱（甘蔗）	汉川［tɕhi¹²］、天门［tɕhi²⁴］、襄阳［tshi³⁴］、沙洋［tɕhi⁵⁵］、潜江［tɕhi³⁴］、沙市［tɕhi²¹³］、枝江［tɕhi²¹］、监利［tɕhi⁴⁵］、石首［tɕhi⁴⁵］、鄂城［tɕhi³²⁴］、团风［tɕhi²¹］、大悟［tɕhi²¹］、黄石［tɕhi²¹²］、黄陂［tɕhi³²³］／［tɕhi²³］、罗田［tɕhi²¹］、浠水［tɕhi²¹］、黄梅［tɕhi²¹］、蕲春［tɕhi⁴²］／［tɕhio⁴²］、广水［tɕhi³¹］、大冶［tɕhiɔ¹³］、通山［tɕhiɔ⁷⁵⁵］、通城［dʐhia²⁵］
S11：一物体进入另一物体	这个船~水很/蛮/可/比较深 那个钉子~进去蛮深 船载的东西多/那个水里的船太重了，~水~得好深啊 螺丝~得蛮深 这个船驮好重的东西，~下去好深呐 那个船~水~了十厘米 那个螺丝~进去了	武汉［tɕhi²¹³］、汉川［tɕhi¹²］、天门［tɕhi²⁴］、襄阳［tshi³⁴］、沙洋［tɕhi⁵⁵］、沙市［tɕhi²¹³］、枝江［tɕhi¹³］、监利［tɕhi⁴⁵］、石首［tɕhi⁴⁵］、大悟［tɕhi²¹］、黄石［tɕhi²¹²］、黄陂［tɕhi²³］、浠水［tɕhi²¹］、黄梅［tɕhi³²］、蕲春［tɕhi⁴²］／［tɕhio⁴²］、广水［tɕhi³¹］、通山［tɕhiɔ⁷⁵⁵］、通城［dʐhia²⁵］

续表

词义基元	例句	方言字音
S12：吞没	这些钱，不晓得他从中~了几多 他们又来~黑 不晓得他~了几多公家的黑钱 （黑）~黑 ~回扣 他不晓得~了几多回扣 他背后不晓得~了几多钱 你专门来~黑啦 他~了不少的黑（钱） 他又~你黑啦	武汉 [tɕʰi^{213}]、汉川 [tɕʰi^{12}]、天门 [tɕʰi^{24}]、襄阳 [tsʰi^{34}]、沙洋 [tɕʰi^{55}]、潜江 [tɕʰi^{34}]、沙市 [tɕʰi^{213}]、枝江 [tɕʰi^{13}]、监利 [tɕʰi^{45}]、石首 [tɕʰi^{45}]、鄂城 [tɕʰi^{324}]、团风 [tɕʰi^{21}]、大悟 [tɕʰi^{21}]、黄石 [tɕʰi^{212}]、黄陂 [tɕʰi^{323}]／[tɕʰi^{23}]、罗田 [tɕʰi^{21}]、浠水 [tɕʰi^{21}]、黄梅 [tɕʰi^{32}]、蕲春 [tɕʰi^{42}]／[tɕʰio^{42}]、广水 [tɕʰi^{31}]、大冶 [tɕʰiɔ^{13}]、通山 [tɕʰiɔ^{255}]、通城 [dʐʰia^{25}]
S13：赌博用语。指收取赌注。如今也指买进（股票等）	~三家 这些钱都叫庄家~了 （股价）跌的时候，赶紧~进 通~ 你~好多？（押注时） 该~的，该赔的赔 通~通赔 一~三，稳赢	武汉 [tɕʰi^{213}]、汉川 [tɕʰi^{12}]、天门 [tɕʰi^{24}]、襄阳 [tsʰi^{34}]、沙市 [tɕʰi^{213}]、枝江 [tɕʰi^{13}]、建始 [tɕʰi^{11}]、监利 [tɕʰi^{45}]、石首 [tɕʰi^{45}]、鄂城 [tɕʰi^{324}]、团风 [tɕʰi^{21}]、大悟 [tɕʰi^{21}]、黄石 [tɕʰi^{212}]、黄陂 [tɕʰi^{23}]、罗田 [tɕʰi^{21}]、浠水 [tɕʰi^{21}]、黄梅 [tɕʰi^{32}]、蕲春 [tɕʰi^{42}]／[tɕʰio^{42}]、广水 [tɕʰi^{31}]、大冶 [tɕʰiɔ^{13}]、通山 [tɕʰiɔ^{255}]、通城 [dʐʰia^{25}]
S14：指在某一出售食物的地方吃	~（大）食堂 ~堂（在食堂吃饭） ~馆子 ~饭店（儿）	武汉 [tɕʰi^{213}]、汉川 [tɕʰi^{12}]、天门 [tɕʰi^{24}]、襄阳 [tsʰi^{34}]、沙洋 [tɕʰi^{55}]、潜江 [tɕʰi^{34}]、沙市 [tɕʰi^{213}]、枝江 [tɕʰi^{13}]、建始 [tɕʰi^{11}]、监利 [tɕʰi^{45}]、石首 [tɕʰi^{45}]、竹溪 [tʂʰi^{24}]、鄂城 [tɕʰi^{324}]、团风 [tɕʰi^{21}]、大悟 [tɕʰi^{21}]、黄石 [tɕʰi^{212}]、黄陂 [tɕʰi^{23}]、罗田 [tɕʰi^{21}]、浠水 [tɕʰi^{21}]、黄梅 [tɕʰi^{32}]、蕲春 [tɕʰi^{42}]／[tɕʰio^{42}]、广水 [tɕʰi^{31}]、大冶 [tɕʰiɔ^{13}]、通山 [tɕʰiɔ^{255}]、通城 [dʐʰia^{25}]
S15：控制，驾驭	他老婆把他~得死死的 她把他~定了 我们三个女的还~不住他一个男的	武汉 [tɕʰi^{213}]、汉川 [tɕʰi^{12}]、天门 [tɕʰi^{24}]、襄阳 [tsʰi^{34}]、建始 [tɕʰi^{11}]、监利 [tɕʰi^{45}]、鄂城 [tɕʰi^{324}]、黄石 [tɕʰi^{212}]、黄陂 [tɕʰi^{323}]、浠水 [tɕʰi^{21}]、广水 [tɕʰi^{31}]、通城 [dʐʰia^{25}]

续表

词义基元	例句	方言字音
S16：听从；接受；喜爱	我（才）不~（你）这一套 他软硬都不~ 他这个人~软不~硬	武汉［tɕʰi²¹³］、汉川［tɕʰi¹²］、天门［tɕʰi²⁴］、襄阳［tsʰi³⁴］、沙洋［tɕʰi⁵⁵］、潜江［tɕʰi³⁴］、沙市［tɕʰi²¹³］、枝江［tɕʰi¹³］、建始［tɕʰi¹¹］、监利［tɕʰi⁴⁵］、石首［tɕʰi⁴⁵］、竹溪［tʂʰi²⁴］、鄂城［tɕʰi³²⁴］、团风［tɕʰi²¹］、大悟［tɕʰi²¹］、黄石［tɕʰi²¹²］、黄陂［tɕʰi²³］、罗田［tɕʰi²¹］、浠水［tɕʰi²¹］、黄梅［tɕʰi³²］、蕲春［tɕʰi⁴²］／［tɕʰio⁴²］、广水［tɕʰi³¹］、大冶［tɕʰiɔ¹³］、通山［tɕʰiɔ²⁵⁵］、通城［dʑʰia²⁵］
S17：理解，领会	你要把学的东西~透呀 （他说的话我有一点）~不准 你要把这个文章~透，不然么样背得下来	武汉［tɕʰi²¹³］、汉川［tɕʰi¹²］、襄阳［tsʰi³⁴］、沙洋［tɕʰi⁵⁵］、潜江［tɕʰi³⁴］、沙市［tɕʰi²¹³］、建始［tɕʰi¹¹］、监利［tɕʰi⁴⁵］、鄂城［tɕʰi³²⁴］、大悟［tɕʰi²¹］、黄石［tɕʰi²¹²］、黄陂［tɕʰi²³］、浠水［tɕʰi²¹］、黄梅［tɕʰi³²］、广水［tɕʰi³¹］、通山［tɕʰiɔ²⁵⁵］、通城［dʑʰia²⁵］
S18：吸收液体	抹布不~水 这个纸不~墨（水） 海绵~水 面粉~水 这化纤抹布都有得人要，不~水	武汉［tɕʰi²¹³］、汉川［tɕʰi¹²］、天门［tɕʰi²⁴］、沙洋［tɕʰi⁵⁵］、沙市［tɕʰi²¹³］、监利［tɕʰi⁴⁵］、石首［tɕʰi⁴⁵］、鄂城［tɕʰi³²⁴］、黄陂［tɕʰi²³］、浠水［tɕʰi²¹］、黄梅［tɕʰi³²］、广水［tɕʰi³¹］、大冶［tɕʰiɔ¹³］、通城［dʑʰia²⁵］
S19：军事上比喻消灭敌人	（三班）~（掉）了敌人一个连 一整个团都叫/给他们~了	武汉［tɕʰi²¹³］、汉川［tɕʰi¹²］、天门［tɕʰi²⁴］、襄阳［tsʰi³⁴］、沙洋［tɕʰi⁵⁵］、潜江［tɕʰi³⁴］、沙市［tɕʰi²¹³］、枝江［tɕʰi¹³］、建始［tɕʰi¹¹］、监利［tɕʰi⁴⁵］、石首［tɕʰi⁴⁵］、竹溪［tʂʰi²⁴］、鄂城［tɕʰi³²⁴］、大悟［tɕʰi²¹］、黄陂［tɕʰi²³］、浠水［tɕʰi²¹］、黄梅［tɕʰi³²］、蕲春［tɕʰi⁴²］／［tɕʰio⁴²］、广水［tɕʰi³¹］、通城［dʑʰia²⁵］
D1：吸收体液	蚊子~血	汉川［tɕʰi¹²］、枝江［tɕʰi¹³］、石首［tɕʰi⁴⁵］、鄂城［tɕʰi³²⁴］、团风［tɕʰi²¹］、黄陂［tɕʰi²³］、罗田［tɕʰi²¹］、浠水［tɕʰi²¹］、黄梅［tɕʰi³²］、广水［tɕʰi³¹］、通山［tɕʰiɔ²⁵⁵］、通城［dʑʰia²⁵］

词义基元	例句	方言字音
D2：得到；收进	我～了（一）个零（鸡/鸭）蛋 我～了个零光蛋儿 你考试又～了个零蛋吧 我今儿打球，～了个（零）鸡蛋呐	武汉［tɕʰi²¹³］、汉川［tɕʰi¹²］、天门［tɕʰi²⁴］、潜江［tɕʰi³⁴］、沙市［tɕʰi²¹³］、建始［tɕʰi¹¹］、监利［tɕʰi⁴⁵］、石首［tɕʰi⁴⁵］、鄂城［tɕʰi³²⁴］、黄陂［tɕʰi²³］、罗田［tɕʰi²¹］、广水［tɕʰi³¹］、通城［dzʱia²⁵］

总结如表8所示。

表8　"吃（喫）"的词义基元汇总

	武汉	汉川	天门	襄阳	沙洋	潜江	沙市	枝江	建始	监利	石首	竹溪	鄂城
S1	+	+	+	+	+	+	+	+	+	+	+	+	+
S2										+			
S3	+	+	+	+	+	+	+	+	+	+	+	+	+
S4	+	+	+	+	+	+	+	+	+	+	+	+	+
S5					+					+			
S6	+	+	+	+	+	+	+	+	+	+	+	+	+
S7	+	+	+	+	+	+	+	+	+		+	+	+
S8	+			+							+	+	+
S9	+	+	+		+		+			+	+	+	+
S10		+	+	+	+	+	+	+		+			+
S11	+	+	+	+									+
S12	+	+	+	+	+	+		+					+
S13	+	+	+	+			+	+	+	+	+		+
S14	+	+	+	+	+							+	
S15	+	+	+	+					+				+
S16	+	+	+							+	+	+	
S17	+	+		+	+		+			+			+
S18	+	+	+		+		+			+	+		+

续表

	武汉	汉川	天门	襄阳	沙洋	潜江	沙市	枝江	建始	监利	石首	竹溪	鄂城
S19	+	+	+	+	+	+	+	+	+	+	+	+	+
D1		+							+		+		+
D2	+	+	+			+	+		+	+	+		+

	团风	大悟	黄石	黄陂	罗田	浠水	黄梅	蕲春	广水	大冶	通山	通城
S1	+	+	+	+	+	+	+	+	+	+	+	+
S2									+			+
S3	+	+		+	+	+	+	+	+	+	+	+
S4	+	+	+	+	+	+	+	+	+	+	+	+
S5												
S6	+	+	+	+	+	+	+	+	+	+	+	+
S7	+	+	+	+	+	+	+	+	+	+	+	+
S8	+	+	+	+	+	+	+	+	+	+	+	+
S9	+	+	+	+	+	+	+	+	+	+	+	+
S10	+	+	+	+	+	+	+	+	+	+	+	+
S11		+	+	+	+	+	+	+	+	+	+	+
S12	+	+	+	+	+	+	+	+	+	+	+	+
S13	+	+	+	+	+	+	+	+	+	+	+	+
S14	+	+	+	+	+	+	+	+	+	+	+	+
S15			+	+		+			+			+
S16	+	+	+		+	+	+		+	+	+	+
S17		+	+	+		+			+		+	+
S18				+		+	+		+	+		+
S19		+						+				+
D1	+			+	+	+	+		+		+	
D2				+					+			+

按历时顺序，"咬/啮"的词义基元、例句与方言字音汇总如表9。

表 9 "咬/啮"的词义基元及举例

词义基元	例句	方言字音
S1：上下牙齿用力相对，夹住物体或使物体的一部分从整体分离	狗（子）～人 ～饼子 他～我 你莫～我 那个细伢～人	武汉 [ŋau^{42}]、汉川 [ŋau^{42}]、天门 [au^{22}]、襄阳 [iau^{55}]、沙洋 [au^{54}]、潜江 [au^{21}]、沙市 [au^{42}]、枝江 [au^{42}]、建始 [au^{54}]、监利 [au^{21}]、石首 [au^{21}]、竹溪 [n̠iau^{45}]、鄂城 [ŋau^{42}]、团风 [ŋie^{44}]、大悟 [ŋau^{52}]、黄石 [ŋau^{43}]／[ŋie^{13}]、黄陂 [ŋau^{42}]、罗田 [ŋau^{45}]、浠水 [ŋie^{212}]、黄梅 [ŋau^{23}]、蕲春 [ŋau^{34}]、广水 [ŋau^{35}]、大冶 [ŋo^{43}]、通山 [ŋau^{42}]、通城 [ŋai^{33}]
S2：（蚊子、虱子）叮（人）	蚊子～人 咋这多蚊子在～我咧 我被/叫蚊子～了（一口） 我被（蚊）虫～了（一口） 被虱～了 蚊子～了我一口 把（被）蚊子～得稀巴烂	武汉 [ŋau^{42}]、汉川 [ŋau^{42}]、天门 [au^{22}]、襄阳 [iau^{55}]、沙洋 [au^{54}]、潜江 [au^{21}]、沙市 [au^{42}]、枝江 [au^{42}]、建始 [au^{54}]、监利 [au^{21}]、石首 [au^{21}]、竹溪 [n̠iau^{45}]、鄂城 [ŋau^{42}]、团风 [ŋau^{42}]／[ŋie^{44}]、大悟 [ŋau^{52}]、黄石 [ŋau^{43}]、黄陂 [ŋau^{42}]、罗田 [ŋau^{45}]、浠水 [ŋie^{212}]、黄梅 [ŋau^{23}]、蕲春 [ŋau^{34}]、广水 [ŋau^{35}]、大冶 [ŋo^{43}]、通山 [ŋau^{42}]、通城 [ŋai^{33}]
S3：过分地计较（字句的意义）。比喻精心琢磨，反复玩味	这个人（说话）喜欢～字眼 他喜欢～文嚼字 你这个人么样喜欢～文嚼字呢？	武汉 [ŋau^{42}]、汉川 [ŋau^{42}]、潜江 [au^{21}]、竹溪 [n̠iau^{45}]、鄂城 [ŋau^{42}]、黄梅 [ŋau^{23}]、广水 [ŋau^{35}]、通山 [ŋau^{42}]
S4：受责难或审讯时攀扯或诬陷伤害他人（多指无辜的）	他被捉进去了，他就乱～人 他还把我～出来了 你要防着他一点，不然他反过头来要～你的 他反～一口 你要把他防着点，不然他要～你果①	武汉 [ŋau^{42}]、汉川 [ŋau^{42}]、天门 [au^{22}]、襄阳 [iau^{55}]、沙洋 [au^{54}]、潜江 [au^{21}]、沙市 [au^{42}]、枝江 [au^{42}]、监利 [au^{21}]、石首 [au^{21}]、竹溪 [n̠iau^{45}]、鄂城 [ŋau^{42}]、团风 [ŋau^{42}]、大悟 [ŋau^{52}]、黄石 [ŋau^{43}]、黄陂 [ŋau^{42}]、罗田 [ŋau^{45}]、黄梅 [ŋau^{23}]、蕲春 [ŋau^{34}]、广水 [ŋau^{35}]、大冶 [ŋo^{43}]、通山 [ŋau^{42}]、通城 [ŋai^{33}]

数智时代湖北方言语义演化研究

续表

词义基元	例句	方言字音
S5：油漆、石灰水、洗衣粉等使皮肤过敏或使衣物腐蚀或损伤	洗衣粉～衣服 洗衣粉把衣服～烂啦 洗衣粉把衣服～掉色了 这个衣服都让洗衣粉～得褪了色 我的手沾不得碱水，～了就脱皮 石灰～手 手被石灰～（烂）了	汉川［ŋau⁴²］、天门［au²²］、潜江［au²¹］、沙市［au⁴²］、枝江［au⁴²］、石首［au²¹］、竹溪［n̩iau⁴⁵］、大悟［ŋau⁵²］、黄石［ŋau⁴³］、黄陂［ŋau⁴²］、黄梅［ŋau²³］、广水［ŋau³⁵］、通城［ŋau³¹］
S6：（蜜蜂）螫（人）	蜜蜂～人 我被蜂子～了一口	武汉［ŋau⁴²］、汉川［ŋau⁴²］、天门［au²²］、沙洋［au⁵⁴］、建始［au⁵⁴］、监利［au²¹］、鄂城［ŋau⁴²］／［ŋie¹³］、黄陂［ŋau⁴²］、黄梅［ŋau²³］、广水［ŋau³⁵］
S7：嚼	你多～一下（儿）	武汉［ŋau⁴²］、天门［au²²］、建始［au⁵⁴］、鄂城［ŋau⁴²］、团风［ŋie⁴⁴］、大悟［ŋau⁵²］、黄陂［ŋau⁴²］、浠水［ŋie²¹²］、广水［ŋau³⁵］、大冶［ŋo⁴³］、通山［ŋau⁴²］、通城［ŋai³³］
S8：（狗）吠	狗～了一晚上	天门［au²²］、沙洋［au⁵⁴］、潜江［au²¹］、沙市［au⁴²］、枝江［au⁴²］、建始［au⁵⁴］、大悟［ŋau⁵²］、黄陂［ŋau⁴²］、罗田［ŋau⁴⁵］、广水［ŋau³⁵］、大冶［ŋo⁴³］、通城［ŋai³³］
S9：叼（用嘴衔住）	大猫子把那个小猫子～着 ～过来，～过去 大猫子把那个小猫子～到窝里去	武汉［ŋau⁴²］、汉川［ŋau⁴²］、沙洋［au⁵⁴］、潜江［au²¹］、沙市［au⁴²］、枝江［au⁴²］、监利［au²¹］、团风［ŋie⁴⁴］、大悟［ŋau⁵²］、黄陂［ŋau⁴²］、浠水［ŋie²¹²］、黄梅［ŋau²³］、广水［ŋau³⁵］、通山［ŋau⁴²］、通城［ŋai³³］
S10：（钳子等）夹住或（齿轮、螺丝等）互相卡住	螺母坏了，～不住螺丝 螺丝～不住了	武汉［ŋau⁴²］、汉川［ŋau⁴²］、沙洋［au⁵⁴］、黄陂［ŋau⁴²］、浠水［ŋie²¹²］、广水［ŋau³⁵］
S11：追赶进逼；紧跟不放	他紧～着我不放 这人咋～着我们不放咧 他专门～着我不放	武汉［ŋau⁴²］、汉川［ŋau⁴²］、天门［au²²］、襄阳［iau⁵⁵］、沙洋［au⁵⁴］、潜江［au²¹］、沙市［au⁴²］、石首［au²¹］、竹溪［n̩iau⁴⁵］、鄂城［ŋau⁴²］、大悟［ŋau⁵²］、黄石［ŋau⁴³］、黄陂［ŋau⁴²］、浠水［ŋie²¹²］、广水［ŋau³⁵］、通山［ŋau⁴²］

词义基元	例句	方言字音
D1：黏结；夹住。此义只出现在方言中。如：刷子毛咬得紧紧地	那个刷子用了冇洗，那个毛～到一路了 毛～到一起	武汉〔ŋau^{42}〕、广水〔ŋau^{35}〕

注：①"果"在该句中为湖北赣方言区大冶话中的句末语气助词。

总结如表 10 所示。

表 10 "咬/哝"的词义基元汇总

	武汉	汉川	天门	襄阳	沙洋	潜江	沙市	枝江	建始	监利	石首	竹溪	鄂城
S1	+	+	+	+	+	+	+	+	+	+	+	+	
S2	+	+	+	+	+	+	+	+	+	+	+	+	+哝
S3	+	+				+						+	+
S4	+	+	+	+	+	+	+			+		+	+
S5		+	+			+						+	+
S6	+	+			+				+	+			+哝
S7	+		+						+				+
S8			+		+	+	+	+	+				
S9	+	+			+	+				+			
S10	+	+			+								
S11	+	+	+	+	+	+	+				+	+	+
D1	+												

咬哝	团风	大悟	黄石	黄陂	罗田	浠水	黄梅	蕲春	广水	大冶	通山	通城
S1	哝	+	+哝	+	+	哝	+	+	+	+	+	哝
S2	+哝	+	+	+	+	哝	+	+	+	+	+	哝
S3							+		+		+	
S4	+	+	+	+	+		+	+	+	+		哝
S5		+	+	+			+		+			+
S6				+			+					
S7	哝	+		+		哝			+	+	+	哝
S8		+		+	+							哝
S9	哝	+		+		哝	+		+		+	哝
S10				+		哝			+			

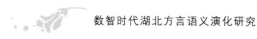

续表

咬啃	团风	大悟	黄石	黄陂	罗田	浠水	黄梅	蕲春	广水	大冶	通山	通城	
S11	+	+	+			啃			+		+		
D1									+				

"+"表示该方言中只用"咬"表达相应词义。

"+啃"表示该方言中既用"咬"也用"啃"表达相应词义。

"啃"表示该方言中只用"啃"表达相应词义。

按历时顺序,"看见/看到"的词义基元、例句与方言字音汇总如表 11 所示。

表 11   "看见/看到"的词义基元及举例

词义基元	例句	方言字音
S1:看到	我~了	武汉 [kʰan³⁵] [tau]、汉川 [kʰan⁴⁴] [tau]、天门 [kʰan³³] [tau]、襄阳 [kʰan²¹³] [tau]、沙洋 [kʰan⁴⁵] [to]、潜江 [kʰan⁵⁵] [tɕiɛn⁵⁵]/[kʰan⁵⁵] [tau⁵⁵]、沙市 [kʰan³⁵] [tau]、枝江 [kʰan²⁴] [tau²⁴]、建始 [kʰan³⁵] [tau]、监利 [kʰan²⁴] [tau]、石首 [kʰan³³] [tau]、竹溪 [kʰan²¹³] [tɕian]／[kʰan²¹³] [tau]、鄂城 [kʰan³⁵] [tau]、团风 [kʰan⁴⁵] [tau]、大悟 [kʰan²⁵] [tau]、黄石 [kʰan³⁵] [tau]、黄陂 [kʰan³⁵] [tau]、罗田 [kʰan²⁵] [tau]、浠水 [kʰan³⁵] [tau³⁵]、黄梅 [kʰan²¹³] [tau]、蕲春 [kʰan²⁵] [tau]、广水 [kʰan²¹⁴] [tau]、大冶 [kʰeī] [tɑ]、通山 [kʰœ³⁵] [tɕiɛ̃³⁵]、通城 [hon²⁴] [tau]
S2:看着	这个东西~就不能吃 水塘里面漂了一个猪,~都不能吃,那个猪还能吃啊?肯定是瘟猪	武汉 [kʰan³⁵] [tau]、汉川 [kʰan⁴⁴] [tau]、天门 [kʰan³³] [tau]、襄阳 [kʰan²¹³] [tau]、沙洋 [kʰan⁴⁵] [to]、潜江 [kʰan⁵⁵] [tɕiɛn⁵⁵]/[kʰan⁵⁵] [tau⁵⁵]、沙市 [kʰan³⁵] [tau]、枝江 [kʰan²⁴] [tau²⁴]、建始 [kʰan³⁵] [tau]、监利 [kʰan²⁴] [tau]、石首 [kʰan³³] [tau]、鄂城 [kʰan³⁵] [tau]、团风 [kʰan⁴⁵] [tau]、大悟 [kʰan²⁵] [tau]、黄石 [kʰan³⁵] [tau]、黄陂 [kʰan³⁵] [tau]、罗田 [kʰan²⁵] [tau]、浠水 [kʰan³⁵] [tau³⁵]、黄梅 [kʰan²¹³] [tau]、蕲春 [kʰan²⁵] [tau]、广水 [kʰan²¹⁴] [tau]、大冶 [kʰeī] [tɑ]、通城 [hon²⁴] [tau]

续表

词义基元	例句	方言字音
D1：遇见	昨天我在街上～他了	天门［kʰan³³］［tau］、襄阳［kʰan²¹³］［tau］、沙洋［kʰan⁴⁵］［to］、潜江［kʰan⁵⁵］［tɕiɛn⁵⁵］／［kʰan⁵⁵］［tau⁵⁵］、沙市［kʰan³⁵］［tau］、枝江［kʰan²⁴］［tau²⁴］、建始［kʰan³⁵］［tau］、监利［kʰan²⁴］［tau］、石首［kʰan³³］［tau］、竹溪［kʰan²¹³］［tɕian］／［kʰan²¹³］［tau］、鄂城［kʰan³⁵］［tau］、团风［kʰan⁴⁵］［tau］、大悟［kʰan²⁵］［tau］、黄石［kʰan³⁵］［tau］、黄陂［kʰan³⁵］［tau］、罗田［kʰan²⁵］［tau］、浠水［kʰan³⁵］［tau³⁵］、黄梅［kʰan²¹³］［tau］、广水［kʰan²¹⁴］［tau］、大冶［kʰeī］［tɑ］、通山［kʰœ³⁵］［tɕiẽ³⁵］

总结如表 12 所示。

表 12　"看见/看到"的词义基元汇总

	武汉	汉川	天门	襄阳	沙洋	潜江	沙市	枝江	建始	监利	石首	竹溪	鄂城
S1	+	+	+	+	+	+见	+	+	+	+	+	+见	+
S2	+	+	+	+	+	+	+	+	+	+	+		+
D1		+	+	+	+	+	+	+	+	+	+	+见	+

	团风	大悟	黄石	黄陂	罗田	浠水	黄梅	蕲春	广水	大冶	通山	通城
S1	+	+	+	+	+	+	+	+	+	+	见	+
S2	+	+	+	+	+	+	+	+	+	+		+
D1	+	+	+	+	+	+	+		+	+	见	

"+"表示该方言中只用"看到"表达相应词义。

"+见"表示该方言中既用"看到"也用"看见"表达相应词义。

"见"表示该方言中只用"看见"表达相应词义。

按历时顺序，"睡/困（瞓）"的词义基元、例句与方言字音汇总如表 13 所示。

表 13　"睡/困（睏）"的词义基元及举例

词义基元	例句	方言字音
S1：睡觉	我要去～了 我去～的 你快～ 走，去～ 你咋还不～咧 我去～	武汉［suei³⁵］、汉川［çyei⁴⁴］、天门［çyei³³］／［kʰuən³³］、襄阳［suei²¹³］、沙洋［suei⁴⁵］、潜江［suei⁵⁵］、沙市［suei³⁵］、枝江［suei²⁴］、建始［ʂuei³⁵］、监利［suei²⁴］／［kʰuən²⁴］、石首［suei²⁴］／［kʰuən²⁴］、竹溪［çuei²¹³］、鄂城［çuei³⁵］／［kʰuən³⁵］、团风［kʰuən⁴⁵］／［kʰuən⁴⁴］、çin⁴²］、大悟［ʂuei²⁵］、黄石［çʮəi³⁵］／［kʰ ən³⁵］／［kʰ ən³⁵］、çin³⁵］、黄陂［çʮəi³⁵］、罗田［kʰuən²⁵］／［ʂuei²⁵］／［kʰuən²⁵］、çin⁴⁵］、浠水［kʰuən³⁵］／［ʂʮəi²⁵］／［kʰuən²¹］、çin³⁴］、黄梅［kʰuən²⁵］／［kʰuən²⁵］、çin²³］、蕲春［kʰuən²⁵］、广水［ʂuei²¹⁴］／［kʰuən²¹⁴］、大冶［kʰuan⁴⁵］／［kʰuan⁴⁵］、çin⁴³］、通山［kʰuan³⁵］／［kʰuan³⁵］、çiaŋ⁴²／çia⁴²］、通城［uən²⁴］／［uən²⁴］、tçiau²⁴］
S2：躺（下）	你不舒服就在沙发高头～一下 你才从医院回来的，就在床上～着，莫起来 ～在床上不动（躺在床上不动）	武汉［suei³⁵］、汉川［çyei⁴⁴］、天门［çyei³³］／［kʰuən³³］、襄阳［suei²¹³］、沙洋［suei⁴⁵］、潜江［suei⁵⁵］、沙市［suei³⁵］、枝江［suei²⁴］、建始［ʂuei³⁵］、监利［suei²⁴］、石首［suei²⁴］／［kʰuən²⁴］、竹溪［çuei²¹³］、鄂城［çuei³⁵］／［kʰuən³⁵］、大悟［ʂuei²⁵］、黄石［çʮəi³⁵］／［kʰ ən³⁵］、黄陂［çʮəi³⁵］、浠水［kʰuən³⁵］、黄梅［kʰuən²⁵］、蕲春［kʰuən²⁵］、广水［kʰuən²¹⁴］、通城［uən²⁴］
S3：倒（在地下）	我还有挨他咧，他就往地下一～ 我碰都没碰他，他就～到地上去了	武汉［suei³⁵］、汉川［çyei⁴⁴］、天门［çyei³³］／［kʰuən³³］、襄阳［suei²¹³］、沙洋［suei⁴⁵］、潜江［suei⁵⁵］、沙市［suei³⁵］、枝江［suei²⁴］、建始［ʂuei³⁵］、监利［suei²⁴］、石首［suei²⁴］、竹溪［çuei²¹³］、鄂城［kʰuən³⁵］、黄石［çʮəi³⁵］／［kʰ ən³⁵］、黄陂［çʮəi³⁵］、浠水［kʰuən³⁵］、黄梅［kʰuən²⁵］、蕲春［kʰuən²⁵］、广水［kʰuən²¹⁴］、通城［uən²⁴］

总结如表 14 所示。

表14 "睡/困（睏）"的词义基元汇总

	武汉	汉川	天门	襄阳	沙洋	潜江	沙市	枝江	建始	监利	石首	竹溪	鄂城
S1	+	+	+睏	+	+	+	+	+	+	+睏	+睏	+	+3
S2	+	+	+睏	+	+	+	+	+	+	+	+	+	+睏
S3	+	+	+睏	+	+	+	+	+	+	+	+	+	睏

	团风	大悟	黄石	黄陂	罗田	浠水	黄梅	蕲春	广水	大冶	通山	通城
S1	睏2	+	+3	+	+3	+3	睏2	睏2	+睏	睏2	睏2	睏j
S2		+	+睏	+		睏	睏	睏	睏			睏
S3			+睏			睏	睏	睏	睏			睏

"＋"表示该方言中只用"睡"表达相应词义。

"＋3"表示该方言中用"睡""（困）睏""困醒（睏醒）"三种说法表达相应词义。

"睏2"表示该方言中既用"睏"也用"睏醒"表达相应词义。

"睏j"表示该方言中既用"困（睏）"也用"困（睏）觉"表达相应词义。

"＋睏"表示该方言中既用"睡"也用"困（睏）"表达相应词义。

3.2.2 合作人的相关解释

本部分将介绍合作人对动词"喝""吃（喫）""咬/啮""看见/看到""睡/困（睏）"的各词义基元的补充说明。

表15 "喝"的补充信息

	西南官话	江淮官话	赣方言	未分片
S1	嘶（汉川、天门、潜江、枝江、监利） 哑（武汉、天门、沙洋、沙市、建始） 嘶哑（襄阳） 塌（汉川、石首） □［xa⁴⁵］（汉川、枝江）	喝（团风、大悟、黄陂、浠水、黄梅、蕲春、广水） 嘶（竹溪） 哑（团风、黄石、黄陂、罗田） 苍（罗田）	喝（大冶、通城） 哑（通山）	喝（鄂城） 哑（鄂城）

	西南官话	江淮官话	赣方言	未分片
S2	喝喝生的（襄阳） 吆喝（枝江） □［ŋaŋ⁴⁵］（武汉） 吼（潜江、建始） 喊（沙市） □［an⁴⁵］（监利）	□［ye⁴⁵］（团风） 喊（竹溪、大悟、黄石、黄陂、罗田、广水） □［ɥɛ³⁵］（黄石、黄陂、浠水） □［ɥɛ³⁵］（黄梅） □［ɥɛ³⁴］（蕲春） □［ɥɛ³¹］（广水） □［ŋaŋ⁴⁴］（黄陂） 吼（浠水） 喊□［lai²⁵］（黄梅）	吆喝（通山） 喝彩（通山） 吼？（通山） 叫（大冶） □［ɥa⁴⁵］（大冶） 话［ua³³］（通城） 唱［dzʰoŋ²⁴］（说唱）（通城）	□［ye⁴⁴］（鄂城）
S3	喝	喝	喝	喝
S4	喝（除潜江均有）	喝（除蕲春均有）	喝	喝
S5	喝	喝	喝	喝
S6	喝（武汉、汉川、天门、监利、石首）	喝（竹溪、黄陂、浠水）	喝（大冶、通山）	-
D1	喝（武汉、汉川）	喝（黄石、黄陂）	-	-
D2	喝（汉川、天门、潜江、监利、石首）	-	-	-

"喝"表示"声音嘶哑（S1）"主要出现在湖北江淮官话黄孝片区以及部分赣方言区。西南官话片区多用"嘶""哑""嘶哑""塌""□［xa⁴⁵］"等。

"喝"表示"大声喊叫（S2）"零星出现在汉水流域的西南官话片区以及赣方言区的通山，比如，"喝彩、吆喝、喝喝生的"。在襄阳话中用"喝［xə⁵²］喝［xə⁵²］神/生的"来形容一个人说话声音很大，比如：你这个人喝［xə⁵²］喝［xə⁵²］神/生的，吵死人咾。其中词尾"神/生"还有待讨论，襄阳话 n、ng 不分，其或为唐宋时期产生的词尾"生"（石锓，1996）。此外，合作人表示，枝江话中没有"喝彩"但有"吆喝［xo⁴⁵］"。不用"喝彩、吆喝"的方言点一般用"打气（天门、襄阳、潜江、石首）""加油（襄阳、潜江、竹溪、团风、大悟）""鼓劲（儿）（石首、浠水）""扯嗓子（即吆喝）（竹溪）""鼓掌（罗田）""捧场（黄梅）"等。在湖北地区，表示"大声喊叫（包含制止义或呵斥义）"一般不用"喝"。包含制止义一般用"吓着/吓住（沙洋、潜江、广水、大冶）""吼着（枝江、监利、黄石、浠水、通山）""□［ia⁴⁵］□［tou²¹］（石首）""不要动（竹溪）""莫动（鄂城、团风、大悟、黄陂、蕲春、通城）""□［ɥɛ³⁵］着/□［ŋaŋ⁴⁴］着/喊着（黄陂）""站着（罗田、黄梅）""不能动/不能走（大冶）"。包含呵斥义用"吼（沙洋、监利、大悟、黄石）"。

"喝"表示"咽下液体或流质食物（S3）"或特指"喝酒（S5）"在本次调查的湖北地区方言中普遍存在。

"喝"表示"吸收气体，比喻没有饭吃（S4）"在本次调查中存在于潜江和蕲春以外的其他方言点。

"喝"表示"吸收液体，比喻上学读书，有知识，有文化（S6）"存在于本次调查的湖北三大方言区，以西南官话区居多。

"喝"表示"吃（D1）"只存在于湖北西南官话区（武汉、汉川）和江淮官话黄孝片区（黄石话、黄陂话）。其中一位年长的汉川话合作人表示，在20世纪70年代，"喝饭"这种用法是汉川流行语，但在年轻一辈的汉川人中，这种用法几乎消失。而在武汉、黄石、黄陂，年轻一辈也会用"喝"表示"吃"。

"喝"表示"吸（烟），抽（烟）（D2）"只出现在湖北西南官话区。合作人表示，在石首，江北一般用"喝烟"或"吃烟"，江南一般用"呼烟"。

表16 "吃（喫）"的补充信息

	西南官话	江淮官话	赣方言	未分片
S1	吃	吃	吃	吃
S2	吃（监利）	吃（广水）	吃（通城）	-
S3	吃	吃（除黄石）	吃	吃

续表

	西南官话	江淮官话	赣方言	未分片
S4	吃	吃	吃	吃
S5	吃（沙洋、监利） □［ta²¹³］（武汉） □［ta²⁴］（汉川） □［ta²⁴］（天门） □［ta²¹］（潜江） □［ta²¹³］（沙市） □［ta²¹］（枝江） □［ta¹¹］（建始） □［ta⁴⁵］（监利） □［ta¹³］（石首） 绊（襄阳） 滑（潜江）	摔（竹溪） □［ta²¹］（团风、罗田、浠水） □［ta²¹²］（黄石） □［ta²⁵］（大悟） □［ta²³］（黄陂） □［ta⁴²］（黄梅） □［tʂʰi³⁴］（大悟） □［tʂʰi³³］（黄陂） □［tɔ³¹］（蕲春） □［ta³¹］（广水） □［tʂʰi³¹］（广水）	□［ta²³］（大冶） □［ta²³］（通山）	□［ta¹¹］（鄂城）
S6	吃	吃	吃	吃
S7	吃	吃	吃	吃
S8	吃（武汉、汉川、天门、沙洋、枝江、石首江北地区） 喝（汉川、天门、潜江、监利、石首江北地区） 吸（襄阳） 抽（襄阳、潜江、沙市、石首江南地区） 呼（沙市、建始、石首江南地区）	吃（竹溪、团风、大悟、黄石、黄陂、罗田、浠水、黄梅、蕲春、广水） 抽（大悟、黄石、黄陂、黄梅）	吃（大冶、通山、通城）	吃（鄂城） 抽（鄂城）
S9	吃	吃	吃	吃
S10	吃（汉川、天门、襄阳、沙洋、潜江、沙市、枝江、监利、石首） 啃（武汉、汉川、天门、沙洋、潜江、沙市、枝江、建始、监利、石首）	吃（团风、大悟、黄石、黄陂、罗田、浠水、黄梅、蕲春、广水） 啃（竹溪、大悟、黄石、黄陂、罗田、浠水、黄梅） 嚼（竹溪） 咬（蕲春）	吃（大冶、通山通城） 啃（大冶） 咬（通山、通城） 啮（通城）	吃（鄂城） 啃（鄂城）

	西南官话	江淮官话	赣方言	未分片
S11	吃（除潜江、建始均有） 淹（潜江）	吃（除竹溪、团风、罗田均有） 淹（团风、罗田）	吃（通山、通城）	沉（鄂城）
S12	吃（武汉、汉川、天门、沙洋、潜江、沙市、枝江、监利、石首） 得（襄阳） 吞（襄阳）	吃（除竹溪均有）	吃（大冶、通山、通城） 占（通山）	吃（鄂城）
S13	吃（武汉、汉川、天门、襄阳、沙市、枝江、建始、监利、石首） □〔xo⁴⁵〕（潜江） 端（潜江）	吃（除竹溪、团风均有）	吃（大冶、通山、通城）	吃（鄂城）
S14	吃	吃	吃	吃
S15	吃（武汉、汉川、天门、襄阳、建始、监利） 搞（襄阳、建始） 拿（襄阳、建始） 管（潜江、沙市、枝江、石首） 压（枝江） □〔xou⁵⁵〕（沙市）	吃（黄石、黄陂、浠水、广水） 搞（竹溪、团风、黄陂、蕲春） 管（团风、大悟、黄陂、罗田、蕲春） 降（大悟、黄陂） 掐（黄陂） 捏（黄梅）	搞（大冶、通山） 管（大冶、通山） 吃（通城）	吃（鄂城） 搞（鄂城）
S16	吃	吃	吃	吃
S17	吃（武汉、汉川、襄阳、沙洋、潜江、沙市、建始、监利） 搞（天门、枝江、石首）	吃（大悟、黄石、黄陂、浠水、黄梅、广水） 拿（竹溪） 搞（团风）	吃（通山、通城） 搞（大冶）	吃（鄂城）
S18	吃（武汉、汉川、天门、沙洋、沙市、监利、石首） 吸（襄阳、潜江、枝江、建始）	吃（黄陂、浠水、黄梅、广水） 吸（竹溪、团风、大悟、黄石、黄陂、罗田、蕲春） 沾（罗田、蕲春）	吃（大冶、通城） 吸（通山）	吃（鄂城）

续表

	西南官话	江淮官话	赣方言	未分片
S19	吃	吃（除团风、黄石、罗田）	吃（通城）	
D1	吃（汉川、枝江、石首） 吸（武汉、襄阳、沙洋、潜江、建始、监利） 喝（天门）	吃（团风、黄陂、罗田、浠水、黄梅、广水） 吸（竹溪、大悟、黄石、蕲春）	吃（通山、通城） 吸（大冶）	吃（鄂城）
D2	吃（武汉、汉川、天门、潜江、沙市、建始、监利、石首） 得（襄阳） 考（沙洋、枝江）	吃（罗田、黄陂、广水） 得（竹溪、团风、大悟、黄石、黄陂、浠水、蕲春） 考（黄梅）	吃（通城） 得（大冶、通山） 考（大冶）	吃（鄂城）

"吃"表示"把食物等放在嘴里经过咀嚼咽下（S1）"在本次调查的湖北地区方言中普遍存在。

"吃"表示"喝（S2）"在本次调查的湖北地区方言中，只见于监利、通城、广水这三地。其他方言点中"吃"与"喝"的使用分工相对明确。常用"吃（喜）酒"或"喝（喜）酒"代表"赴宴"。

"吃"表示"承受，经受（S3）"，在本次调查中存在于黄石以外的其他方言点。两位黄石方言合作人表示，说普通话的人才会说"吃不消"，老一辈的本地人一般说"受不了"。在枝江话中存在音变现象，比如：吃［tɕʰi²¹］不消。

"吃"表示"遭受；挨（S4）"在本次调查的湖北地区方言中普遍存在。

"吃"表示"犹跌（S5）"在本次调查中只出现于西南官话区的沙洋、监利，其余多半用"囗［ta］"，偶尔用"绊［pan²¹³］（襄阳）"或"摔［ʂuai⁴²］（竹溪）"。

"吃"表示"耗费（S6）"在本次调查的湖北地区方言中普遍存在。武汉话、枝江话、监利话、石首话、大悟话、浠水话、大冶话有时也用"吃亏"来表示"吃力"。比如：这东西拿不起，好吃 [tɕʰi¹³] 亏呀｜这个东西好重，好吃 [tɕʰi²¹] 亏。

"吃"指"依赖某种事物来生活（S7）"在本次调查的湖北地区方言中普遍存在。天门话、潜江话中"吃"后接上声字时，"吃"的声调会变成半高升至高，读若 [tɕʰi⁴⁵]。

"吃"指"吸（烟），抽（烟）（S8）"在本次调查的湖北江淮官话区普遍存在。汉川、天门、潜江三地常用"喝烟"来表示"吸烟"。西南官话区还存在"吸烟（襄阳）"、"呼烟（沙市、建始、石首江南地区）"的用法。"抽烟"在湖北三大方言区均存在。

"吃"指"除去对方的棋子（S9）"在本次调查的湖北地区方言中普遍存在。"吃"在枝江话中存在音变现象，比如：我把你的子吃 [tɕʰi²¹] 哒。

"吃"表示"啃、咬（S10）"在本次调查的湖北江淮官话黄孝片区、赣方言区普遍存在。例外只出现在武汉、建始、竹溪三地，西南官话区的武汉话、建始话只用"啃"。湖北江淮官话方言岛竹溪用"嚼"与"甘蔗"搭配，用"啃"与"骨头"搭配。此外，除襄阳、团风、广水，其余方言点均用"吃"与"甘蔗"搭配，用"啃"或"咬"与"骨头"搭配。沙洋、鄂城、黄陂、浠水也用"吃"与"骨头"搭配，而且，在浠水方言中，一般情况下，施事主语为人的时候说"啃 [kʰən³⁴] 骨头儿"，施事主语非人时用"吃 [tɕʰi²¹] 骨头儿"。在枝江话中存在音变现象，比如：吃 [tɕʰi²¹] 甘蔗。

"吃"指"一物体进入另一物体（S11）"在本次调查中存在于除潜江、建始、竹溪、鄂城、团风、罗田、大冶的其他方言点。潜江、团风、罗田用"淹"，鄂城用"沉"，大冶用"没"表示"（船）进入（水中）"。建始方言合作人认为"船吃水深"是普通话的用法，当地人不会如此表达。竹溪方言合作人表明，竹溪地处山地，无河流，不行船，也没有"船吃水深"的说法。

"吃"表示"吞没（S12）"在本次调查中存在于除建始、竹溪的其他方言点。有些方言点也用"得（襄阳）""吞（襄阳）""黑（浠水、广水）""占（通山）"。竹溪、建始方言合作人没有听说过"吃黑"这种说法，建始方言合作人还表示，"他从中吃了不少"是普通话的用法。

"吃"指"赢（钱），收取赌注，如今也指买进（股票等）（S13）"在本次调查中存在于沙洋、潜江、竹溪以外的其他方言点。在江淮官话黄孝片和赣方言区普遍具有此用法。有些方言点也用"□［xo⁴⁵］、端（潜江）"或"赢（沙市）"。

"吃"指"在某一出售食物的地方吃（S14）"在本次调查的湖北地区方言中普遍存在。

"吃"表示"控制（S15）"在本次调查中出现在西南官话区的武汉、汉川、天门、襄阳、建始、监利，江淮官话区的黄石、黄陂、浠水、广水，赣方言区的通城，以及未分片的鄂城。西南官话区方言点此用法的占比较大（55%），且武天片的三个方言点均具有此义。江淮官话区和赣方言区除"吃"以外，用得较多的是"搞"和"管"。湖北地区也有一些方言点用"拿""降""掐""捏"等表示"控制"。

"吃"表示"听从；接受（S16）"在本次调查的湖北地区方言中普遍存在。

"吃"表示"理解，领会（S17）"在本次调查中出现在西南官话区的武汉、汉川、襄阳、沙洋、潜江、沙市、建始、监利，江淮官话区的大悟、黄石、黄陂、浠水、黄梅、广水，赣方言区的通山、通城，以及未分片的鄂城。西南官话区（占73%）、江淮官话黄孝片（占67%）、赣方言区（占67%）此用法的比例都超过一半。湖北地区也有一些方言点用"搞""拿"等。

"吃"表示"吸收液体（S18）"出现在西南官话区的武汉、汉川、天门、沙洋、沙市、监利、石首，江淮官话区的黄陂、浠水、黄梅、广水，赣方言区的大冶、通城，未分片的鄂城。西南官话区（占64%）和赣方言区（占67%）此用法的比例较大，且武天片的三个方言点和常鹤片的两个方言点均使用此义。江淮官话区用得较多的是"吸"，偶尔用"沾"。

"吃"指"军事上比喻消灭敌人（S19）"在本次调查中存在于团风、黄石、罗田、大冶、通山以外的其他方言点。本次调查的西南官话区方言点均使用此义，江淮官话区有此用法的比例也较大，赣方言区比例最小。

"吃"表示"吸收体液（D1）"出现在西南官话区的汉川、枝江、石首，江淮官话区的团风、黄陂、罗田、浠水、黄梅、广水，赣方言区的通山、通城，以及未分片的鄂城。本次调查的西南官话区方言点多用"吸"，少数用"喝（天门）"，此外，沙市方言合作人表示，沙市话一般用"叮［tin］"（蚊子叮人），而"蚊子吃血"是武汉话。

"吃"表示"得到；收进（D2）"出现在西南官话区的武汉、汉川、天门、潜江、沙市、建始、监利、石首，江淮官话区的黄陂、罗田、广水，赣方言区的通城，以及未分片的鄂城。西南官话区多用"吃"，少用"得"，江淮官话区和赣方言区多用"得"少用"吃"。

表 17 "咬/啮"的补充信息

	西南官话	江淮官话	赣方言	未分片
S1	咬	咬（除团风、浠水） 啮（团风、黄石、浠水）	咬（大冶、通山） 啮（通城）	咬（鄂城）
S2	咬 叮（潜江、枝江）	咬（除浠水） 啮（团风、浠水）	咬（大冶、通山） 啮（通城）	咬（鄂城） 啮（鄂城）
S3	咬（武汉、汉川、潜江） 抠（襄阳、沙市） 嚼（枝江）	咬（竹溪、黄梅、广水） 抠（大悟、黄陂、浠水、蕲春） 钻（罗田）	咬（通山） 择（大冶）	咬（鄂城） 抠（鄂城）

续表

	西南官话	江淮官话	赣方言	未分片
S4	咬（除建始） 供（襄阳、建始、石首） 抖（襄阳）	咬（除浠水） 供（竹溪、浠水、黄梅、蕲春） 搞（团风） 带（浠水） 说（蕲春）	咬（大冶、通山） 供（大冶、通山） 喵（通城） 话（通城）	咬（鄂城）
S5	咬（汉川、天门、潜江、沙市、枝江、石首） 搞（武汉） 烂（襄阳、枝江、监利） 烧（襄阳）	咬（竹溪、大悟、黄石、黄陂、黄梅、广水） □〔tse⁴⁴〕（团风） 搞（罗田、浠水） 烂（罗田、蕲春、广水） 烧（浠水）	烂（大冶、通山） 腌〔ian²²〕（大冶） □〔le²²〕（大冶） 咬（通城）	—
S6	咬（武汉、汉川、天门、沙洋、建始、监利） 蛰（天门、石首） 蜇（襄阳、潜江、监利） 叮（沙市、枝江、监利）	咬（黄陂、黄梅、广水） 蜇（竹溪、团风、大悟、黄陂、罗田、浠水、蕲春、广水） 叮（黄石）	蜇（大冶、通山、通城）	咬（鄂城） 喵（鄂城）
S7	咬（武汉、天门、建始）	咬（大悟、黄陂、广水） 喵（团风、浠水） 吃（蕲春）	咬（大冶、通山） 喵（通城）	咬（鄂城）
S8	咬（天门、沙洋、潜江、沙市、枝江、建始） 叫（武汉、汉川、襄阳） □〔an⁴⁵〕（监利） 汪〔uaŋ⁴⁵〕（石首）	咬（大悟、黄陂、罗田、广水） 叫（竹溪、团风、大悟、黄石、黄陂、浠水、广水） 狂（黄梅）	咬（大冶） 喵（通城） 叫（大冶、通山） 狂（大冶）	叫（鄂城）
S9	咬（武汉、汉川、沙洋、潜江、沙市、枝江、监利） 衔（天门、石首） 叼（襄阳）	咬（大悟、黄陂、黄梅、广水） 喵（团风、浠水） 衔（罗田、蕲春、广水）	咬（通山） 衔（大冶） 喵（通城）	—

续表

	西南官话	江淮官话	赣方言	未分片
S10	咬（武汉、汉川、沙洋） 转（襄阳） 紧（潜江）	咬（黄陂、广水） 啮（浠水） 扭（黄梅） 吃（黄梅） □［tɕiəu²⁵］（蕲春）	吃（通城）	扭（鄂城）
S11	咬（除枝江、建始、监利）	咬（竹溪、大悟、黄石、黄陂、广水） 啮（浠水） 跟（罗田、蕲春） 捉（黄梅） 追（蕲春）	咬（通山）	咬（鄂城）
D1	咬（武汉） 粘（汉川、天门、襄阳、沙洋、潜江） 黏（沙市） 扒（沙市、枝江、监利） 缠（石首）	咬（广水） 黏（竹溪、团风、大悟、黄梅） 粘（大悟、黄陂、浠水、广水）	粘（大冶、通山、通城）	粘（鄂城）

　　"咬"表示"上下牙齿用力相对，夹住物体或使物体的一部分从整体分离（S1）"在本次调查的湖北地区方言中普遍存在于西南官话区。在湖北江淮官话黄孝片的团风、黄石、浠水，赣方言区的通城，也用"啮"来表达此义。

　　"咬"表示"（蚊子、虱子）叮人（S2）"在本次调查中存在于浠水、通城以外的其他方言点。浠水、通城这两地只用"啮"，湖北西南官话区的潜江和枝江两地既用"咬"也用"叮"，江淮官话黄孝片区的团风和未分片的鄂城既用"咬"也用"啮"。

　　"咬"表示"准确念出字音或过分地计较（字句的意义），比喻精心琢磨，反复玩味（S3）"在本次调查的湖北地区方言中，只见于湖北西南官话区的武汉、汉川、潜江，江淮官话黄孝片的竹溪、黄梅、广水，赣方言区的通山，以及未分片的鄂城。在湖北地区，人们通常还会用"抠"来表达此义，偶尔用"嚼"、"钻"或"择"。

"咬"表示"受责难或审讯时攀扯或诬陷伤害他人（多指无辜的）（S4）"在本次调查中存在于建始、浠水以外的其他方言点，通城用"嗑"表达此义。值得注意的是，如果受事是"无辜的"，一般用"咬"和"嗑"，如果受事并非"无辜"，则一般用"供""抖""说""话""搞"，而S4是包含"无辜"这一层含义的词义基元。

"咬"表示"油漆、石灰水、洗衣粉等使皮肤过敏或使衣物腐蚀或损伤（S5）"在本次调查中出现于湖北西南官话区的汉川、天门、潜江、沙市、枝江、石首，江淮官话区的竹溪、大悟、黄石、黄陂、黄梅、广水，以及赣方言区的通城。其他地区多半用"烂"，偶尔用"烧"、"搞"、"□〔tse^{44}〕"或"腌〔ian^{22}〕"。

"咬"表示"螫（S6）"在本次调查中存在于西南官话区的武汉、汉川、天门、沙洋、建始、监利，江淮官话黄孝片区的黄陂、黄梅、广水，以及未分片的鄂城。湖北地区方言中多用"蜇"，尤其在江淮官话区和赣方言区。偶尔使用"螫"或"叮"，多半在西南官话区。在未分片的鄂城，也用"嗑"表达此义。

"咬"表示"嚼（S7）"在本次调查中存在于西南官话区的武汉、天门、建始，江淮官话区的大悟、黄陂、广水，赣方言区的大冶、通山，以及未分片的鄂城。团风、浠水、通城三地用"嗑"来表达此义。

"咬"指"（狗）叫（S8）"在本次调查中存在于西南官话区的天门、沙洋、潜江、沙市、枝江、建始，江淮官话区的大悟、黄陂、罗田、广水，赣方言区的大冶、通山。其他方言点多用"叫"，其次是"狂"，偶尔用"□〔an^{45}〕（监利）"和"汪〔uaŋ^{45}〕（石首）"。赣方言区的通城也用"嗑"来表达此义。

"咬"表示"叼（用嘴衔住）（S9）"在本次调查中存在于西南官话区的武汉、汉川、沙洋、潜江、沙市、枝江、监利，江淮官话黄孝片区的大悟、黄陂、黄梅、广水，以及赣方言区的通山，此外多用

"衔"。团风、浠水、通城三地用"唶"来表达此义。

"咬"指"钳子等夹住或齿轮、螺丝等互相卡住（S10）"在本次调查中存在于西南官话区的武汉、汉川、沙洋，以及江淮官话黄孝片的黄陂和广水。其他方言点偶尔用"转""紧""扭""□[tɕiəu²⁵]""吃"。浠水方言用"唶"来表达此义。湖北方言中，多用"滑丝"来表示"螺母和螺丝相互卡不住"。

"咬"表示"追赶进逼；紧跟不放（S11）"在本次调查中存在于湖北西南官话区除枝江、建始、监利的其他方言点，江淮官话区的竹溪、大悟、黄石、黄陂、广水，赣方言区的通山，以及未分片的鄂城。其他方言点偶尔用"跟"、"捉"或"追"。浠水方言用"唶"来表达此义。

"吃"表示"黏结；夹住（D1）"在本次调查中只出现在西南官话区的武汉，以及江淮官话区的广水。其他方言点多用"粘"，其次用"黏"和"扒"，偶尔用"缠"。

表 18   "看见/看到"的补充信息

	西南官话	江淮官话	赣方言	未分片
S1	看到 看见（潜江）	看到 看见（竹溪）	看到（大冶、通城） 看见（通山）	看到（鄂城）
S2	看到	看到（除竹溪）	看到（除通山）	看到（鄂城）
D1	看到（除武汉、汉川） 碰到（武汉、汉川、天门、襄阳、枝江、建始）	看到（除蕲春） 碰到（竹溪、黄梅） 撞到（黄梅）	看到（大冶） 看见（通山） 见到（通山）	看到（鄂城）

湖北地区方言中，少数方言点用"看见"表示"看到（S1）"，比如西南官话区的潜江、江淮官话区的竹溪，这两地既用"看见"也用"看到"。赣方言区的通山用"看见"，而本次调查的其他湖北地区方言点都用"看到"。

"看到"表示"看着（S2）"在本次调查中普遍存在于湖北西南官话区，江淮官话黄孝片区，赣方言区的大冶和通城，以及未分片的鄂城。竹溪和通山两地都没有此种用法。

"看到"表示"遇见（D1）"在本次调查中存在于除武汉、汉川、蕲春、通城以外的其他方言点。以上四地方言合作人认为"看到"是单方面的行为状态，并不表示遇见、碰面。

表19　"睡/困（睏）"的补充信息

	西南官话	江淮官话	赣方言	未分片
S1	睡 困（睏）（天门、监利、石首）	睡（竹溪、大悟、黄石、黄陂、罗田、浠水、广水） 困（睏）（团风、罗田、浠水、黄梅、蕲春、广水） 困醒（睏醒）（团风、黄石、罗田、浠水、黄梅）	困（睏）（大冶、通山） 困醒（睏醒）（大冶、通山、通城） 困觉（睏觉）（通城）	睡（鄂城） 困（睏）（鄂城） 困醒（睏醒）（鄂城）
S2	睡（困）睏（天门）	睡（大悟、黄石、黄陂） 困（睏）（黄石、浠水、黄梅、蕲春、广水）	困（睏）（通城）	睡（鄂城） 困（睏）（鄂城）
D1	睡（困）睏（天门）	睡（竹溪、黄石、黄陂） （困）睏（浠水、黄梅、蕲春、广水）	困（睏）（通城）	困（睏）（鄂城）

"睡"表示"睡觉（S1）"在本次调查中普遍存在于湖北西南官话区，江淮官话区的竹溪、大悟、黄石、黄陂、罗田、浠水、广水，以及未分片的鄂城。湖北地区也多用"困（睏）"、"困醒（睏醒）"或"困觉（睏觉）"来表示"睡觉"，尤其是赣方言区不用"睡"。

"睡"表示"躺（下）（S2）"在本次调查中普遍存在于湖北西南官话区，江淮官话黄孝片区的大悟、黄石、黄陂，以及未分片的鄂城。

湖北地区也多用"困（睏）"来表示"躺（下）"，比如西南官话区的天门，江淮官话区的黄石、浠水、黄梅、蕲春、广水，赣方言区的通城，以及未分片的鄂城。

"睡"表示"倒（下）（D1）"在本次调查中普遍存在于湖北西南官话区，江淮官话区的竹溪、黄石、黄陂。湖北地区也多用"困（睏）"来表示"倒（下）"，比如西南官话区的天门，江淮官话黄孝片区的浠水、黄梅、蕲春、广水，赣方言区的通城，以及未分片的鄂城。

合作人多表示，"睡/困（睏）"与"躺（下）"和"倒（下）"并不是无条件相通，只有在特定的语境下，"睡/困（睏）"才有"躺（下）"和"倒（下）"的意思。

3.3　本章小结

本章对"喝""吃（喫）""咬/啮""看见/看到""睡/困（睏）"在湖北方言中仍在使用的各词义进行了历时梳理，争取确定每一个词义大致出现的最早年代；详细记录了本次田野调查所获语料，试图更全面地展示以上各动词的词义在湖北地区的共时面貌。

4 词义基元的关联表现

4.1 词义基元的分布

　　基于调查数据，表 20 和图 18 展示了"喝"的 8 项词义基元的支持度，与词义基元出现的频率计数结果一致。按照出现频率来看，出现频率最高的两项词义基元分别是 S3 和 S5，在《现代汉语词典（第 7 版）》中，S3 和 S5 也是"喝"的常用义，与本次调查结果一致。其次是含有比喻义的两项词义基元 S4 和 S6，它们的支持度也较高，《现代汉语词典（第 7 版）》将这两项词义的用法单独列出。可见，在使用频率上，本次调查结果与现代汉语动词"喝"的使用状况较为一致。S1 作为古代汉语词义基元，在本次调查中出现频率也十分高，"喝"表示"声音嘶哑"义，在湖北江淮官话（黄孝片）方言点中使用较多。D1 和 D2 两个纯方言词义基元出现得较少，而 S2 在湖北地区使用更少，此义在湖北北部地区或合作人受普通话影响较深的情况下才会出现。

表 20　"喝"的词义基元的支持度

	S1	S2	S3	S4	S5	S6	D1	D2
Support	0.40	0.12	1.00	0.92	1.00	0.40	0.16	0.20

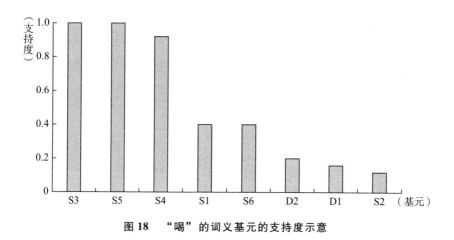

图 18　"喝"的词义基元的支持度示意

另外，通过调查"喝"所包含的词义数量的分布情况，我们发现"喝"至少包含 3 项词义，25% 的"喝"包含 4 项或更少基元，75% 的"喝"包含 5 项或更少基元，"喝"最多包含 6 项词义基元（见表 21）。

表 21　"喝"的词义基元的分布

Min.	1stQu.	Median	Mean	3rdQu.	Max
3.0	4.0	4.0	4.2	5.0	6.0

基于本次调查数据，表 22 和图 19 展示了"吃（喫）"的 21 项词义基元的支持度，与词义出现的频率计数结果一致。按照出现频率来看，出现频率最高的词义基元分别是 S1、S4、S6、S7、S9、S14、S16，其中，前 6 项词义基元在《现代汉语词典（第 7 版）》中也被列为"吃"的现代汉语义项，它们在本次调查中普遍存在于湖北地区各方言点。S16 作为方言义项，存在于北京官话、中原官话、江淮官话和吴方言区，在湖北三大方言片区，该词义基元普遍存在，体现了词义的传播现象。S2 在《汉语大词典》中为单列的义项，而在《现代汉语词典（第 7 版）》中合并至"吃"的基本义中，我们仍将其分开作为单独一项词义基元列出。S5 为古代汉语词义。目前，在湖北地区，S5 和 S2 是出现次数最少的两项词义基元，它们在湖北地区的活跃程

度不高，生命力并不强。

表 22 "吃（喫）"的词义基元的支持度

	S1	S2	S3	S4	S5	S6	S7	S8	S9	S10	S11
Support	1.00	0.12	0.96	1.00	0.08	1.00	1.00	0.80	1.00	0.88	0.72

	S12	S13	S14	S15	S16	S17	S18	S19	D1	D2
Support	0.92	0.88	1.00	0.48	1.00	0.68	0.56	0.80	0.48	0.52

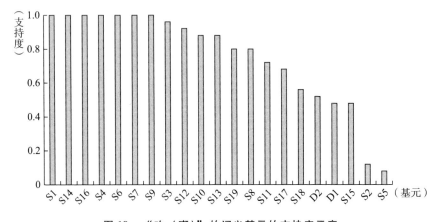

图 19 "吃（喫）"的词义基元的支持度示意

另外，通过调查"吃（喫）"所包含的词义数量的分布情况，我们发现"吃（喫）"在湖北地区方言中，至少包含 10 项词义基元，最多包含 20 项词义基元（见表 23）。

表 23 "吃（喫）"的词义基元的分布

Min.	1stQu.	Median	Mean	3rdQu.	Max
10.0	14.0	16.0	15.88	18.00	20.0

基于本次调查数据，表 24 和图 20 展示了"咬/啮"的 12 项词义基元的支持度，与词义出现的频率计数结果一致。按照出现频率由高到低来看，出现频率最高的词义基元并不是其基本义 S1，而是现代汉语方言义 S2。可见，湖北方言中，"咬"或者"啮"并非总会包含词

义基元 S1，即"咬"或"啮"并非总会用来表示"上下牙齿用力夹住物体或使物体的部分从整体分离"。比如，团风话和通城话中都有"咬"这个动词，但是并不用它表示词义基元 S1，而是用"啮"表示。此外，"咬"在团风话中只包含词义基元 S2 和 S4，在通城话中只包含 S5，也不用它表示词义基元 S1。再如，鄂城话中的"咬"包含词义基元 S1，但"啮"不包含词义基元 S1。这类情况常出现于某个语言或方言中用两个或两个以上的词语或语法标记来表示同一基本（词义）基元。S2 作为支持度最高的词义基元，与 S1 在词义上是最相近的，只是将施事具体化为"蚊虫"。D1 作为纯方言词义出现得最少。而 S3 作为较早出现的词义基元，其支持度却排在倒数第三位，可见它在湖北地区传播情况不佳。

表24 "咬/啮"的词义基元的支持度

	S1	S2	S3	S4	S5	S6
Support	0.897	0.931	0.276	0.793	0.448	0.379
	S7	S8	S9	S10	S11	D1
Support	0.414	0.414	0.517	0.207	0.552	0.069

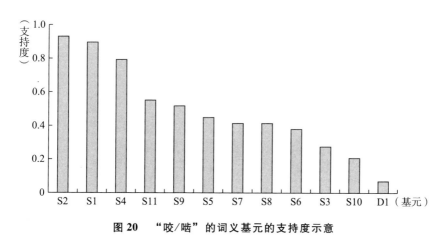

图20 "咬/啮"的词义基元的支持度示意

另外，通过调查"咬/啮"所包含的词义数量的分布情况，我们发现"咬"至少包含 1 项词义基元，25% 的"咬/啃"包含 4 个或更少基元，50% 的"咬/啃"包含 6 项或更少基元，75% 的"咬/啃"包含 8 项或更少基元，"咬/啃"也会包含所有 12 项词义基元（见表 25）。

表 25　"咬/啃"的词义基元的分布

Min.	1stQu.	Median	Mean	3rdQu.	Max
1	4	6	5.897	8	12

基于本次调查数据，表 26 和图 21 展示了"看见/看到"的 3 项词义基元的支持度，与词义出现的频率计数结果一致。在"看见/看到"的 3 项词义基元中，各项词义基元的支持度按照常用义、引申义、方言义的顺序由高到低排列。可见，湖北方言中，"看见"或者"看到"总会包含词义基元 S1，即"看见"或"看到"总会用来表示"看到（某人或某物）"。

表 26　"看见/看到"的词义基元的支持度

	S1	S2	D1
Support	1	0.852	0.778

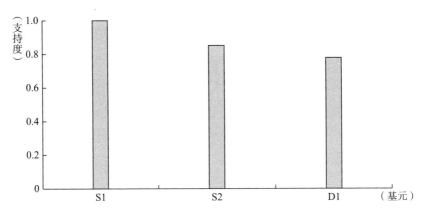

图 21　"看见/看到"的词义基元的支持度示意

另外，通过调查"看见/看到"所包含的词义数量的分布情况，我们发现"看到/看见"至少包含 1 项词义基元，20% 的"看见/看到"包含 2 项或更少基元，40% 的"看见/看到"包含 3 项或更少基元（见表 27b）。可见，湖北地区方言中，多半都可用"看见"或"看到"表达所有 3 项词义基元。

表 27a　"看见/看到"的词义基元的分布 a

Min.	1stQu.	Median	Mean	3rdQu.	Max
1.0	2.0	3.0	2.63	3.0	3.0

表 27b　"看见/看到"的词义基元的分布 b

0%	10%	20%	30%	40%	50%	60%	70%	80%	90%	100%
1.0	2.0	2.0	2.8	3.0	3.0	3.0	3.0	3.0	3.0	3.0

基于本次调查数据，表 28 和图 22 展示了"睡/困（睏）"的 3 项词义基元的支持度，与词义出现的频率计数结果一致（表 sleepall-v1）。在"睡/困（睏）"的 3 项词义基元中，常用义 S1 的支持度最高，其次是两个引申义 S2 和 S3。可见，湖北方言中，"睡"或"困（睏）"总会包含词义基元 S1，即"睡"或"困（睏）"总会用来表示"睡觉"。

表 28　"睡/困（睏）"的词义基元的支持度

	S1	S2	S3
Support	1	0.558	0.512

另外，通过调查"睡/困（睏）"所包含的词义基元的分布情况，我们发现"睡/困（睏）"至少包含 1 项词义基元，50% 的"睡/困（睏）"包含 3 项或更少基元（见表 29）。将百分比的间隔设为 2% 时，可观察到，46% 的"睡/困（睏）"可包含 2 项或更少词义基元。可见，湖北地区方言中，多半都可用"睡"或"困（睏）"表达所有 3

项词义基元。

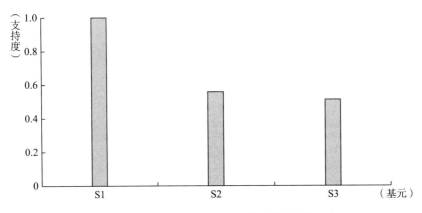

图 22　"睡/困（睏）"的词义基元的支持度示意

表 29　"睡/困（睏）"的词义基元的分布

Min.	1stQu.	Median	Mean	3rdQu.	Max
1	1	3	2.07	3	3

4.2　频繁词义集

4.2.1　频繁项集与经典的语义地图

在本次调查中，"吃"的词义基元最多，以它为例，再次检验 Apriori 算法通过寻找频繁 2 项集辅助构建经典语义地图的能力。

当支持度为 1 时，可以发现以 S4 为中心的 6 个频繁项集，以 S6 为中心的 5 个频繁项集，以 S7 为中心的 4 个频繁项集，以 S16 为中心的 3 个频繁项集，以 S9 为中心的 2 个频繁项集，以及频繁项集｛S1，S14｝（见表 30）。由此，我们可以得到"吃"的词义概念空间中的这一组连接（见图 23）。

表 30　"吃"的频繁两基元集（support = 1）

序号	items	support	count
[1]	{S4, S6}	1	25
[2]	{S4, S7}	1	25
[3]	{S16, S4}	1	25
[4]	{S4, S9}	1	25
[5]	{S14, S4}	1	25
[6]	{S1, S4}	1	25
[7]	{S6, S7}	1	25
[8]	{S16, S6}	1	25
[9]	{S6, S9}	1	25
[10]	{S14, S6}	1	25
[11]	{S1, S6}	1	25
[12]	{S16, S7}	1	25
[13]	{S7, S9}	1	25
[14]	{S14, S7}	1	25
[15]	{S1, S7}	1	25
[16]	{S16, S9}	1	25
[17]	{S14, S16}	1	25
[18]	{S1, S16}	1	25
[19]	{S14, S9}	1	25
[20]	{S1, S9}	1	25
[21]	{S1, S14}	1	25

S1 —— S14 —— S9 —— S16 —— S7 —— S6 —— S4

图 23　"吃"的词义概念空间的部分连接（support = 1）

当支持度为 0.96 时，可以发现以 S3 为中心的 7 个频繁项集（见表 31）。由此，我们可以在图 23 的基础上加上一条连接（见图 24）。

表 31 "吃"的频繁两基元集（support = 0.96）

	items	support	count
[1]	{S3，S4}	0.96	24
[2]	{S3，S6}	0.96	24
[3]	{S3，S7}	0.96	24
[4]	{S16，S3}	0.96	24
[5]	{S3，S9}	0.96	24
[6]	{S14，S3}	0.96	24
[7]	{S1，S3}	0.96	24

S1 —— S14 —— S9 —— S16 —— S7 —— S6 —— S4 —— S3

图 24 "吃"的词义概念空间的部分连接（support ≥ 0.96）

当支持度为 0.92 时，可以发现以 S12 为中心的 7 个频繁项集（见表 32）。由此，我们可以在图 24 的基础上加上一条连接（见图 25）。

表 32 "吃"的频繁两基元集（support = 0.92）

	items	support	count
[1]	{S12，S4}	0.92	23
[2]	{S12，S6}	0.92	23
[3]	{S12，S7}	0.92	23
[4]	{S12，S16}	0.92	23
[5]	{S12，S9}	0.92	23
[6]	{S12，S14}	0.92	23
[7]	{S1，S12}	0.92	23

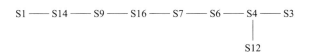

S1 —— S14 —— S9 —— S16 —— S7 —— S6 —— S4 —— S3
                                          |
                                         S12

图 25 "吃"的词义概念空间的部分连接（support ≥ 0.92）

当支持度为 0.88 时，可以发现以 S10 为中心的 8 个频繁项集和以

S13 为中心的 7 个频繁项集（见表 33）。由此，我们可以在图 25 的基础上加上两条连接（见图 26）。

表 33　"吃"的频繁两基元集（support = 0.88）

	items	support	count
[1]	{S10，S12}	0.88	22
[2]	{S10，S4}	0.88	22
[3]	{S10，S6}	0.88	22
[4]	{S10，S7}	0.88	22
[5]	{S10，S16}	0.88	22
[6]	{S10，S9}	0.88	22
[7]	{S10，S14}	0.88	22
[8]	{S1，S10}	0.88	22
[9]	{S13，S4}	0.88	22
[10]	{S13，S6}	0.88	22
[11]	{S13，S7}	0.88	22
[12]	{S13，S16}	0.88	22
[13]	{S13，S9}	0.88	22
[14]	{S13，S14}	0.88	22
[15]	{S1，S13}	0.88	22

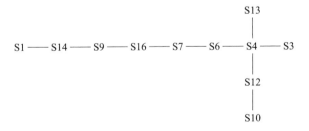

图 26　"吃"的词义概念空间的部分连接（support ≥ 0.88）

当支持度为 0.8 时，可以发现以 S8 为中心的 7 个频繁项集和以 S19 为中心的 8 个频繁项集（见表 34）。由此，我们可以在图 26 的基础上加上两条连接（见图 27）。

表 34　"吃"的频繁两基元集（support = 0.8）

	items	support	count
[1]	{S4，S8}	0.8	20
[2]	{S6，S8}	0.8	20
[3]	{S7，S8}	0.8	20
[4]	{S16，S8}	0.8	20
[5]	{S8，S9}	0.8	20
[6]	{S14，S8}	0.8	20
[7]	{S1，S8}	0.8	20
[8]	{S19，S3}	0.8	20
[9]	{S19，S4}	0.8	20
[10]	{S19，S6}	0.8	20
[11]	{S19，S7}	0.8	20
[12]	{S16，S19}	0.8	20
[13]	{S19，S9}	0.8	20
[14]	{S14，S19}	0.8	20
[15]	{S1，S19}	0.8	20

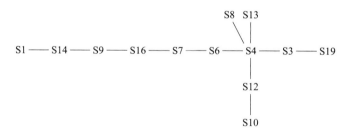

图 27　"吃"的词义概念空间的部分连接（support ≥ 0.8）

当支持度为 0.72 时，可以发现以 S11 为中心的 8 个频繁项集（见表 35）。由此，我们可以在图 27 的基础上加上一条连接（见图 28）。

表 35　"吃"的频繁两基元集（support = 0.72）

	items	support	count
[1]	{S11，S12}	0.72	18
[2]	{S11，S4}	0.72	18
[3]	{S11，S6}	0.72	18
[4]	{S11，S7}	0.72	18
[5]	{S11，S16}	0.72	18
[6]	{S11，S9}	0.72	18
[7]	{S11，S14}	0.72	18
[8]	{S1，S11}	0.72	18

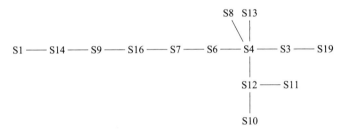

图 28　"吃"的词义概念空间的部分连接（support ≥ 0.72）

当支持度为 0.68 时，可以发现以 S17 为中心的 7 个频繁项集（见表 36）。由此，我们可以在图 28 的基础上加上一条连接（见图 29）。

表 36　"吃"的频繁两基元集（support = 0.68）

	items	support	count
[1]	{S17，S4}	0.68	17
[2]	{S17，S6}	0.68	17
[3]	{S17，S7}	0.68	17
[4]	{S16，S17}	0.68	17
[5]	{S17，S9}	0.68	17
[6]	{S14，S17}	0.68	17
[7]	{S1，S17}	0.68	17

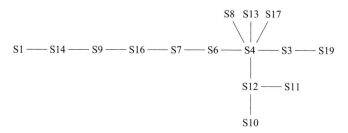

图29 "吃"的词义概念空间的部分连接（support≥0.68）

当支持度为 0.56 时，可以发现以 S18 为中心的 9 个频繁项集（见表37）。由此，我们可以在图 29 的基础上加上一条连接（见图 30）。

表37 "吃"的频繁两基元集（support = 0.56）

	items	support	count
[1]	{S12，S18}	0.56	14
[2]	{S18，S3}	0.56	14
[3]	{S18，S4}	0.56	14
[4]	{S18，S6}	0.56	14
[5]	{S18，S7}	0.56	14
[6]	{S16，S18}	0.56	14
[7]	{S18，S9}	0.56	14
[8]	{S14，S18}	0.56	14
[9]	{S1，S18}	0.56	14

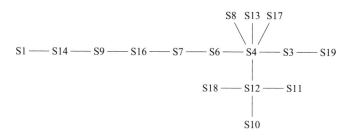

图30 "吃"的词义概念空间的部分连接（support≥0.56）

当支持度为 0.52 时，可以发现以 D2 为中心的 8 个频繁项集（见

表 38）。由此，我们可以在图 30 的基础上加上一条连接（见图 31）。

表 38　"吃"的频繁两基元集（support = 0.52）

	items	support	count
[1]	{D2, S3}	0.52	13
[2]	{D2, S4}	0.52	13
[3]	{D2, S6}	0.52	13
[4]	{D2, S7}	0.52	13
[5]	{D2, S16}	0.52	13
[6]	{D2, S9}	0.52	13
[7]	{D2, S14}	0.52	13
[8]	{D2, S1}	0.52	13

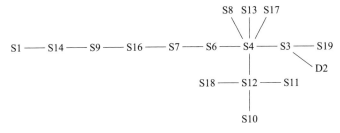

图 31　"吃"的词义概念空间的部分连接（support ≥ 0.52）

当支持度为 0.48 时，可以发现以 D1 为中心的 12 个频繁项集和以 S15 为中心的 8 个频繁项集（见表 39）。由此，我们可以在图 31 的基础上加上两条连接（见图 32）。

表 39　"吃"的频繁两基元集（support = 0.48）

	items	support	count
[1]	{D1, S8}	0.48	12
[2]	{D1, S10}	0.48	12
[3]	{D1, S13}	0.48	12
[4]	{D1, S12}	0.48	12
[5]	{D1, S3}	0.48	12

续表

	items	support	count
[6]	{D1，S4}	0.48	12
[7]	{D1，S6}	0.48	12
[8]	{D1，S7}	0.48	12
[9]	{D1，S16}	0.48	12
[10]	{D1，S9}	0.48	12
[11]	{D1，S14}	0.48	12
[12]	{D1，S1}	0.48	12
[13]	{S13，S15}	0.48	12
[14]	{S15，S4}	0.48	12
[15]	{S15，S6}	0.48	12
[16]	{S15，S7}	0.48	12
[17]	{S15，S16}	0.48	12
[18]	{S15，S9}	0.48	12
[19]	{S14，S15}	0.48	12
[20]	{S1，S15}	0.48	12

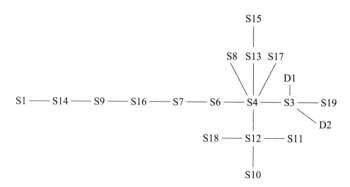

图32　"吃"的词义概念空间的部分连接（support≥0.48）

当支持度为 0.12 时，可以发现以 S2 为中心的 17 个频繁项集（表40）。由此，我们可以在图 32 的基础上加上一条连接（见图 33）。

表 40　"吃"的频繁两基元集（support = 0.12）

	items	support	count
[1]	{S15，S2}	0.12	3
[2]	{D2，S2}	0.12	3
[3]	{S18，S2}	0.12	3
[4]	{S17，S2}	0.12	3
[5]	{S11，S2}	0.12	3
[6]	{S19，S2}	0.12	3
[7]	{S10，S2}	0.12	3
[8]	{S13，S2}	0.12	3
[9]	{S12，S2}	0.12	3
[10]	{S2，S3}	0.12	3
[11]	{S2，S4}	0.12	3
[12]	{S2，S6}	0.12	3
[13]	{S2，S7}	0.12	3
[14]	{S16，S2}	0.12	3
[15]	{S2，S9}	0.12	3
[16]	{S14，S2}	0.12	3
[17]	{S1，S2}	0.12	3

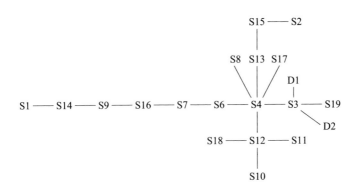

图 33　"吃"的词义概念空间的部分连接（support ≥ 0.12）

当支持度为 0.08 时，可以发现以 S5 为中心的 14 个频繁项集（见表 41）。由此，我们可以在图 33 上加上一条连接（见图 34）。

表 41　"吃"的频繁两基元集（support = 0.08）

	items	support	count
[1]	{S18, S5}	0.08	2
[2]	{S17, S5}	0.08	2
[3]	{S11, S5}	0.08	2
[4]	{S19, S5}	0.08	2
[5]	{S10, S5}	0.08	2
[6]	{S12, S5}	0.08	2
[7]	{S3, S5}	0.08	2
[8]	{S4, S5}	0.08	2
[9]	{S5, S6}	0.08	2
[10]	{S5, S7}	0.08	2
[11]	{S16, S5}	0.08	2
[12]	{S5, S9}	0.08	2
[13]	{S14, S5}	0.08	2
[14]	{S1, S5}	0.08	2

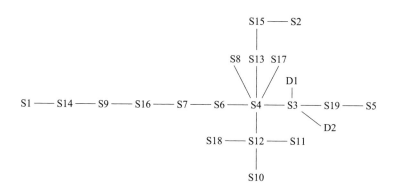

图 34　基于频繁两基元集构建的"吃"的词义概念空间

　　由以上可见，通过寻找频繁两项集，可以辅助我们构建经典的语义地图。

4.2.2 语义地图与频繁 n 项集

在湖北方言中，"咬/啮"也是多义词，通过寻找频繁 2 项集，我们也可以得到与通过计算两基元共现频次同样的结果（见图 35），以此来观察两基元间的关联，辅助构建经典语义地图。

size:support(0.034-0.862)

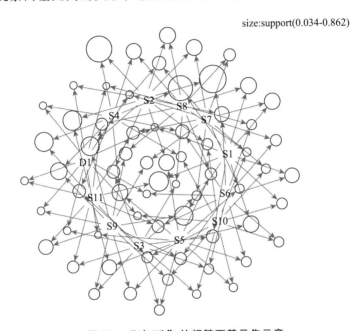

图 35 "咬/啮"的频繁两基元集示意

当支持度为 0.86 时，可以发现支持度最高的频繁 2 项集为 {S1，S2}（见表 42）。由此，我们可以得到"咬/啮"的词义概念空间中的这一组连接（见图 36）。

表 42 "咬/啮"的频繁两基元集（support = 0.86）

	items	support	count
[1]	{S1，S2}	0.862069	25

S1 —— S2

图 36 "咬/啮"的词义概念空间的部分连接（support = 0.86）

当支持度为 0.79 时，可以发现支持度最高的频繁 2 项集为 {S2，S4}（见表 43）。Apriori 算法的另一个优点是，可以计算频繁 n（n ≥ 2）项集的情况。当我们将频繁项集的元素个数设置为 3 时，可以得到支持度最高的频繁 3 项集为 {S1，S2，S4}（support = 0.759，注：保留三位小数，下同）。根据本次调查的语料，发现 S4 不与 S1 单独共现，但会与 S2 单独共现，或者与 S1 和 S2 一同共现。由此，我们可以在图 36 上加上一条连接（见图 37）。

表 43 "咬/啮"的频繁两基元集（support = 0.79）和频繁三基元集（support = 0.75）

	items	support	count
[1]	{S2，S4}	0.793103	23
[2]	{S1，S2，S4}	0.758621	22

S1 —— S2 —— S4

图 37 "咬/啮"的词义概念空间的部分连接（0.75 < support < 0.8）

当支持度为 0.55 时，可以发现以 S11 为中心的 2 个频繁 2 项集（见表 44）。当我们将频繁项集的元素个数设置为 4 时，可以得到支持度最高的频繁 4 项集为 {S1，S11，S2，S4}（support = 0.517）。根据本次调查的语料，发现实际存在项集 {S11，S1，S2}（浠水）1 例和项集 {S11，S1，S2，S4} 15 例。由此，我们可以在图 37 上加上一条连接（见图 38）。

表 44 "咬/啮"的频繁两基元集（support = 0.55）和频繁四基元集（support = 0.51）

	items	support	count
[1]	{S1，S11}	0.551724	16
[2]	{S11，S2}	0.551724	16
[3]	{S1，S11，S2，S4}	0.517241	15

S11 —— S1 —— S2 —— S4

图38 "咬/啮"的词义概念空间的部分连接（0.51 < support < 0.8）

当支持度的值域为（0.41，0.52）时，可以发现以 S9 为中心的 3 个频繁 2 项集，以 S8 为中心的 2 个频繁 2 项集，以 S7 为中心的 2 个频繁 2 项集，和以 S5 为中心的 3 个频繁 2 项集，其支持度依次下降（见表45）。由此，我们或会认为应先在图38上以 S9、S8、S7、S5 的顺序添加连接。但如果我们观察频繁 5 项集的结果（见表45）时，可以发现，支持度最高的是 {S1，S11，S2，S4，S5}（support = 0.345），其次是 {S1，S11，S2，S4，S9}（support = 0.310），而当观察频繁 6 项集的结果（见表45）时，才看到 S8 与 S9 和 S5 一起出现，且在支持度最高的频繁 6 项集中没有发现 S7 与 S9 和 S5 一起出现的情况。同时，当我们观察实际语料时，也可以发现，虽然 S5 与 S1，S2，S4，S11 一起出现的频率比 S9 与 S1，S2，S4，S11 一起出现的频率稍高一点，但 S9 与 S1，S2，S4 一起出现的频率比 S5 与 S1，S2，S4 一起出现的频率稍高一点。在本次调查的实际语料中，还存在 1 例 S9 只与 S1 和 S2 一起出现的情况，所以我们可以在图38上先加上 S5 和 S9（见图39）。

表45 "咬/啮"的频繁两基元集（0.41 < support < 0.52）、频繁五基元集（0.31 < support < 0.35）、频繁六基元集（support = 0.2）

	items	support	count
[1]	{S1，S9}	0.517241	15
[2]	{S2，S9}	0.517241	15
[3]	{S4，S9}	0.448276	13
[4]	{S11，S8}	0.413793	12
[5]	{S2，S8}	0.413793	12
[6]	{S1，S7}	0.413793	12
[7]	{S2，S7}	0.413793	12
[8]	{S4，S5}	0.413793	12
[9]	{S1，S5}	0.413793	12

续表

	items	support	count
[10]	{S2，S5}	0.413793	12
[11]	{S1，S11，S2，S4，S5}	0.344828	10
[12]	{S1，S11，S2，S4，S9}	0.310345	9
[13]	{S1，S2，S4，S5，S8，S9}	0.206897	6

S11 —— S1 —— S2 —— S4 —— S5
　　　　　　　　＼
　　　　　　　　S9

图39 "咬/啮"的词义概念空间的部分连接（0.2 < support < 0.8）（a）

由上一段可以推测下一个在语义地图上添加的是词义基元 S8 或 S7，当我们观察频繁 6 项集的结果（见表 46），可以看到支持度最高的 4 个频繁 6 项集中有 3 个包含 S8。根据本次调查的语料，发现项 S8 与 S1 和 S2 一起出现的频率最高（天门、沙洋、潜江、沙市、枝江、建始、大悟、黄陂、罗田、广水、大冶、通城）。由此，我们可以在图 39 上加上一条连接（见图 40）。

表46 "咬/啮"的频繁六基元集（support = 0.2）

	items	support	count
[1]	{S1，S2，S4，S5，S8，S9}	0.206897	6
[2]	{S1，S11，S2，S4，S5，S8}	0.206897	6
[3]	{S1，S11，S2，S4，S8，S9}	0.206897	6
[4]	{S1，S11，S2，S4，S5，S9}	0.206897	6

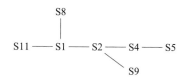

图40 "咬/啮"的词义概念空间的部分连接（0.2 < support < 0.8）（b）

由频繁 7 项集的结果我们可以观察到，支持度最高的项集中增加的是 S6 和 S10（见表 47），并不是频繁 2 项集中支持度较高的 {S1，S7} 和 {S2，S7}（见表 45），因为在实际语料中，S7 通常与 S1 和 S2 同时出现，而不会单独只与其中一项词义基元一起出现（武汉、天门、建始、鄂城、大悟、黄陂、广水、大冶、通山、团风），所以我们以频繁 7 项集的结果为标准来增加连接更优。当支持度为 0.379 时，可以发现频繁 2 项集 {S2，S6}（见表 47）。当支持度为 0.206 时，可以发现以 S10 为中心的 4 个频繁 2 项集（见表 47）。根据本次调查的语料，发现项 S10 与 S1、S2、S9 和 S11 一起出现的频率最高（武汉、汉川、沙洋、黄陂、广水、浠水）。由此，我们可以在图 40 上加上两条连接（见图 41）。

表 47　"咬/啮"的频繁两基元集（0.2 < support < 0.38）
和频繁七基元集（support = 0.17）

	items	support	count
[1]	{S2，S6}	0.37931	11
[2]	{S10，S9}	0.206897	6
[3]	{S10，S11}	0.206897	6
[4]	{S1，S10}	0.206897	6
[5]	{S10，S2}	0.206897	6
[6]	{S1，S10，S11，S2，S4，S6，S9}	0.172414	5

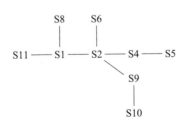

图 41　"咬/啮"的词义概念空间的部分连接（0.17 < support < 0.8）

由频繁 8 项集的结果我们可以观察到，支持度最高的 6 条频繁 8 项集中增加了 S3 和 S7（见表 48）。由频繁 2 项集的结果可以观察到，

{S7，S1} 和 {S7，S2} 的支持度要比 {S3，S1} 和 {S3，S2} 的支持度高。此外，当支持度为 0.379 时，还有一条频繁 2 项集 {S4，S8}。根据本次调查的实际语料，S8 不会单独和 S4 一起出现，有 S4 时一定会有 S1 和 S2（天门、潜江、沙市、枝江、大悟、黄陂、罗田、广水、大冶、通城），目前建立好的语义地图可满足此连接要求。由此，我们可以在图 41 上加上一条连接（见图 42）。

表 48　"咬/啮"的频繁两基元集（0.27＜support＜0.38）
和频繁八基元集（support＝0.1）

		items	support	count
[1]		{S1，S3}	0.275862	8
[2]		{S2，S3}	0.275862	8
[3]		{S4，S8}	0.37931	11
[4]	{S1，S10，S11，S2，S3，S4，S6，S9}		0.103448	3
[5]	{S1，S10，S11，S2，S4，S6，S8，S9}		0.103448	3
[6]	{S1，S10，S11，S2，S4，S6，S7，S9}		0.103448	3
[7]	{S1，S10，S11，S2，S5，S6，S9}		0.103448	3
[8]	{S1，S11，S2，S4，S5，S6，S7，S8}		0.103448	3
[9]	{S1，S11，S2，S4，S5，S7，S8，S9}		0.103448	3

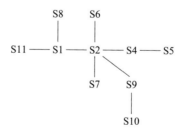

图 42　"咬/啮"的词义概念空间的部分连接（0.1＜support＜0.8）

由频繁 9 项集的结果可以观察到，支持度最高的项集中增加了 S3 和 D1（见表 49）。当支持度为 0.275 时，可以发现以 S3 为中心的 3 个频繁 2 项集，根据本次调查的语料，发现 S3 与 S1、S2 和 S4 一起出现的频率最高（武汉、汉川、潜江、竹溪、鄂城、黄梅、广水、通山）。

当支持度为 0.068 时，可以发现以 D1 为中心的 9 个频繁 2 项集，根据本次调查的实际语料，发现 D1 与 S1、S2、S3、S4、S6、S7、S9、S10、S11 一起出现的频率最高（武汉、广水）。由此，我们可以在图 42 上加上两条连接（见图 43）。

表 49 "咬/啮"的频繁两基元集（0.06 < support < 0.28）
和频繁九基元集（support = 0.06）

	items	support	count
[1]	{S3，S4}	0.275862	8
[2]	{S1，S3}	0.275862	8
[3]	{S2，S3}	0.275862	8
[4]	{D1，S10}	0.068966	2
[5]	{D1，S3}	0.068966	2
[6]	{D1，S6}	0.068966	2
[7]	{D1，S7}	0.068966	2
[8]	{D1，S9}	0.068966	2
[9]	{D1，S11}	0.068966	2
[10]	{D1，S4}	0.068966	2
[11]	{D1，S1}	0.068966	2
[12]	{D1，S2}	0.068966	2
[13]	{D1，S1，S10，S11，S3，S4，S6，S7，S9}	0.068966	2

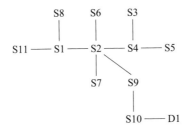

图 43 基于频繁 n（n ≥ 2）基元集构建的"咬/啮"的词义概念空间

由以上可见，结合频繁 n 项集（n > 2），可以补充频繁 2 项集无法确定的连接，辅助构建经典的语义地图。

4.2.3 频繁项集与覆盖率和准确率

Cysouw（2007）通过计算两功能共现的频次来说明两基元间的关联，并提到了覆盖率（Coverage）与准确率（Accuracy）的问题。本部分以"喝"的词义基元为例，简单描述一下这两个概念。在湖北方言中，"喝"作为多义词，通过寻找频繁项集，辅助构建经典语义地图。表50与图44表示的是"喝"的频繁两基元的结果。

表 50 "喝"的频繁两基元支持度

	S2	S3	S4	S5	S6	D1	D2
S1	0	0.40	0.36	0.40	0.12	0.04	0
S2		0.12	0.12	0.12	0.04	0	0
S3			0.92	1.00	0.40	0.16	0.20
S4				0.92	0.40	0.16	0.16
S5					0.40	0.16	0.20
S6						0.12	0.16
D1							0.04

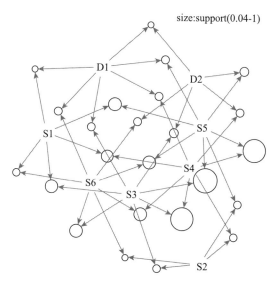

size:support(0.04-1)

图 44 "喝"的频繁两基元集示意

通过寻找频繁 2 项集，可以发现联系最紧密的是 S3 与 S5（见表51），由此，我们可以得到"喝"的词义概念空间中的一个连接（见图 45）。

表 51　"喝"的频繁两基元集（support = 1）

	items	support	count
[1]	{S3，S5}	1	25

S3 —— S5

图 45　"喝"的词义概念空间的部分连接（support = 1）

当支持度为 0.92 时，可以发现支持度最高的频繁 2 项集为 {S3，S4} 和 {S4，S5}（见表 52）。当我们将频繁项集的元素个数设置为 3 时，可以得到支持度最高的频繁 3 项集为 {S3，S4，S5}（support = 0.92）（见表 52）。由此，我们可以知道，下一个要添加到概念空间中的词义基元是 S4。依据本次调查数据，实际语料中只存在两种情况：{S3，S5} 用"喝"表示，而 {S4} 用其他词语表示；{S3，S4，S5} 用"喝"表示。所以，图 46 和图 47 的覆盖率都为 1（C = 2/2 = 1），准确率都为 0.67（A = 2/3 = 0.67）。基于本次调查数据，图 46 和图 47 可视为相同的概念空间（本书其他相同概念空间只取一种展示）。

表 52　"喝"的频繁两基元集和频繁三基元集（support = 0.92）

	items	support	count
[1]	{S3，S4}	0.92	23
[2]	{S4，S5}	0.92	23
[3]	{S3，S4，S5}	0.92	23

S3 —— S5 —— S4

图 46　"喝"的词义概念空间的部分连接（0.92 ≤ support ≤ 1）（a）

S4 —— S3 —— S5

图 47　"喝"的词义概念空间的部分连接（0.92 ≤ support ≤ 1）（b）

当支持度为 0.4 时，可以得到 2 个以 S1 为中心的频繁 2 项集，3 个以 S6 为中心的频繁 2 项集（见表 53），所以下一个要添加到概念空间中的词义基元为 S1 或 S6。当我们将频繁项集的元素个数设为 4 时，发现支持度最高的频繁 4 项集为 {S3，S4，S5，S6}（见表 53）。又根据实际语料，在湖北地区，"喝"如果包含 S6，也都包含 S3，S4，S5，由此我们可以在原有概念空间中再加上一条连接（见图 48）。

表 53 "喝"的频繁两基元集和频繁四基元集 （support = 0.4）

	items	support	count
[1]	{S1，S3}	0.4	10
[2]	{S1，S5}	0.4	10
[3]	{S4，S6}	0.4	10
[4]	{S3，S6}	0.4	10
[5]	{S5，S6}	0.4	10
[6]	{S3，S4，S5，S6}	0.4	10

S4 —— S3 —— S5 —— S6

图 48 "喝"的词义概念空间的部分连接 （0.4 ≤ support ≤ 1）

由频繁 5 项集的结果我们可以观察到，支持度最高的项集中增加了 D2（见表 54）。当支持度为 0.2 时，可以发现以 D2 为中心的 2 个频繁 2 项集，根据本次调查的语料，发现 D2 与 S3 和 S5 一起出现的频率最高。由此，我们可以在图 48 上加上一条连接（见图 49）。

表 54 "喝"的频繁两基元集 （support = 0.2）
和频繁五基元集 （support = 0.16）

	items	support	count
[1]	{D2，S3}	0.2	5
[2]	{D2，S5}	0.2	5
[3]	{D2，S3，S4，S5，S6}	0.16	4

```
S4 —— S3 —— S5 —— S6
              |
              D2
```

图 49　"喝"的词义概念空间的部分连接（0.16≤support≤1）

根据频繁 6 项集的结果，我们可以观察到，支持度最高的项集中增加了 S1 和 D1（见表 55）。当支持度为 0.36 时，可以发现频繁项集 {S1，S4}，又由 {S1，S3}（support = 0.4）和 {S1，S5}（support = 0.4）（见表 53），可知 S1 应与 S3 或 S5 连接。根据本次调查的语料，也发现 S1 与 S3、S5 一起出现的频率高于与 S4 一起出现的频率。当支持度为 0.16 时，可以发现以 D1 为中心的 3 个频繁 2 项集（见表 55）。由此，我们可以在图 49 上加上两条连接（见图 50）。

表 55　"喝"的频繁两基元集（support = 0.36，support = 0.16）
和频繁六基元集（support = 0.04）

	items	support	count
[1]	{S1，S4}	0.36	9
[2]	{D1，S4}	0.16	4
[3]	{D1，S3}	0.16	4
[4]	{D1，S5}	0.16	4
[5]	{D1，D2，S3，S4，S5，S6}	0.04	1
[6]	{D1，S1，S3，S4，S5，S6}	0.04	1

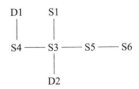

图 50　"喝"的词义概念空间的部分连接（0.04≤support≤1）

当支持度为 0.12 时，可以发现以 S2 为中心的 3 个频繁 2 项集（见表 56）和包含 S2 的频繁 4 项集 {S2，S3，S4，S5}。根据本次调

查的语料，也可发现 S2 总会与 S3、S4、S5 一起出现。可知 S2 应与 S3
或 S4 或 S5 连接。由此，我们可以得到以下概念空间（见图 51）。

表 56　"喝"的频繁两基元集和频繁四基元集（support = 0.12）

	items	support	count
[1]	{S2, S4}	0.12	3
[2]	{S2, S3}	0.12	3
[3]	{S2, S5}	0.12	3
[4]	{S2, S3, S4, S5}	0.12	3

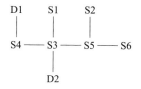

图 51　基于频繁 n（n≥2）基元集构建的"喝"的词义概念空间

在概念空间的构建中，更高的覆盖率往往会造成更多的回路，导
致准确率降低。这个问题在任何类型的语义地图中都存在，引进频繁
n 项集的概念，也是为了在添加词义基元时，更快地找出更符合实际
语料的项集（基元组），从而在保证覆盖率的同时，提高准确率。

4.2.4　频繁项集在较少基元语义地图中的表现

通过寻找频繁项集辅助构建经典的语义地图的方法在基元量较小
的情况下，表现也很好。本部分以"看见/看到"和"睡/困（睏）"
为例进行说明。

在湖北方言中，"看见/看到"是多义词，也可以通过寻找频繁项
集辅助构建经典语义地图。表 57 与图 52 表示的是"看见/看到"的频
繁两词义基元的结果。

表 57　"看见/看到"的频繁两基元支持度

	S2	D1
S1	0.852	0.778
S2		0.704

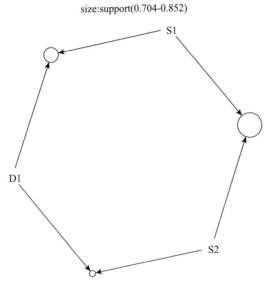

size:support(0.704-0.852)

图 52　"看见/看到"的频繁两基元集示意

由频繁 2 项集的结果，我们可以观察到，支持度最高的频繁 2 项集为 {S1，S2}，支持度排第二的频繁 2 项集为 {D1，S1}（见表 58）。根据本次调查的语料，发现当支持度大于 0.777 时，D1 不与 S2 单独共现，而会与 S1 单独共现。当支持度为 0.703 时，可以发现 2 个频繁项集 {D1，S2} 和 {D1，S1，S2}（见表 58），表明 D1 与 S2 共现时也与 S1 共现。由此，我们可以得到"看见/看到"的词义概念空间（见图 53）。

表 58　"看见/看到"的频繁两基元集和频繁三基元集

	items	support	count
[1]	{S1，S2}	0.851852	23

续表

	items	support	count
[2]	{D1, S1}	0.777778	21
[3]	{D1, S2}	0.703704	19
[4]	{D1, S1, S2}	0.703704	19

D1 —— S1 —— S2

图 53　基于频繁 n（n≥2）基元集构建的“看见/看到”的词义概念空间

在湖北方言中，“睡/困（瞓）”也是多义词，通过寻找频繁 2 项集，可以观察两基元间的关联，辅助构建经典的语义地图。表 59 与图 54 表示的是“睡/困（瞓）”的频繁两词义基元的结果。

表 59　“睡/困（瞓）”的频繁两基元支持度

	S2	S3
S1	0.558	0.512
S2		0.512

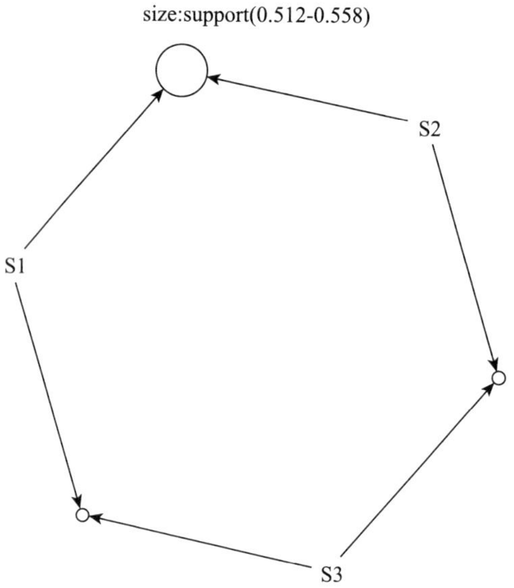

图 54　“睡/困（瞓）”的频繁两基元集示意

由频繁 2 项集的结果，我们可以观察到，支持度最高的频繁 2 项集为 {S1，S2}，当支持度为 0.511 时，可以发现 3 个频繁项集（见表 60）。根据本次调查的语料，发现 S3 会与 S1 和 S2 一同出现。由此，我们可以得到"睡/困（瞓）"的词义概念空间（见图 55）。

表 60　"睡/困（瞓）"的频繁两基元集和频繁三基元集

	items	support	count
[1]	{S1，S2}	0.55814	24
[2]	{S2，S3}	0.511628	22
[3]	{S1，S3}	0.511628	22
[4]	{S1，S2，S3}	0.511628	22

S1 —— S2 —— S3

图 55　基于频繁 n（n≥2）基元集构建的"睡/困（瞓）"的词义概念空间

由以上可见，基于词义基元的频繁 n 项集可以构建经典语义地图中的概念空间，它们同基于两基元共现频次（Cysouw，2007）所构建的概念空间并无本质上的区别。我们还发现，Apriori 算法在处理较多词义基元时，表现更好。然而，我们也可以观察到，基于频繁项集所构建的概念空间，并没有展现词义间的蕴涵关系。在 4.3 中我们将具体分析词义间的蕴涵关系。

4.3　词义的蕴涵关系

4.3.1　蕴涵的不平衡

当我们将"喝"的 8 个词义基元分别设为前项，可得如表 61 的可行性蕴涵规则。当 Lift > 1 时，S1、S3、S5 的蕴涵情况没有体现，这类基元我们将在下一节详细讨论。将 S2 设为前项，得到 1 条可行性蕴涵规则：$\{S2\} \Rightarrow \{S4\}$。将 S4 设为前项，发现 3 条可行性蕴涵规则：$\{S4\} \Rightarrow \{S2\}$，$\{S4\} \Rightarrow \{D1\}$，$\{S4\} \Rightarrow \{S6\}$。将 S6 设为前项，发现 3 条可行性蕴涵规则：$\{S6\} \Rightarrow \{D2\}$，$\{S6\} \Rightarrow \{D1\}$，$\{S6\} \Rightarrow \{S4\}$。将 D1 设为前项，发现 3 条可行性蕴涵规则：$\{D1\} \Rightarrow \{S6\}$，$\{D1\} \Rightarrow \{D2\}$，$\{D1\} \Rightarrow \{S4\}$。将 D2 设为前项，发现 2 条可行性蕴涵规则：$\{D2\} \Rightarrow \{S6\}$，$\{D2\} \Rightarrow \{D1\}$。

通过观察表 61 中各蕴涵规则的置信度，可以得到如下结果。相较于 $\{S6\} \Rightarrow \{D2\}$（Confidence = 0.400），优先选择 $\{D2\} \Rightarrow \{S6\}$（Confidence = 0.800），因此我们得到第一条蕴涵规则：D2→S6，即，如果"喝"包含语义 D2，则很有可能还包含语义 S6，例如汉川、天门、监利、石首方言中的"喝"。相较于 $\{S6\} \Rightarrow \{D1\}$（Confidence = 0.300），优先选择 $\{D1\} \Rightarrow \{S6\}$（Confidence = 0.750），因此我们得到第二条蕴涵规则：D1→S6，即，如果"喝"包含语义 D1，则很有可能还包含语义 S6，例如武汉、汉川、黄陂方言中的"喝"。相较于 $\{D2\} \Rightarrow \{D1\}$（Confidence = 0.200），优先选择 $\{D1\} \Rightarrow \{D2\}$（Confidence = 0.250），因此我们得到第三条蕴涵规则：D1→D2，即，如果"喝"包含语义 D1，则很有可能还包含语义 D2，例如汉川方言中的"喝"。相较于 $\{S4\} \Rightarrow \{D1\}$（Confidence = 0.174），优先选择 $\{D1\} \Rightarrow \{S4\}$（Confidence = 1.000），因此我们得到第四条蕴涵规则：D1→S4，即，如果"喝"包含语义 D1，则很有可能还包含语义 S4，例如武汉、汉川、黄石、黄陂方言中的"喝"。相较于 $\{S4\} \Rightarrow \{S6\}$（Confidence = 0.435），优先选择 $\{S6\} \Rightarrow \{S4\}$（Confidence = 1.000），因此我们得到第五条蕴涵规则：S6→S4，即，如果"喝"包含语义 S6，则很有可能还包含语义 S4，例如武汉、汉川、天门、监利、石首、竹溪、黄陂、浠水、大冶、通山方言中的"喝"。相较于 $\{S4\} \Rightarrow \{S2\}$（Confidence = 0.130），优先选择 $\{S2\} \Rightarrow \{S4\}$（Confidence = 1.000），因此我们得到第六条蕴涵规则：S2→S4，即，如果"喝"包含语义 S2，

则很有可能还包含语义 S4，例如樊城、枝江、通山方言中的"喝"。

表 61 "喝"的词义基元间的可行性蕴涵规则

	Rules	Support	Confidence	Lift	Count
D2	$\{D2\} \Rightarrow \{S6\}$	0.160	0.800	2.000	4
	$\{D2\} \Rightarrow \{D1\}$	0.040	0.200	1.25	1
D1	$\{D1\} \Rightarrow \{S6\}$	0.120	0.750	1.875	3
	$\{D1\} \Rightarrow \{D2\}$	0.040	0.250	1.250	1
	$\{D1\} \Rightarrow \{S4\}$	0.160	1.000	1.087	4
S6	$\{S6\} \Rightarrow \{D2\}$	0.160	0.400	2.000	4
	$\{S6\} \Rightarrow \{D1\}$	0.120	0.300	1.875	3
	$\{S6\} \Rightarrow \{S4\}$	0.400	1.000	1.087	10
S4	$\{S4\} \Rightarrow \{S2\}$	0.12	0.130	1.087	3
	$\{S4\} \Rightarrow \{D1\}$	0.16	0.174	1.087	4
	$\{S4\} \Rightarrow \{S6\}$	0.400	0.435	1.087	10
S2	$\{S2\} \Rightarrow \{S4\}$	0.120	1.000	1.087	3

当我们将优选出的蕴涵规则进行可视化时，可以得到 S2，S4，S6，D1，D2 之间的蕴涵规则（见图 56）。

当我们将"吃"的 21 个词义基元分别设为前项，可得到相关的可行性蕴涵规则。当 Lift > 1 时，S1、S4、S6、S7、S9、S14、S16 的蕴涵情况没有体现，这类基元我们将在下一节详细讨论。将 S2 设为前项，得到 12 条可行性蕴涵规则；将 S3 设为前项，发现 6 条可行性蕴涵规则；将 S5 设为前项，发现 9 条可行性蕴涵规则；将 S8 设为前项，发现 5 条可行性蕴涵规则；将 S10 设为前项，发现 9 条可行性蕴涵规则；将 S11 设为前项，发现 11 条可行性蕴涵规则；将 S12 设为前项，发现 11 条可行性蕴涵规则；将 S13 设为前项，发现 10 条可行性蕴涵规则；将 S15 设为前项，发现 9 条可行性蕴涵规则；将 S17 设为前项，发现 10 条可行性蕴涵规则；将 S18 设为前项，发现 12 条可行性蕴涵

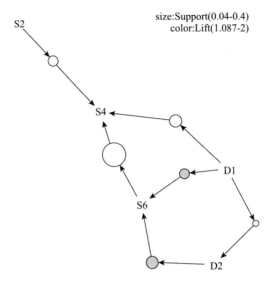

size:Support(0.04-0.4)
color:Lift(1.087-2)

图56 "喝"的词义基元间的优选蕴涵规则示意

规则；将 S19 设为前项，发现 8 条可行性蕴涵规则；将 D1 设为前项，发现 10 条可行性蕴涵规则；将 D2 设为前项，发现 9 条可行性蕴涵规则。经过对比规则的置信度，得到 62 条优选蕴涵规则（见表 62、表 63、表 64、表 65、表 66、表 67、表 68、表 69、表 70、表 71、表 72、表 73），下面我们逐条分析 S2、S3、S5、S8、S10、S11、S12、S13、S15、S17、S18、S19、D1、D2 的蕴涵能力。

S2 作为前项的优选蕴涵规则有 11 条（见表 62、图 57），如果"吃"包含词义基元 S2，则很有可能还包含词义基元 S15、D2、S18、S17、S11、D1、S19、S10、S13、S12、S3（按提升度由高到低排列），例如监利、广水、通城方言中的"吃"。S2 在本次调查的湖北方言中，只存在于以上三地，可见，在湖北地区人们较少使用"吃"来表示"喝"。而且 S2 作为较早出现的词义基元，使用范围却较小，可见它在历时层面的传播力不强，在共时层面的生命力不强。

表 62　"吃"的词义基元 **S2** 作为前项的优选蕴涵规则

	Lhs		Rhs	Support	Confidence	Lift	Count
〔1〕	{S2}	⇒	{S15}	0.12	1	2.083333	3
〔2〕	{S2}	⇒	{D2}	0.12	1	1.923077	3
〔3〕	{S2}	⇒	{S18}	0.12	1	1.785714	3
〔4〕	{S2}	⇒	{S17}	0.12	1	1.470588	3
〔5〕	{S2}	⇒	{S11}	0.12	1	1.388889	3
〔6〕	{S2}	⇒	{D1}	0.08	0.666667	1.388889	2
〔7〕	{S2}	⇒	{S19}	0.12	1	1.25	3
〔8〕	{S2}	⇒	{S10}	0.12	1	1.136364	3
〔9〕	{S2}	⇒	{S13}	0.12	1	1.136364	3
〔10〕	{S2}	⇒	{S12}	0.12	1	1.086957	3
〔11〕	{S2}	⇒	{S3}	0.12	1	1.041667	3

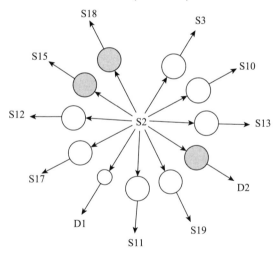

size:Support(0.08-0.12)
color:Lift(1.042-2.083)

图 57　"吃"的词义基元 **S2** 作为前项的优选蕴涵规则示意

S3 作为前项的蕴涵规则都被淘汰，均不是优选蕴涵规则，但 S3 作为被蕴涵项（后项）的蕴涵规则都是优选规则。

S5 作为前项的优选蕴涵规则有 9 条（见表 63、图 58），如果

"吃"包含词义基元 S5，则很有可能还包含词义基元 S2、S18、S17、S11、S19、S10、S12、S15、S3（按提升度由高到低排列），例如沙洋、监利方言中的"吃"。S5 在本次调查的湖北方言中，只存在于以上两地，可见，在湖北地区，人们较少使用"吃"来表示"跌"。根据语料我们也可以发现，当"吃"包含词义基元 S5 时，它同时包含以上 9 项词义基元。其中，支持度最高的一条就是 S5→S2，可见，S5 的使用范围比 S2 的更小。而通过上文分析，S2 是活力较弱的基元，那么，在当下共时层面，S5 的活力比 S2 还弱。

表 63　"吃"的词义基元 S5 作为前项的优选蕴涵规则

	Lhs		Rhs	Support	Confidence	Lift	Count
[1]	{S5}	⇒	{S2}	0.04	0.5	4.166667	1
[2]	{S5}	⇒	{S18}	0.08	1	1.785714	2
[3]	{S5}	⇒	{S17}	0.08	1	1.470588	2
[4]	{S5}	⇒	{S11}	0.08	1	1.388889	2
[5]	{S5}	⇒	{S19}	0.08	1	1.25	2
[6]	{S5}	⇒	{S10}	0.08	1	1.136364	2
[7]	{S5}	⇒	{S12}	0.08	1	1.086957	2
[8]	{S5}	⇒	{S15}	0.04	0.5	1.041667	1
[9]	{S5}	⇒	{S3}	0.08	1	1.041667	2

　　S8 作为前项的优选蕴涵规则有 3 条（见表 64、图 59），如果"吃"包含词义基元 S8，则很有可能还包含词义基元 S12、S10、S13（按提升度由高到低排列）。根据语料我们也可以发现，在湖北江淮官话黄孝片、赣方言区、鄂东地区的鄂城以及西南官话区的部分方言点，当"吃"包含词义基元 S8 时，它同时包含以下 3 项词义基元。此外，在武汉话中，当"吃"包含词义基元 S8 时，也包含 S12 和 S13；在沙洋话中，当"吃"包含词义基元 S8 时，也包含 S10 和 S12。除竹溪外，有 S8 的方言点都有 S12，而在天门、潜江、沙市、监利这四地，

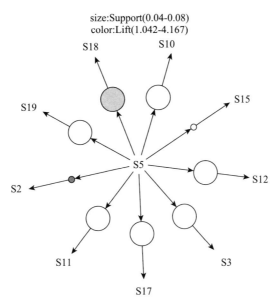

size:Support(0.04-0.08)
color:Lift(1.042-4.167)

图58 "吃"的词义基元 S5 作为前项的优选蕴涵规则示意

有 S12 却没有 S8，所以优选蕴涵规则 S8→S12。除武汉、竹溪，有 S8 的方言点都有 S10，而在天门、潜江、沙市、监利这四地，有 S10 却没有 S8，所以优选蕴涵规则 S8→S10。除沙洋、竹溪，有 S8 的方言点都有 S13，而在天门、沙市、建始、监利这四地，有 S13 却没有 S8，所以优选蕴涵规则 S8→S13。

表64 "吃"的词义基元 S8 作为前项的优选蕴涵规则

	Lhs		Rhs	Support	Confidence	Lift	Count
[1]	{S8}	⇒	{S12}	0.76	0.95	1.032609	19
[2]	{S8}	⇒	{S10}	0.72	0.9	1.022727	18
[3]	{S8}	⇒	{S13}	0.72	0.9	1.022727	18

S10 作为前项的优选蕴涵规则有 1 条（见表65、图60），如果"吃"包含词义基元 S10，则很有可能还包含词义基元 S12。建始、竹溪两地方言中的"吃"既不包含 S10，也不包含 S12。武汉话的"吃"不包含 S10，但包含 S12。本次调查的湖北地区方言中，除以上三地，

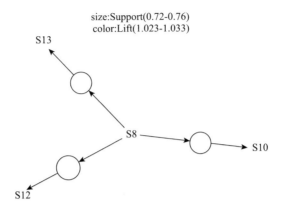

图59 "吃"的词义基元 S8 作为前项的优选蕴涵规则示意

其余方言点中的"吃"如果包含词义基元 S10，那么也包含 S12。可见，相较于 S12→S10，优先选择蕴涵规则 S10→S12，因为，如果选择 S12→S10，那么武汉话就是这条规则的例外情况。

表65 "吃"的词义基元 S10 作为前项的优选蕴涵规则

	Lhs		Rhs	Support	Confidence	Lift	Count
[1]	{S10}	⇒	{S12}	0.88	1	1.086957	22

图60 "吃"的词义基元 S10 作为前项的优选蕴涵规则示意

S11 作为前项的优选蕴涵规则有 5 条（见表66、图61），如果"吃"包含词义基元 S11，则很有可能还包含词义基元 S19、S12、S10、S13、S8（按提升度由高到低排列）。在西南官话区的汉川、天门、襄阳、枝江、石首，江淮官话黄孝片的大悟、黄陂、浠水、黄梅、蕲春、广水，以及赣方言区的通城，当"吃"包含词义基元 S11 时，它也包含以上 5 项词义基元。除黄石、通山，有 S11 的方言点都有 S19，而在潜江、建始、竹溪、鄂城这四地，有 S19 却没有 S11，所以优选蕴涵规则 S11→S19。在本次调查的湖北方言点中，有 S11 的方言点都有 S12，而在潜江、鄂城、团风、罗田、大冶这五地，有 S12 却没有 S11，所以优选蕴涵规则 S11→S12。除武汉外，有 S11 的方言点都有 S10，而在潜江、鄂城、团风、罗田、大冶这五地，有 S10 却没有 S11，所以优选蕴涵规则 S11→S10。除沙洋外，有 S11 的方言点都有 S13，而在建始、鄂城、团风、罗田、大冶这五地，有 S13 却没有 S11，所以优选蕴涵规则 S11→S13。除天门、沙市、监利，有 S11 的方言点都有 S8，而在竹溪、鄂城、团风、罗田、大冶这五地，有 S8 却没有 S11，所以优选蕴涵规则 S11→S8。

表 66 "吃"的词义基元 S11 作为前项的优选蕴涵规则

	Lhs		Rhs	Support	Confidence	Lift	Count
[1]	{S11}	⇒	{S19}	0.64	0.888889	1.111111	16
[2]	{S11}	⇒	{S12}	0.72	1	1.086957	18
[3]	{S11}	⇒	{S10}	0.68	0.944444	1.073232	17
[4]	{S11}	⇒	{S13}	0.68	0.944444	1.073232	17
[5]	{S11}	⇒	{S8}	0.6	0.833333	1.041667	15

S12 作为前项的蕴涵规则都被淘汰，都不是优选蕴涵规则，但 S12 作为被蕴涵项（后项）的规则都是优选规则。

S13 作为前项的优选蕴涵规则有 1 条（见表 67、图 62），如果"吃"包含词义基元 S13，则很有可能还包含词义基元 S12。竹溪方言中的"吃"既不包含 S13，也不包含 S12。沙洋话、潜江话的"吃"不包含 S13，但包含 S12。建始话的"吃"不包含 S12，但包含 S13。本次调查的湖北地区方言中，除以上四地，其余方言点中的"吃"如果包含词义基元 S13，那么也包含 S12。可见相较于 S12→S13，优先选择蕴涵规则 S13→S12。

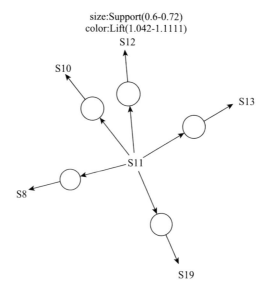

size:Support(0.6-0.72)
color:Lift(1.042-1.1111)

图 61　"吃"的词义基元 S11 作为前项的优选蕴涵规则示意

表 67　"吃"的词义基元 S13 作为前项的优选蕴涵规则

	Lhs		Rhs	Support	Confidence	Lift	Count
[1]	{S13}	⇒	{S12}	0.84	0.954546	1.037549	21

size:Support(0.84-0.84)
color:Lift(1.038-1.038)

S13

S12

图 62　"吃"的词义基元 S13 作为前项的优选蕴涵规则示意

　　S15 作为前项的优选蕴涵规则有 6 条（见表 68、图 63），如果"吃"包含词义基元 S15，则很有可能还包含词义基元 D2、S17、S18、S11、S19、S13（按提升度由高到低排列）。在西南官话区的武汉、汉川、监利，江淮官话黄孝片的黄陂、广水，以及赣方言区的通城，当"吃"包含词义基元 S15 时，它同时包含表 68 中前 6 项词义基元。除襄阳、黄石、浠水，有 S15 的方言点都有 D2，而在潜江、沙市、石首、罗田这四地，有 D2 却没有 S15，所以优选蕴涵规则 S15→D2。除天门，有 S15 的方言点都有 S17，而在沙洋、潜江、沙市、大悟、黄梅、通山这六地，有 S17 却没有 S15，所以优选蕴涵规则 S15→S17。除襄阳、建始、黄石，有 S15 的方言点都有 S18，而在沙洋、沙市、石首、黄梅、大冶这五地，有 S18 却没有 S15，所以优选蕴涵规则 S15→S18。除建始、鄂城，有 S15 的方言点都有 S11，而在沙洋、沙市、枝江、石首、大悟、黄梅、蕲春、通山这些方言点，有 S11 却没有 S15，所以优选蕴涵规则 S15→S11。除黄石，有 S15 的方言点都有 S19，而在沙洋、潜江、沙市、枝江、石首、竹溪、大悟、黄梅、蕲春这些方言点，有 S19 却没有 S15，所以优选蕴涵规则 S15→S19。在本次调查的湖北方言点中，有 S15 的方言点都有 S13，而在沙市、枝江、石首、团风、大悟、罗田、黄梅、蕲春、大冶、通山这些方言点，有 S13 却没有 S15，所以优选蕴涵规则 S15→S13。

表 68　"吃"的词义基元 S15 作为前项的优选蕴涵规则

	Lhs		Rhs	Support	Confidence	Lift	Count
[1]	{S15}	⇒	{D2}	0.36	0.75	1.442308	9
[2]	{S15}	⇒	{S17}	0.44	0.916667	1.348039	11
[3]	{S15}	⇒	{S18}	0.36	0.75	1.339286	9
[4]	{S15}	⇒	{S11}	0.4	0.833333	1.157407	10
[5]	{S15}	⇒	{S19}	0.44	0.916667	1.145833	11
[6]	{S15}	⇒	{S13}	0.48	1	1.136364	12

S17 作为前项的优选蕴涵规则有 4 条（见表 69、图 64），如果"吃"包含词义基元 S17，则很有可能还包含词义基元 S11、S12、S10、S13（按提升度由高到低排列）。在西南官话区的汉川、天门、襄阳、沙市、监利，江淮官话黄孝片的大悟、黄石、黄陂、浠水、黄梅、广水，以及赣方言区的通山、通城，当"吃"包含词义基元 S17 时，它同时包含表 69 中的 4 项词义基元。除潜江、建始、鄂城，有 S17 的方

size:Support(0.36-0.48)
color:Lift(1.136-1.442)

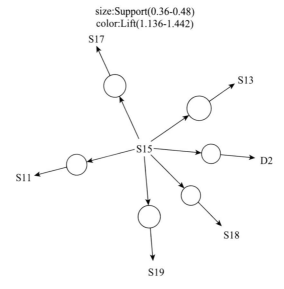

图 63　"吃"的词义基元 S15 作为前项的优选蕴涵规则示意

言点都有 S11，而在天门、枝江、石首、蕲春这四地，有 S11 却没有 S17，所以优选蕴涵规则 S17→S11。除建始外，有 S17 的方言点都有 S12，而在天门、枝江、石首、团风、罗田、蕲春、大冶这七地，有 S12 却没有 S17，所以优选蕴涵规则 S17→S12。除武汉、建始，有 S17 的方言点都有 S10，而在天门、枝江、石首、团风、罗田、蕲春、大冶这些方言点，有 S10 却没有 S17，所以优选蕴涵规则 S17→S10。除沙洋、潜江，有 S17 的方言点都有 S13，而在天门、枝江、石首、团风、罗田、蕲春、大冶这些方言点，有 S13 却没有 S17，所以优选蕴涵规则 S17→S13。

表 69　"吃"的词义基元 S17 作为前项的优选蕴涵规则

	Lhs		Rhs	Support	Confidence	Lift	Count
[1]	{S17}	⇒	{S11}	0.56	0.823529	1.143791	14
[2]	{S17}	⇒	{S12}	0.64	0.941177	1.023018	16
[3]	{S17}	⇒	{S10}	0.6	0.882353	1.002674	15
[4]	{S17}	⇒	{S13}	0.6	0.882353	1.002674	15

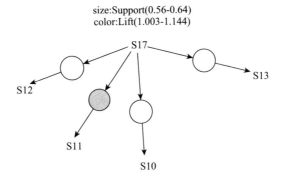

size:Support(0.56-0.64)
color:Lift(1.003-1.144)

图64　"吃"的词义基元S17作为前项的优选蕴涵规则示意

S18作为前项的优选蕴涵规则有7条（见表70、图65），如果"吃"包含词义基元S18，则很有可能还包含词义基元S11、S19、S17、S12、S10、S13、S3（按提升度由高到低排列）。在西南官话区的汉川、沙市、监利，江淮官话黄孝片的黄陂、浠水、黄梅、广水，以及赣方言区的通城，当"吃"包含词义基元S18时，它同时包含表70中其他7项词义基元。除鄂城、大冶，有S18的方言点都有S11，而在襄阳、枝江、大悟、黄石、蕲春、通山这六地，有S11却没有S18，所以优选蕴涵规则S18→S11。除大冶外，有S18的方言点都有S19，而在襄阳、枝江、建始、竹溪、大悟、蕲春这六地，有S19却没有S18，所以优选蕴涵规则S18→S19。除天门、石首、大冶，有S18的方言点都有S17，而在襄阳、潜江、建始、大悟、黄石、蕲春、通山这些方言点，有S17却没有S18，所以优选蕴涵规则S18→S17。在本次调查的湖北方言点中，有S18的方言点都有S12，而在襄阳、潜江、枝江、团风、大悟、黄石、罗田、蕲春、通山这些方言点，有S12却没有S18，所以优选蕴涵规则S18→S12。除武汉外，有S18的方言点都有S10，而在襄阳、潜江、枝江、团风、大悟、黄石、罗田、蕲春、通山这些方言点，有S10却没有S18，所以优选蕴涵规则S18→S10。除沙洋外，有S18的方言点都有S13，而在襄阳、枝江、建始、团风、大悟、黄石、罗田、蕲春、通山这些方言点，有 S13 却没有 S18，所以优选蕴涵规则 S18→S13。在本次调查的湖北方言点中，有 S18 的方言点都有 S3，而在襄阳、潜江、枝江、建始、竹溪、团风、大悟、罗田、蕲春、通山这些方言点，有 S3 却没有 S18，所以优选蕴涵规则 S18→S3。

表70　"吃"的词义基元 S18 作为前项的优选蕴涵规则

	Lhs		Rhs	Support	Confidence	Lift	Count
[1]	{S18}	⇒	{S11}	0.48	0.857143	1.190476	12
[2]	{S18}	⇒	{S19}	0.52	0.928571	1.160714	13
[3]	{S18}	⇒	{S17}	0.44	0.785714	1.155462	11
[4]	{S18}	⇒	{S12}	0.56	1	1.086957	14
[5]	{S18}	⇒	{S10}	0.52	0.928571	1.055195	13
[6]	{S18}	⇒	{S13}	0.52	0.928571	1.055195	13
[7]	{S18}	⇒	{S3}	0.56	1	1.041667	14

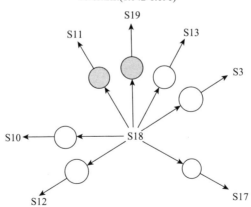

图65　"吃"的词义基元 S18 作为前项的优选蕴涵规则示意

S19 作为前项的优选蕴涵规则有 1 条（见表71、图66），如果"吃"包含词义基元 S19，则很有可能还包含词义基元 S3。在本次调查的湖北西南官话区方言点，江淮官话区的竹溪、大悟、黄陂、浠水、黄梅、蕲春、广水，赣方言区的通城，以及未分片的鄂城，当"吃"包含词义基元 S19 时，它也包含 S3。而在团风、罗田这两地，有 S3 却没有 S19，所以优选蕴涵规则 S19→S3。

表 71　"吃"的词义基元 S19 作为前项的优选蕴涵规则

	Lhs		Rhs	Support	Confidence	Lift	Count
[1]	{S19}	⇒	{S3}	0.8	1	1.041667	20

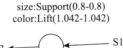

size:Support(0.8-0.8)
color:Lift(1.042-1.042)

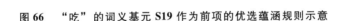

图 66　"吃"的词义基元 S19 作为前项的优选蕴涵规则示意

D1 作为前项的优选蕴涵规则有 8 条（见表 72、图 67），如果"吃"包含词义基元 D1，则很有可能还包含词义基元 S8、S18、S10、S13、D2、S12、S11、S3（按提升度由高到低排列）。在西南官话区的汉川、石首，江淮官话黄孝片的黄陂、广水，以及赣方言区的通城，当"吃"包含词义基元 D1，它同时包含以上 8 项词义基元。在本次调查的湖北方言点中，有 D1 的方言点都有 S8，而在武汉、襄阳、竹溪、大悟、黄石、蕲春、大冶这些方言点，有 S8 却没有 D1，所以优选蕴涵规则 D1→S8。除枝江、团风、罗田、通山，有 D1 的方言点都有 S18，而在武汉、天门、沙洋、沙市、监利、大冶这些方言点，有 S18 却没有 D1，所以优选蕴涵规则 D1→S18。在本次调查的湖北方言点中，有 D1 的方言点都有 S10，而在天门、襄阳、沙洋、潜江、沙市、监利、大悟、黄石、蕲春、大冶这些方言点，有 S10 却没有 D1，所以优选蕴涵规则 D1→S10。在本次调查的湖北方言点中，有 D1 的方言点都有 S13，而在武汉、天门、襄阳、沙市、建始、监利、大悟、黄石、蕲春、大冶这些方言点，有 S13 却没有 D1，所以优选蕴涵规则 D1→

S13。除枝江、团风、浠水、黄梅、通山，有 D1 的方言点都有 D2，而在武汉、天门、潜江、沙市、建始、监利这些方言点，有 D2 却没有 D1，所以优选蕴涵规则 D1→D2。在本次调查的湖北方言点中，有 D1 的方言点都有 S12，而在武汉、天门、襄阳、沙洋、潜江、沙市、监利、大悟、黄石、蕲春、大冶这些方言点，有 S12 却没有 D1，所以优选蕴涵规则 D1→S12。除鄂城、团风、罗田，有 D1 的方言点都有 S11，而在武汉、天门、襄阳、沙洋、沙市、监利、大悟、黄石、蕲春这些方言点，有 S11 却没有 D1，所以优选蕴涵规则 D1→S11。在本次调查的湖北方言点中，有 D1 的方言点都有 S3，而在武汉、天门、襄阳、沙洋、潜江、沙市、建始、监利、竹溪、大悟、蕲春、大冶这些方言点，有 S3 却没有 D1，所以优选蕴涵规则 D1→S3。

表 72　　"吃"的词义基元 D1 作为前项的优选蕴涵规则

	Lhs		Rhs	Support	Confidence	Lift	Count
[1]	{D1}	⇒	{S8}	0.48	1	1.25	12
[2]	{D1}	⇒	{S18}	0.32	0.666667	1.190476	8
[3]	{D1}	⇒	{S10}	0.48	1	1.136364	12
[4]	{D1}	⇒	{S13}	0.48	1	1.136364	12
[5]	{D1}	⇒	{D2}	0.28	0.583333	1.121795	7
[6]	{D1}	⇒	{S12}	0.48	1	1.086957	12
[7]	{D1}	⇒	{S11}	0.36	0.75	1.041667	9
[8]	{D1}	⇒	{S3}	0.48	1	1.041667	12

D2 作为前项的优选蕴涵规则有 6 条（见表 73、图 68），如果"吃"包含词义基元 D2，则很有可能还包含词义基元 S18、S19、S17、S13、S3、S12（按提升度由高到低排列）。在西南官话区的武汉、汉川、沙市、监利，江淮官话黄孝片的黄陂、广水，赣方言区的通城，以及鄂城。当"吃"包含词义基元 D2，它同时包含表 73 中 6 项词义基元。除潜江、建始、罗田，有 D2 的方言点都有 S18，而在沙洋、浠

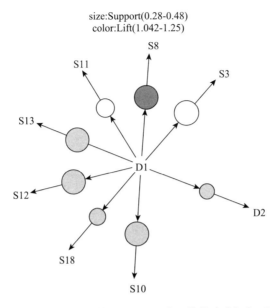

size:Support(0.28-0.48)
color:Lift(1.042-1.25)

图 67　"吃"的词义基元 D1 作为前项的优选蕴涵规则示意

水、黄梅、大冶这些方言点，有 S18 却没有 D2，所以优选蕴涵规则
D2→S18。除罗田外，有 D2 的方言点都有 S19，而在襄阳、沙洋、枝
江、竹溪、大悟、浠水、黄梅、蕲春这些方言点，有 S19 却没有 D2，
所以优选蕴涵规则 D2→S19。除天门、石首、罗田，有 D2 的方言点都
有 S17，而在襄阳、沙洋、大悟、黄石、浠水、黄梅、通山这些方言
点，有 S17 却没有 D2，所以优选蕴涵规则 D2→S17。除潜江外，有 D2
的方言点都有 S13，而在襄阳、枝江、团风、大悟、黄石、浠水、黄
梅、蕲春、大冶、通山这些方言点，有 S13 却没有 D2，所以优选蕴涵
规则 D2→S13。在本次调查的湖北方言点中，有 D2 的方言点都有 S3，
而在襄阳、沙洋、枝江、竹溪、团风、大悟、浠水、黄梅、蕲春、大
冶、通山这些方言点，有 S3 却没有 D2，所以优选蕴涵规则 D2→S3。
除建始外，有 D2 的方言点都有 S12，而在襄阳、沙洋、枝江、团风、
大悟、黄石、浠水、黄梅、蕲春、大冶、通山这些方言点，有 S12 却
没有 D2，所以优选蕴涵规则 D2→S12。

表 73 "吃"的词义基元 D2 作为前项的优选蕴涵规则

	Lhs		Rhs	Support	Confidence	Lift	Count
[1]	{D2}	⇒	{S18}	0.4	0.769231	1.373626	10
[2]	{D2}	⇒	{S19}	0.48	0.923077	1.153846	12
[3]	{D2}	⇒	{S17}	0.4	0.769231	1.131222	10
[4]	{D2}	⇒	{S13}	0.48	0.923077	1.048951	12
[5]	{D2}	⇒	{S3}	0.52	1	1.041667	13
[6]	{D2}	⇒	{S12}	0.48	0.923077	1.003344	12

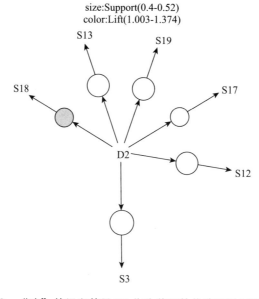

图 68 "吃"的词义基元 D2 作为前项的优选蕴涵规则示意

通过置信度的值，我们可以看到各部分内部的蕴涵情况，可以在经典的语义地图上，增加箭头表示基元间的蕴涵关系。

当我们将"咬/啮"的 12 个词义基元分别设为前项时，可得相关可行性蕴涵规则。将 S1 设为前项，得到 11 条可行性蕴涵规则；将 S2 设为前项，发现 10 条可行性蕴涵规则；将 S3 设为前项，发现 10 条可行性蕴涵规则；将 S4 设为前项，发现 10 条可行性蕴涵规则；将 S5 设为前项，发现 9 条可行性蕴涵规则；将 S6 设为前项，发现 11 条可行性蕴涵规则；将 S7 设为前项，发现 9 条可行性蕴涵规则；将 S8 设为前项，发现 10 条可行性蕴涵规则；将 S9 设为前项，发现 11 条可行性蕴涵规则；将 S10 设为前项，发现 11 条可行性蕴涵规则；将 S11 设为前项，发现 11 条可行性蕴涵规则；将 D1 设为前项，发现 11 条可行性蕴涵规则。经过对比以上规则的置信度，得到 61 条优选蕴涵规则（见表 74、表 75、表 76、表 77、表 78、表 79、表 80、表 81、表 82、表 83、表 84），下面我们逐条分析各项词义基元的蕴涵能力。

S1 作为前项的优选蕴涵规则有 1 条（见表 74、图 69），如果"咬/啮"包含词义基元 S1，则很有可能还包含词义基元 S2，例如本次调查的湖北西南官话区方言中的"咬"，江淮官话区大部分方言（除团风话、浠水话）中的"咬"，以及团风话、浠水话中的"啮"，赣方言区大冶话、通山话中的"咬"和通城话中的"啮"。除黄石话的"啮"，其他方言点中的"咬"或"啮"包含词义基元 S1 时也包含 S2，而团风话中的"咬"、鄂城话中的"啮"，包含词义基元 S2，却不包含词义基元 S1，所以优选蕴涵规则 S1→S2。

表 74　"咬/啮"的词义基元 S1 作为前项的优选蕴涵规则

	Lhs		Rhs	Support	Confidence	Lift	Count
[1]	{S1}	⇒	{S2}	0.862069	0.961538	1.032764	25

size:Support(0.862-0.862)
color:Lift(1.033-1.033)

图 69　"咬/啮"的词义基元 S1 作为前项的优选蕴涵规则示意

S2 作为前项的蕴涵规则都被淘汰，都不是优选蕴涵规则，但 S12 作为被蕴涵项（后项）的规则都是优选规则。

S3 作为前项的优选蕴涵规则有 8 条（见表 75、图 70），在湖北地区，只用"咬"表示"过分地计较（字句的意义）（S3）"。如果"咬"包含词义基元 S3，则很有可能还包含词义基元 S6、S11、S9、S5、S4、S7、S1、S2（按提升度由高到低排列）。江淮官话黄孝片的广水，当"咬"包含词义基元 S3，它同时包含表 75 中 8 项词义基元。除潜江、竹溪、通山，包含词义基元 S3 的方言点也包含 S6，而天门话、沙洋话、建始话、监利话、黄陂话中的"咬"和鄂城话中的"啮"，包含词义基元 S6，却不包含词义基元 S3，所以优选蕴涵规则 S3→S6。除黄梅外，有 S3 的方言点都有 S11，而天门话、襄阳话、沙洋话、沙市话、石首话、大悟话、黄石话、黄陂话中的"咬"和浠水话中的"啮"，包含词义基元 S11，却不包含词义基元 S3，所以优选蕴涵规则 S3→S11。除竹溪、鄂城，有 S3 的方言点都有 S9，而沙洋话、沙市话、枝江话、监利话、大悟话、黄陂话中的"咬"和团风话、浠水话、通城话中的"啮"，包含词义基元 S9，却不包含词义基元 S3，所以优选蕴涵规则 S3→S9。在湖北地区也只用"咬"表示词义基元 S5，除武汉、鄂城、通山，有 S3 的方言点都有 S5，而在天门、沙市、枝江、石首、大悟、黄石、黄陂、通城这些方言点中，"咬"包含词义基元 S5，却不包含词义基元 S3，所以优选蕴涵规则 S3→S5。本次调查的湖北地区方言点中，用"咬"表示词义基元 S3 的方言点也用它表示词义基元 S4，而天门话、襄阳话、沙洋话、沙市话、枝江话、监利话、石首话、团风话、大悟话、黄石话、黄陂话、罗田话、蕲春话、大冶话中的"咬"和通城话中的"啮"，包含词义基元 S4，却不包含词义基元 S3，所以优选蕴涵规则 S3→S4。除汉川、潜江、竹溪、黄梅，有 S3 的方言点都有 S7，而天门话、建始话、大悟话、黄陂话、大冶话中的"咬"和团风话、浠水话、通城话中的"啮"，包含词义基元 S7，却不包含词义基元 S3，所以优选蕴涵规则 S3→S7。本次调查的湖北各方言点中，用"咬"表示词义基元 S3 的方言点也用它表示词义基元 S1，而天门话、襄阳话、沙洋话、沙市话、枝江话、建始话、监利话、石首话、大悟话、黄石话、黄陂话、罗田话、蕲春话、大冶话中的"咬"和团风话、黄石话、浠水话、通城话中的"啮"，包含词义基元 S1，却不包含词义基元 S3，所以优选蕴涵规则 S3→S1。本次调查的湖北各方言点中，用"咬"表示词义基元 S3 的方言点也用它表示词义基元 S2，而天门话、襄阳话、沙洋话、沙市话、枝江话、建始话、监利话、石首话、团风话、大悟话、黄石话、黄陂话、罗田话、蕲春话、大冶话中的"咬"和鄂城话、团风话、浠水话、通城话中的"啮"，包含词义基元 S2，却不包含词义基元 S3，所以优选蕴涵规则 S3→S2。

表 75　"咬/啮"的词义基元 S3 作为前项的优选蕴涵规则

	Lhs		Rhs	Support	Confidence	Lift	Count
[1]	{S3}	⇒	{S6}	0.172414	0.625	1.647727	5
[2]	{S3}	⇒	{S11}	0.241379	0.875	1.585938	7
[3]	{S3}	⇒	{S9}	0.206897	0.75	1.45	6
[4]	{S3}	⇒	{S5}	0.172414	0.625	1.394231	5
[5]	{S3}	⇒	{S4}	0.275862	1	1.26087	8
[6]	{S3}	⇒	{S7}	0.137931	0.5	1.208333	4
[7]	{S3}	⇒	{S1}	0.275862	1	1.115385	8
[8]	{S3}	⇒	{S2}	0.275862	1	1.074074	8

　　S4 作为前项的优选蕴涵规则有 2 条（见表 76、图 71），如果"咬/啮"包含词义基元 S4，则很有可能还包含词义基元 S2 或 S1（按提升度由高到低排列）。本次调查的湖北西南官话区的各方言点，江淮官话黄孝片除团风外，以及赣方言区的大冶、通山，当"咬"包含词义基元 S4 时，它同时包含表 76 中 2 项词义基元。赣方言区的通城话中

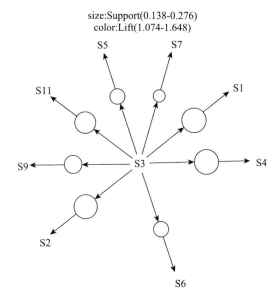

图 70　"咬/啮"的词义基元 S3 作为前项的优选蕴涵规则示意

"啮"既包含词义基元 S4，也包含词义基元 S2 和 S1。本次调查的湖北
各方言点中，用"咬"或"啮"表示词义基元 S4 的方言点也用它表
示词义基元 S2，而建始话中的"咬"和鄂城话、团风话、浠水话中
的"啮"，包含词义基元 S2，却不包含词义基元 S4，所以优选蕴涵
规则 S4→S2。除团风话的"咬"，包含词义基元 S4 的方言点都包含
词义基元 S1。而建始话中的"咬"和团风话、黄石话、浠水话中的
"啮"，包含词义基元 S1，却不包含词义基元 S4，所以优选蕴涵规则
S4→S1。

表 76　"咬/啮"的词义基元 S4 作为前项的优选蕴涵规则

	Lhs		Rhs	Support	Confidence	Lift	Count
［1］	｛S4｝	⇒	｛S2｝	0.793103	1	1.074074	23
［2］	｛S4｝	⇒	｛S1｝	0.758621	0.956522	1.06689	22

S5 作为前项的优选蕴涵规则有 4 条（见表 77、图 72）。在湖北地
区，只用"咬"表示词义基元 S5。如果"咬"包含词义基元 S5，则

size:Support(0.759-0.793)
color:Lift(1.067-1.074)

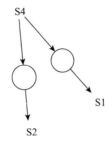

图 71 "咬/啮"的词义基元 S4 作为前项的优选蕴涵规则示意

很有可能还包含词义基元 S11、S9、S4、S1（按提升度由高到低排列）。本次调查的是湖北西南官话区的汉川话、潜江话、沙市话和江淮官话黄孝片的大悟话、黄陂话、广水话，当"咬"包含词义基元 S5，它同时包含表 77 中 4 项词义基元。除枝江、黄梅、通城，有 S5 的方言点都有 S11，而武汉话、襄阳话、沙洋话、鄂城话、通山话中的"咬"和浠水话中的"啮"，包含词义基元 S11，却不包含词义基元 S5，所以优选蕴涵规则 S5→S11。除天门、石首、竹溪、黄石、通城，有 S5 的方言点都有 S9，而武汉话、沙洋话、监利话、通山话中的"咬"和团风话、浠水话、通城话中的"啮"，包含词义基元 S9，却不包含词义基元 S5，所以优选蕴涵规则 S5→S9。除通城外，有 S5 的方言点都有 S4，而武汉话、襄阳话、沙洋话、监利话、鄂城话、团风话、罗田话、蕲春话、大冶话、通山话中的"咬"和通城话中的"啮"，包含词义基元 S4，却不包含词义基元 S5，所以优选蕴涵规则 S5→S4。除通城外，有 S5 的方言点都有 S1，而武汉话、襄阳话、沙洋话、建始话、监利话、鄂城话、罗田话、蕲春话、大冶话、通山话中的"咬"和团风话、黄石话、浠水话、通城话中的"啮"，包含词义基元 S1，却不包含词义基元 S5，所以优选蕴涵规则 S5→S1。

表 77   "咬/啮"的词义基元 S5 作为前项的优选蕴涵规则

	Lhs		Rhs	Support	Confidence	Lift	Count
[1]	{S5}	⇒	{S11}	0.344828	0.769231	1.394231	10
[2]	{S5}	⇒	{S9}	0.275862	0.615385	1.189744	8
[3]	{S5}	⇒	{S4}	0.413793	0.923077	1.16388	12
[4]	{S5}	⇒	{S1}	0.413793	0.923077	1.029586	12

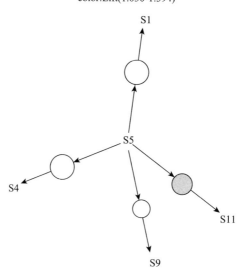

图 72   "咬/啮"的词义基元 S5 作为前项的优选蕴涵规则示意

　　S6 作为前项的优选蕴涵规则有 8 条（见表 78、图 73），如果"咬/啮"包含词义基元 S6，则很有可能还包含词义基元 S7、S9、S11、S8、S2、S4、S5、S1（按提升度由高到低排列）。本次调查的湖北江淮官话黄孝片的黄陂话和广水话中的"咬"包含词义基元 S6，它同时包含表 78 中 8 项词义基元。除汉川话、沙洋话、监利话、黄梅话的"咬"和鄂城话的"啮"，有 S6 的方言点也都有 S7，而大悟话、大冶话、通山话中的"咬"和团风话、浠水话和通城话中的"啮"，包含词义基元 S7，却不包含词义基元 S6，所以优选蕴涵规则 S6→S7。除天门话、建始话的"咬",以及鄂城话的"咬"和"啮",有 S6 的方言点也都有 S9,而潜江话、沙市话、枝江话、大悟话、通山话中的"咬"和团风话、浠水话和通城话中的"啮",包含词义基元 S9,却不包含词义基元 S6,所以优选蕴涵规则 S6→S9。除建始话、监利话、黄梅话的"咬"和鄂城话的"啮",有 S6 的方言点都有 S11,而襄阳话、潜江话、沙市话、石首话、竹溪话、大悟话、黄石话、通山话中的"咬"和浠水话中的"啮",包含词义基元 S11,却不包含词义基元 S6,所以优选蕴涵规则 S6→S11。除武汉话、汉川话、监利话、鄂城话、黄梅话的"咬"和鄂城话的"啮",有 S6 的方言点都有 S8,而潜江话、沙市话、枝江话、大悟话、罗田话、大冶话中的"咬"和通城话中的"啮",包含词义基元 S8,却不包含词义基元 S6,所以优选蕴涵规则 S6→S8。本次调查的湖北各方言点中,用"咬"或"啮"表示词义基元 S6 的方言点也用它表示词义基元 S2,而襄阳话、潜江话、沙市话、枝江话、石首话、竹溪话、团风话、大悟话、黄石话、罗田话、蕲春话、大冶话、通山话中的"咬"和团风话、浠水话、通城话中的"啮",包含词义基元 S2,却不包含词义基元 S6,所以优选蕴涵规则 S6→S2。除建始话的"咬"和鄂城话的"啮",有 S6 的方言点都有 S4,而襄阳话、潜江话、沙市话、枝江话、石首话、竹溪话、团风话、大悟话、黄石话、罗田话、蕲春话、大冶话、通山话中的"咬"和通城话中的"啮",包含词义基元 S4,却不包含词义基元 S6,所以优选蕴涵规则 S6→S4。除武汉话、沙洋话、建始话、监利话的"咬",以及鄂城话的"咬"和"啮",有 S6 的方言点都有 S5,而潜江话、沙市话、枝江话、石首话、竹溪话、大悟话、黄石话、通城话中的"咬",包含词义基元 S5,却不包含词义基元 S6,所以优选蕴涵规则 S6→S5。除鄂城话的"啮",有 S6 的方言点都有 S1,而襄阳话、潜江话、沙市话、枝江话、石首话、竹溪话、大悟话、黄石话、罗田话、蕲春话、大冶话、通山话中的"咬",以及团风话、黄石话、浠水话、通城话中的"啮"，包含词义基元 S1，却不包含词义基元 S6，所以优选蕴涵规则 S6→S1。

表 78　"咬/啮"的词义基元 S6 作为前项的优选蕴涵规则

	Lhs		Rhs	Support	Confidence	Lift	Count
[1]	{S6}	⇒	{S7}	0.206897	0.545455	1.318182	6
[2]	{S6}	⇒	{S9}	0.241379	0.636364	1.230303	7
[3]	{S6}	⇒	{S11}	0.241379	0.636364	1.153409	7
[4]	{S6}	⇒	{S8}	0.172414	0.454546	1.098485	5
[5]	{S6}	⇒	{S2}	0.37931	1	1.074074	11
[6]	{S6}	⇒	{S4}	0.310345	0.818182	1.031621	9
[7]	{S6}	⇒	{S5}	0.172414	0.454546	1.013986	5
[8]	{S6}	⇒	{S1}	0.344828	0.909091	1.013986	10

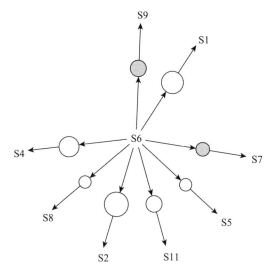

图 73　"咬/啮"的词义基元 S6 作为前项的优选蕴涵规则示意

S7 作为前项的优选蕴涵规则有 4 条（见表 79、图 74），如果"咬/啮"包含词义基元 S7，则很有可能还包含词义基元 S9、S11、S1、S2

（按提升度由高到低排列）。本次调查的湖北西南官话区的武汉话，江
淮官话黄孝片的大悟话、黄陂话、广水话、通山话中的"咬"和浠水
话中的"啮"包含词义基元 S7，它们同时包含表 79 中 4 项词义基元。
除天门话、建始话、鄂城话、大冶话的"咬"，有词义基元 S7 的方言
点也都有 S9，而汉川话、沙洋话、潜江话、沙市话、枝江话、监利
话、黄梅话中的"咬"，包含词义基元 S9，却不包含词义基元 S7，所
以优选蕴涵规则 S7→S9。除建始话、大冶话的"咬"和团风话、通城
话的"啮"，有 S7 的方言点都有 S11，而汉川话、襄阳话、沙洋话、
潜江话、沙市话、石首话、竹溪话、黄石话中的"咬"，包含词义基
元 S11，却不包含词义基元 S7，所以优选蕴涵规则 S7→S11。本次调查
的湖北各方言点中，用"咬"或"啮"表示词义基元 S7 的方言点也
用它表示词义基元 S1，而汉川话、襄阳话、沙洋话、潜江话、沙市
话、枝江话、监利话、石首话、竹溪话、罗田话、黄梅话、蕲春话中
的"咬"，以及黄石话中的"咬"和"啮"，包含词义基元 S1，却不
包含词义基元 S7，所以优选蕴涵规则 S7→S1。本次调查的湖北各方言
点中，用"咬"或"啮"表示词义基元 S7 的方言点也用它表示词义
基元 S2，而汉川话、襄阳话、沙洋话、潜江话、沙市话、枝江话、监
利话、石首话、竹溪话、团风话、黄石话、罗田话、黄梅话、蕲春话
中的"咬"，以及鄂城话中的"啮"，包含词义基元 S2，却不包含词
义基元 S7，所以优选蕴涵规则 S7→S2。

表 79　"咬/啮"的词义基元 S7 作为前项的优选蕴涵规则

	Lhs		Rhs	Support	Confidence	Lift	Count
[1]	{S7}	⇒	{S9}	0.275862	0.666667	1.288889	8
[2]	{S7}	⇒	{S11}	0.275862	0.666667	1.208333	8
[3]	{S7}	⇒	{S1}	0.413793	1	1.115385	12
[4]	{S7}	⇒	{S2}	0.413793	1	1.074074	12

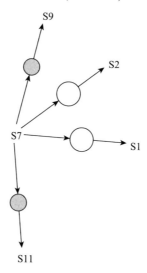

size:Support(0.276-0.414)
color:Lift(1.074-1.289)

S9

S2

S7

S1

S11

图 74 "咬/啮"的词义基元 S7 作为前项的优选蕴涵规则示意

S8 作为前项的优选蕴涵规则有 6 条（见表 80、图 75），如果"咬/啮"包含词义基元 S8，则很有可能还包含词义基元 S5、S9、S4、S1、S2、S11（按提升度由高到低排列）。本次调查的湖北西南官话区的潜江话、沙市话，江淮官话黄孝片的大悟话、黄陂话、广水话中的"咬"包含词义基元 S7，它也包含表 80 中 6 项词义基元。除沙洋话、建始话、罗田话、大冶话的"咬"和通城话的"啮"，有 S8 的方言点也都有 S5，而汉川话、石首话、竹溪话、黄石话、黄梅话中的"咬"，以及通城话中的"啮"，包含词义基元 S5，却不包含词义基元 S8，所以优选蕴涵规则 S8→S5。除天门话、建始话、罗田话、大冶话的"咬"，有 S8 的方言点也都有 S9，而武汉话、汉川话、监利话、黄梅话、通山话中的"咬"，以及团风话、浠水话中的"啮"，包含词义基元 S9，却不包含词义基元 S8，所以优选蕴涵规则 S8→S9。除建始话的"咬"，有 S8 的方言点也都有 S4，而武汉话、汉川话、襄阳话、监利话、石首话、竹溪话、鄂城话、团风话、黄石话、黄梅话、蕲春话、通山话中的"咬"，包含词义基元 S4，却不包含词义基元 S8，所以优选蕴涵规则 S8→S4。本次调查的湖北各方言点中，用"咬"或"啮"表示词义基元 S8 的方言点也用它们表示词义基元 S1，而武汉话、汉川话、襄阳话、监利话、石首话、竹溪话、鄂城话、黄石话、黄梅话、蕲春话、通山话中的"咬"，以及团风话、黄石话、浠水话中的"啮"，包含词义基元 S1，却不包含词义基元 S8，所以优选蕴涵规则 S8→S1。本次调查的湖北各方言点中，用"咬"或"啮"表示词义基元 S8 的方言点也用它们表示词义基元 S2，而武汉话、汉川话、襄阳话、监利话、石首话、竹溪话、鄂城话、团风话、黄石话、黄梅话、蕲春话、通山话中的"咬"，以及鄂城话、团风话、浠水话中的"啮"，包含词义基元 S2，却不包含词义基元 S8，所以优选蕴涵规则 S8→S2。除枝江话、建始话、罗田话、大冶话的"咬"和通城话的"啮"，有 S8 的方言点也都有 S11，而武汉话、汉川话、襄阳话、石首话、竹溪话、鄂城话、黄石话、通山话中的"咬"，以及浠水话中的"啮"，包含词义基元 S11，却不包含词义基元 S8，所以优选蕴涵规则 S8→S11。

表 80　"咬/啮"的词义基元 S8 作为前项的优选蕴涵规则

	Lhs		Rhs	Support	Confidence	Lift	Count
[1]	{S8}	⇒	{S5}	0.241379	0.583333	1.301282	7
[2]	{S8}	⇒	{S9}	0.275862	0.666667	1.288889	8
[3]	{S8}	⇒	{S4}	0.37931	0.916667	1.155797	11
[4]	{S8}	⇒	{S1}	0.413793	1	1.115385	12
[5]	{S8}	⇒	{S2}	0.413793	1	1.074074	12
[6]	{S8}	⇒	{S11}	0.241379	0.583333	1.057292	7

S9 作为前项的优选蕴涵规则有 4 条（见表 81、图 76），如果"咬/啮"包含词义基元 S9，则很有可能还包含词义基元 S11、S1、S4、S2

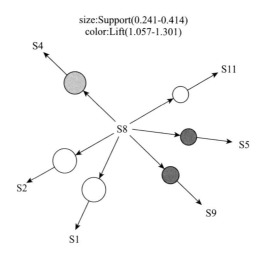

图 75　"咬/啮"的词义基元 S8 作为前项的优选蕴涵规则示意

（按提升度由高到低排列）。本次调查的湖北西南官话区的武汉话、汉川话、沙洋话、潜江话、沙市话，江淮官话黄孝片的大悟话、黄陂话、广水话、通山话中的"咬"包含词义基元 S9 时，它也包含表81中4项词义基元。除枝江话、监利话、黄梅话的"咬"和团风话、通城话的"啮"，有 S9 的方言点也都有 S11，而天门话、襄阳话、石首话、竹溪话、鄂城话、黄石话中的"咬"，包含词义基元 S11，却不包含词义基元 S9，所以优选蕴涵规则 S9→S11。本次调查的湖北各方言点中，用"咬"或"啮"表示词义基元 S9 的方言点也用它们表示词义基元 S1，而天门话、襄阳话、建始话、石首话、竹溪话、鄂城话、黄石话、罗田话、蕲春话、大冶话的"咬"，以及黄石话中的"啮"，包含词义基元 S1，却不包含词义基元 S9，所以优选蕴涵规则 S9→S1。除团风话、浠水话的"啮"，有 S9 的方言点也都有 S4，而天门话、襄阳话、石首话、竹溪话、鄂城话、团风话、黄石话、罗田话、蕲春话、大冶话的"咬"，包含词义基元 S4，却不包含词义基元 S9，所以优选蕴涵规则 S9→S4。本次调查的湖北各方言点中，用"咬"或"啮"表示词义基元 S9 的方言点也用它们表示词义基元 S2，而天门话、襄阳话、建始话、石首话、竹溪话、鄂城话、团风话、黄石话、罗田话、蕲春话、大冶话中的"咬"，以及鄂城话中的"啮"，包含词义基元 S2，却不包含词义基元 S9，所以优选蕴涵规则 S9→S2。

表81 "咬/啮"的词义基元 S9 作为前项的优选蕴涵规则

	Lhs		Rhs	Support	Confidence	Lift	Count
[1]	{S9}	⇒	{S11}	0.344828	0.666667	1.208333	10
[2]	{S9}	⇒	{S1}	0.517241	1	1.115385	15
[3]	{S9}	⇒	{S4}	0.448276	0.866667	1.092754	13
[4]	{S9}	⇒	{S2}	0.517241	1	1.074074	15

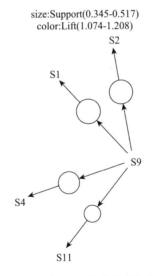

size:Support(0.345-0.517)
color:Lift(1.074-1.208)

图76 "咬/啮"的词义基元 S9 作为前项的优选蕴涵规则示意

S10 作为前项的优选蕴涵规则有 10 条（见表82、图77），如果"咬/啮"包含词义基元 S10，则很有可能还包含词义基元 S6、S9、S3、S11、S7、S8、S5、S1、S2、S4（按提升度由高到低排列）。本次调查的湖北江淮官话黄孝片的广水话中的"咬"包含词义基元 S10 时，它也包含表82 中 10 项词义基元。除浠水话的"啮"，有 S10 的方言点也都有 S6，而天门话、建始话、监利话、黄梅话中的"咬"，以及鄂城话中的"咬"和"啮"，包含词义基元 S6，却不包含词义基元 S10，所以优选蕴涵规则 S10→S6。本次调查的湖北各方言点中，用"咬"或"啮"表示词义基元 S10 的方言点也用它们表示词义基元 S9，而潜江话、沙市话、枝江话、监利话、大悟话、黄梅话、通山话中的"咬"，以及团风话、通城话中的"啮"，包含词义基元 S9，却不包含词义基元 S10，所以优选蕴涵规则 S10→S9。除沙洋话、黄陂话的"咬"和浠水话的"啮"，有 S10 的方言点也都有 S3，而潜江话、竹溪话、鄂城话、黄梅话、通山话中的"咬"，包含词义基元 S3，却不包含词义基元 S10，所以优选蕴涵规则 S10→S3。本次调查的湖北各方言点中，用"咬"或"啮"表示词义基元 S10 的方言点也用它们表示词义基元 S11，而天门话、襄阳话、潜江话、沙市话、石首话、竹溪话、鄂城话、大悟话、黄石话、通山话中的"咬"，包含词义基元 S11，却不包含词义基元 S10，所以优选蕴涵规则 S10→S11。除汉川话、沙洋话的"咬"，有 S10 的方言点也都有 S7，而天门话、建始话、鄂城话、大悟话、大冶话、通山话中的"咬"，以及团风话、通城话中的"啮"，包含词义基元 S7，却不包含词义基元 S10，所以优选蕴涵规则 S10→S7。除武汉话、汉川话的"咬"和浠水话的"啮"，有 S10 的方言点也都有 S8，而天门话、潜江话、沙市话、枝江话、建始话、大悟话、罗田话、大冶话中的"咬"，以及通城话中的"啮"，包含词义基元 S8，却不包含词义基元 S10，所以优选蕴涵规则 S10→S8。除武汉话、沙洋话的"咬"和浠水话的"啮"，有 S10 的方言点也都有 S5，而天门话、潜江话、沙市话、枝江话、石首话、竹溪话、大悟话、黄石话、黄梅话、通城话中的"咬"，包含词义基元 S5，却不包含词义基元 S10，所以优选蕴涵规则 S10→S5。本次调查的湖北各方言点中，用"咬"或"啮"表示词义基元 S10 的方言点也用它们表示词义基元 S1，而天门话、襄阳话、潜江话、沙市话、枝江话、建始话、监利话、石首话、竹溪话、鄂城话、大悟话、黄石话、罗田话、黄梅话、蕲春话、大冶话、通山话中的"咬",以及团风话、黄石话、通城话中的"啮",包含词义基元 S1,却不包含词义基元 S10,所以优选蕴涵规则 S10→S1。本次调查的湖北各方言点中,用"咬"或"啮"表示词义基元 S10 的方言点也用它们表示词义基元 S2,而天门话、襄阳话、潜江话、沙市话、枝江话、建始话、监利话、石首话、竹溪话、鄂城话、团风话、大悟话、黄石话、罗田话、黄梅话、蕲春话、大冶话、通山话中的"咬",以及鄂城话、团风话、通城话中的"啮",包含词义基元 S2,却不包含词义基元 S10,所以优选蕴涵规则 S10→S2。除浠水话的"啮",有 S10 的方言点也都有 S4,而天门话、襄阳话、潜江话、沙市话、枝江话、监利话、石首话、竹溪话、鄂城话、团风话、大悟话、黄石话、罗田话、黄梅话、蕲春话、大冶话、通山话中的"咬",以及通城话中的"啮",包含词义基元 S4,却不包含词义基元 S10,所以优选蕴涵规则 S10→S4。

表 82 "咬/啮"的词义基元 S10 作为前项的优选蕴涵规则

	Lhs		Rhs	Support	Confidence	Lift	Count
[1]	{S10}	⇒	{S6}	0.172414	0.833333	2.19697	5
[2]	{S10}	⇒	{S9}	0.206897	1	1.933333	6
[3]	{S10}	⇒	{S3}	0.103448	0.5	1.8125	3
[4]	{S10}	⇒	{S11}	0.206897	1	1.8125	6
[5]	{S10}	⇒	{S7}	0.137931	0.666667	1.611111	4
[6]	{S10}	⇒	{S8}	0.103448	0.5	1.208333	3
[7]	{S10}	⇒	{S5}	0.103448	0.5	1.115385	3
[8]	{S10}	⇒	{S1}	0.206897	1	1.115385	6
[9]	{S10}	⇒	{S2}	0.206897	1	1.074074	6
[10]	{S10}	⇒	{S4}	0.172414	0.833333	1.050725	5

S11 作为前项的优选蕴涵规则有 3 条(见表 83、图 78),如果

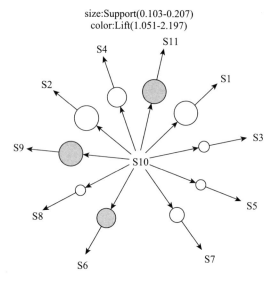

size:Support(0.103-0.207)
color:Lift(1.051-2.197)

图 77　"咬/喈"的词义基元 S10 作为前项的优选蕴涵规则示意

"咬/喈"包含词义基元 S11，则很有可能还包含词义基元 S4、S1、S2（按提升度由高到低排列）。本次调查的湖北西南官话区的武汉话、汉川话、天门话、襄阳话、沙洋话、潜江话、沙市话、石首话，江淮官话区的竹溪话、大悟话、黄石话、黄陂话、广水话、通山话，以及未分片区的鄂城话中的"咬"，当包含词义基元 S11 时，它也包含表 83 中 3 项词义基元。本次调查的湖北各方言点中，用"咬"表示词义基元 S11 的方言点也用它表示词义基元 S4，而枝江话、监利话、团风话、罗田话、黄梅话、蕲春话、大冶话中的"咬"，以及通城话中的"喈"，包含词义基元 S4，却不包含词义基元 S11，所以优选蕴涵规则 S11→S4。本次调查的湖北各方言点中，用"咬"表示词义基元 S11 的方言点也用它表示词义基元 S1，而枝江话、建始话、监利话、罗田话、黄梅话、蕲春话、大冶话中的"咬"，以及团风话、黄石话、通城话中的"喈"，包含词义基元 S1，却不包含词义基元 S11，所以优选蕴涵规则 S11→S1。本次调查的湖北各方言点中，用"咬"表示词义基元 S11 的方言点也用它表示词义基元 S2，而枝江话、建始话、监利话、团风话、罗田话、黄梅话、蕲春话、大冶话中的"咬",以及鄂城话、团风话、通城话中的"嗒",包含词义基元 S2,却不包含词义基元 S11,所以优选蕴涵规则 S11→S2。

表 83 "咬/嗒"的词义基元 S11 作为前项的优选蕴涵规则

	Lhs		Rhs	Support	Confidence	Lift	Count
[1]	{S11}	⇒	{S4}	0.517241	0.9375	1.182065	15
[2]	{S11}	⇒	{S1}	0.551724	1	1.115385	16
[3]	{S11}	⇒	{S2}	0.551724	1	1.074074	16

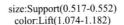

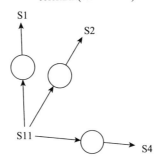

图 78 "咬/嗒"的词义基元 S11 作为前项的优选蕴涵规则示意

D1 作为前项的优选蕴涵规则有 11 条(见表 84、图 79),如果"咬"包含词义基元 D1,则很有可能还包含词义基元 S10、S3、S6、S7、S9、S11、S4、S8、S5、S1、S2(按提升度由高到低排列)。本次调查的湖北江淮官话黄孝片的广水话中的"咬",当包含词义基元 D1 时,它也包含表 84 中 11 项词义基元。本次调查的湖北各方言点中,用"咬"表示词义基元 D1 的方言点也用它表示词义基元 S10,而汉川话、沙洋话、黄陂话中的"咬",以及浠水话中的"嗒",包含词义基元 S10,却不包含词义基元 D1,所以优选蕴涵规则 D1→S10。本次调查的湖北各方言点中,用"咬"表示词义基元 D1 的方言点也用它表示词义基元 S3,而汉川话、潜江话、竹溪话、鄂城话、黄梅话、通山话中的"咬"，包含词义基元 S3，却不包含词义基元 D1，所以优选蕴涵规则 D1→S3。本次调查的湖北各方言点中，用"咬"表示词义基元 D1 的方言点也用它表示词义基元 S6，而汉川话、天门话、沙洋话、建始话、监利话、黄陂话、黄梅话中的"咬"，以及鄂城话中的"咬"和"啮"，包含词义基元 S6，却不包含词义基元 D1，所以优选蕴涵规则 D1→S6。本次调查的湖北各方言点中，用"咬"表示词义基元 D1 的方言点也用它表示词义基元 S7，而天门话、建始话、鄂城话、大悟话、黄陂话、大冶话、通山话中的"咬"，以及团风话、浠水话、通城话中的"啮"，包含词义基元 S7，却不包含词义基元 D1，所以优选蕴涵规则 D1→S7。本次调查的湖北各方言点中，用"咬"表示词义基元 D1 的方言点也用它表示词义基元 S9，而汉川话、沙洋话、潜江话、沙市话、枝江话、监利话、大悟话、黄陂话、黄梅话、通山话中的"咬"，以及团风话、浠水话、通城话中的"啮"，包含词义基元 S9，却不包含词义基元 D1，所以优选蕴涵规则 D1→S9。本次调查的湖北各方言点中，用"咬"表示词义基元 D1 的方言点也用它表示词义基元 S11，而汉川话、天门话、襄阳话、沙洋话、潜江话、沙市话、石首话、竹溪话、鄂城话、大悟话、黄石话、黄陂话、通山话中的"咬"，以及浠水话中的"啮"，包含词义基元 S11，却不包含词义基元 D1，所以优选蕴涵规则 D1→S11。本次调查的湖北各方言点中，用"咬"表示词义基元 D1 的方言点也用它表示词义基元 S4，而本次调查的湖北西南官话区除武汉话的方言，江淮官话区除广水话的方言，赣方言区的大冶话和通山话，未分片的鄂城话中的"咬"，以及赣方言区通城话中的"啮"，包含词义基元 S4，却不包含词义基元 D1，所以优选蕴涵规则 D1→S4。除武汉话的"咬"，有 D1 的方言点也都有 S8，而天门话、沙洋话、潜江话、沙市话、枝江话、建始话、大悟话、黄陂话、罗田话、大冶话中的"咬"，以及通城话中的"啮"，包含词义基元 S8，却不包含词义基元 D1，所以优选蕴涵规则 D1→S8。除武汉话的"咬",有 D1 的方言点也都有 S5,而汉川话、天门话、潜江话、沙市话、枝江话、石首话、竹溪话、大悟话、黄石话、黄陂话、黄梅话、通城话中的"咬",包含词义基元 S5,却不包含词义基元 D1,所以优选蕴涵规则 D1→S5。本次调查的湖北各方言点中,用"咬"表示词义基元 D1 的方言点也用它表示词义基元 S1,而汉川话、天门话、襄阳话、沙洋话、潜江话、沙市话、枝江话、建始话、监利话、石首话、竹溪话、鄂城话、大悟话、黄石话、黄陂话、罗田话、黄梅话、蕲春话、大冶话、通山话中的"咬",以及团风话、黄石话、浠水话、通城话中的"啮",包含词义基元 S1,却不包含词义基元 D1,所以优选蕴涵规则 D1→S1。本次调查的湖北各方言点中,用"咬"表示词义基元 D1 的方言点也用它表示词义基元 S2,而本次调查的湖北西南官话区除武汉话的方言,江淮官话区除广水话的方言,赣方言区的大冶话和通山话中的"咬",以及江淮官话黄孝片的团风话、浠水话和赣方言区通城话中的"啮",以及未分片的鄂城话中的"咬"和"啮"包含词义基元 S2,却不包含词义基元 D1,所以优选蕴涵规则 D1→S2。

表 84　"咬/啮"的词义基元 D1 作为前项的优选蕴涵规则

	Lhs		Rhs	Support	Confidence	Lift	Count
[1]	{D1}	⇒	{S10}	0.068966	1	4.833333	2
[2]	{D1}	⇒	{S3}	0.068966	1	3.625	2
[3]	{D1}	⇒	{S6}	0.068966	1	2.636364	2
[4]	{D1}	⇒	{S7}	0.068966	1	2.416667	2
[5]	{D1}	⇒	{S9}	0.068966	1	1.933333	2
[6]	{D1}	⇒	{S11}	0.068966	1	1.8125	2
[7]	{D1}	⇒	{S4}	0.068966	1	1.26087	2
[8]	{D1}	⇒	{S8}	0.034483	0.5	1.208333	1
[9]	{D1}	⇒	{S5}	0.034483	0.5	1.115385	1

续表

	Lhs		Rhs	Support	Confidence	Lift	Count
[10]	{D1}	⇒	{S1}	0.068966	1	1.115385	2
[11]	{D1}	⇒	{S2}	0.068966	1	1.074074	2

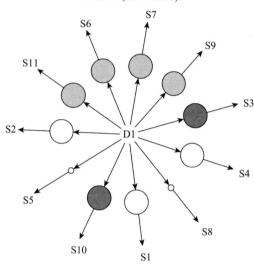

size:Support(0.034-0.069)
color:Lift(1.074-4.833)

图 79　"咬/啮"的词义基元 D1 作为前项的优选蕴涵规则示意

当我们将"看见/看到"的 3 个词义基元分别设为前项,可得相关的可行性蕴涵规则。将 S1 设为前项,发现没有可行性(Lift > 1)蕴涵规则。将 S2 设为前项,得到 1 条可行性蕴涵规则:{S2} ⇒ {D1}。将 D1 设为前项,发现 1 条可行性蕴涵规则:{D1} ⇒ {S2}。通过观察以上两条蕴涵规则的置信度,可以得到如下结果。相较于 {S2} ⇒ {D1}(Confidence = 0.826),优先选择 {D1} ⇒ {S2}(Confidence = 0.905),因此我们得到一条优选蕴涵规则:D1→S2(见表 85、图 80)。即,如果"看见/看到"包含词义基元 D1,则很有可能还包含词义基元 S2,例如天门、襄阳、沙洋、潜江、沙市、枝江、监利、石首、鄂城、团风、大悟、黄石、黄陂、罗田、浠水、黄梅、广水、大冶方言中的"看到"。

表85　"看见/看到"的词义基元间的优选蕴涵规则

	Lhs		Rhs	Support	Confidence	Lift	Count
［1］	{D1}	⇒	{S2}	0.703704	0.904762	1.062112	19

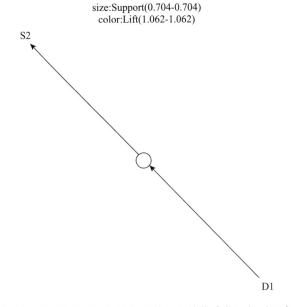

size:Support(0.704-0.704)
color:Lift(1.062-1.062)

图80　"看见/看到"的词义基元间的优选蕴涵规则示意

　　当我们将"睡/（困）瞓"的 3 个词义基元分别设为前项，可得相关可行性蕴涵规则。将 S2 设为前项，得到 1 条可行性蕴涵规则：{S2} ⇒ {S3}。将 S3 设为前项，发现 1 条可行性蕴涵规则：{S3} ⇒ {S2}。根据置信度的值，可以得到如下结果。相较于 {S2} ⇒ {S3}（Confidence = 0.917），优先选择 {S3} ⇒ {S2}（Confidence = 1），因此我们得到一条优选蕴涵规则：S3→S2（见表86、图81）。即，如果"睡/（困）瞓"包含词义基元 S3，则很有可能还包含词义基元 S2，例如本次调查的湖北西南官话区方言中的"睡/（困）瞓"，江淮官话区竹溪、黄石、黄陂方言中的"睡"，鄂城、黄石、浠水、黄梅、蕲春、广水方言中的"（困）瞓"，以及赣方言区通城方言中的"困（瞓）"。

表86　"睡／（困）瞓"的词义基元间的优选蕴涵规则

	Lhs		Rhs	Support	Confidence	Lift	Count
[1]	{S3}	⇒	{S2}	0.511628	1	1.791667	22

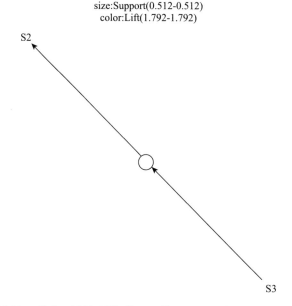

size:Support(0.512-0.512)
color:Lift(1.792-1.792)

图81　"睡／（困）瞓"的词义基元间的优选蕴涵规则示意

通过置信度的值，我们可以看到各部分内部的蕴涵情况，可以在经典的语义地图上，增加箭头表示基元间的蕴涵关系。

4.3.2　基元的独立性

由第1章我们知道，若一条规则的 Lift 值为1，则表示该规则的前项与后项无关联。通过 Lift = 1 的这类蕴涵规则，我们可以观察到词语中哪些基元的存在与其他基元无关。这类与其他基元无关的基元，被称为独立基元。本部分具体分析这类基元的特征。

　　"喝"的词义基元 S1、S3、S5 的蕴涵情况在 Lift > 1 时没有体现。由 S3 所处的提升度为 1 的蕴涵规则（见表88），我们可以看出，S3 独立于其他 7 个词义基元。S3 的出现对其他 7 个词义基元没有影响，也不受其他 7 个词义基元的影响。这种情况下，我们可以理解为：在共时情况下，无论其他 7 个词义基元是否出现，S3 这个词义一直存在于"喝"中。同理，S5 也一直存在（见表89）。由《现代汉语词典（第7版)》我们可以发现，S3 和 S5 正是"喝"有且仅有的两个现代汉语义项。可见，通过 Apriori 算法挖掘蕴涵规则，在寻找词语的常用义方面，起到了一定的作用。

　　由表 87 中的蕴涵规则，也可以观察到 S1 独立于基元 S3 和 S5，即，S1 的出现对 S3 和 S5 是否出现没有影响，也可以理解为：无论 S1 是否出现，S3 或 S5 这两个词义基元一直存在。这又一次印证了 S3 和 S5 的独立性。同时，可以观察到 S1 的独立性，S1 的出现也不受 S3 和 S5 的影响。由此，在共时层面，S1 独立于"喝"的两个常用义。从历时层面看，S3 和 S5 也是较为核心的两个词义基元，S1 独立于"喝"的这两个核心义。在《汉语大词典》中，表达 S1 的"喝"与表达 S3 和 S5 的"喝"并不列在同一个词条下，可见这两个"喝"的意义相去甚远。Apriori 算法也挖掘到了这一层，体现了其在寻找词义关联方面确实起到了一定的作用。

表 87　"喝"的独立词义基元 S1

	Lhs		Rhs	Support	Confidence	Lift	Count
[1]	{S1}	⇒	{S3}	0.4	1	1	10
[2]	{S1}	⇒	{S5}	0.4	1	1	10
[3]	{S3}	⇒	{S1}	0.4	0.4	1	10
[4]	{S5}	⇒	{S1}	0.4	0.4	1	10

表 88　"喝"的独立词义基元 S3

	Lhs		Rhs	Support	Confidence	Lift	Count
[1]	{S3}	⇒	{S2}	0.12	0.12	1	3
[2]	{S3}	⇒	{D1}	0.16	0.16	1	4
[3]	{S3}	⇒	{D2}	0.2	0.2	1	5
[4]	{S3}	⇒	{S1}	0.4	0.4	1	10
[5]	{S3}	⇒	{S6}	0.4	0.4	1	10
[6]	{S3}	⇒	{S4}	0.92	0.92	1	23
[7]	{S3}	⇒	{S5}	1	1	1	25

表 89　"喝"的独立词义基元 S5

	Lhs		Rhs	Support	Confidence	Lift	Count
[1]	{S5}	⇒	{S2}	0.12	0.12	1	3
[2]	{S5}	⇒	{D1}	0.16	0.16	1	4
[3]	{S5}	⇒	{D2}	0.2	0.2	1	5
[4]	{S5}	⇒	{S1}	0.4	0.4	1	10
[5]	{S5}	⇒	{S6}	0.4	0.4	1	10
[6]	{S5}	⇒	{S4}	0.92	0.92	1	23
[7]	{S5}	⇒	{S3}	1	1	1	25

　　"吃（喫）"的词义基元 S1、S4、S6、S7、S9、S14、S16 的蕴涵情况在 Lift > 1 时也没有体现。但由它们所处的提升度为 1 的蕴涵规则（见表 90）中可以观察到，词义基元 S1、S4、S6、S7、S9、S14、S16 分别独立于其他 20 个词义基元，即，在共时情况下，无论其他 20 个词义基元是否出现，这 7 个词义一直存在于"吃"中。由 4.1 中对"吃"的词义的历时梳理，可以发现，以上 7 个独立的词义基元都为"吃"的古代汉语词义。这些词义的独立性，又说明了在共时情况下，"吃（喫）"总是可以用来表达这 7 项词义基元。可见，它们在湖北地区历时的纵向传播和共时的横向传播都十分顺利。由此，通过 Apriori 算法挖掘蕴涵规则，在观察词语意义的传播能力方面，也起到了一定

的作用。

表 90　"吃（喫）"的独立词义基元 S1、S4、S6、S7、S9、S14、S16

	Lhs		Rhs	Support	Confidence	Lift	Count
[1]	{S1}	⇒	{S5}	0.08	0.08	1	2
[2]	{S1}	⇒	{S2}	0.12	0.12	1	3
[3]	{S1}	⇒	{D1}	0.48	0.48	1	12
[4]	{S1}	⇒	{S15}	0.48	0.48	1	12
[5]	{S1}	⇒	{D2}	0.52	0.52	1	13
[6]	{S1}	⇒	{S18}	0.56	0.56	1	14
[7]	{S1}	⇒	{S17}	0.68	0.68	1	17
[8]	{S1}	⇒	{S11}	0.72	0.72	1	18
[9]	{S1}	⇒	{S8}	0.8	0.8	1	20
[10]	{S1}	⇒	{S19}	0.8	0.8	1	20
[11]	{S1}	⇒	{S10}	0.88	0.88	1	22
[12]	{S1}	⇒	{S13}	0.88	0.88	1	22
[13]	{S1}	⇒	{S12}	0.92	0.92	1	23
[14]	{S1}	⇒	{S3}	0.96	0.96	1	24
[15]	{S1}	⇒	{S16}	1	1	1	25
[16]	{S1}	⇒	{S4}	1	1	1	25
[17]	{S1}	⇒	{S6}	1	1	1	25
[18]	{S1}	⇒	{S7}	1	1	1	25
[19]	{S1}	⇒	{S14}	1	1	1	25
[20]	{S1}	⇒	{S9}	1	1	1	25
[21]	{S4}	⇒	{S5}	0.08	0.08	1	2
[22]	{S4}	⇒	{S2}	0.12	0.12	1	3
[23]	{S4}	⇒	{D1}	0.48	0.48	1	12
[24]	{S4}	⇒	{S15}	0.48	0.48	1	12
[25]	{S4}	⇒	{D2}	0.52	0.52	1	13
[26]	{S4}	⇒	{S18}	0.56	0.56	1	14
[27]	{S4}	⇒	{S17}	0.68	0.68	1	17
[28]	{S4}	⇒	{S11}	0.72	0.72	1	18

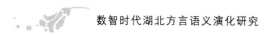

续表

	Lhs		Rhs	Support	Confidence	Lift	Count
[29]	{S4}	⇒	{S8}	0.8	0.8	1	20
[30]	{S4}	⇒	{S19}	0.8	0.8	1	20
[31]	{S4}	⇒	{S10}	0.88	0.88	1	22
[32]	{S4}	⇒	{S13}	0.88	0.88	1	22
[33]	{S4}	⇒	{S12}	0.92	0.92	1	23
[34]	{S4}	⇒	{S3}	0.96	0.96	1	24
[35]	{S4}	⇒	{S14}	1	1	1	25
[36]	{S4}	⇒	{S16}	1	1	1	25
[37]	{S4}	⇒	{S6}	1	1	1	25
[38]	{S4}	⇒	{S7}	1	1	1	25
[39]	{S4}	⇒	{S9}	1	1	1	25
[40]	{S4}	⇒	{S1}	1	1	1	25
[41]	{S6}	⇒	{S5}	0.08	0.08	1	2
[42]	{S6}	⇒	{S2}	0.12	0.12	1	3
[43]	{S6}	⇒	{D1}	0.48	0.48	1	12
[44]	{S6}	⇒	{S15}	0.48	0.48	1	12
[45]	{S6}	⇒	{D2}	0.52	0.52	1	13
[46]	{S6}	⇒	{S18}	0.56	0.56	1	14
[47]	{S6}	⇒	{S17}	0.68	0.68	1	17
[48]	{S6}	⇒	{S11}	0.72	0.72	1	18
[49]	{S6}	⇒	{S8}	0.8	0.8	1	20
[50]	{S6}	⇒	{S19}	0.8	0.8	1	20
[51]	{S6}	⇒	{S10}	0.88	0.88	1	22
[52]	{S6}	⇒	{S13}	0.88	0.88	1	22
[53]	{S6}	⇒	{S12}	0.92	0.92	1	23
[54]	{S6}	⇒	{S3}	0.96	0.96	1	24
[55]	{S6}	⇒	{S14}	1	1	1	25
[56]	{S6}	⇒	{S16}	1	1	1	25
[57]	{S6}	⇒	{S4}	1	1	1	25
[58]	{S6}	⇒	{S7}	1	1	1	25
[59]	{S6}	⇒	{S9}	1	1	1	25

	Lhs		Rhs	Support	Confidence	Lift	Count
[60]	{S6}	⇒	{S1}	1	1	1	25
[61]	{S7}	⇒	{S5}	0.08	0.08	1	2
[62]	{S7}	⇒	{S2}	0.12	0.12	1	3
[63]	{S7}	⇒	{D1}	0.48	0.48	1	12
[64]	{S7}	⇒	{S15}	0.48	0.48	1	12
[65]	{S7}	⇒	{D2}	0.52	0.52	1	13
[66]	{S7}	⇒	{S18}	0.56	0.56	1	14
[67]	{S7}	⇒	{S17}	0.68	0.68	1	17
[68]	{S7}	⇒	{S11}	0.72	0.72	1	18
[69]	{S7}	⇒	{S8}	0.8	0.8	1	20
[70]	{S7}	⇒	{S19}	0.8	0.8	1	20
[71]	{S7}	⇒	{S10}	0.88	0.88	1	22
[72]	{S7}	⇒	{S13}	0.88	0.88	1	22
[73]	{S7}	⇒	{S12}	0.92	0.92	1	23
[74]	{S7}	⇒	{S3}	0.96	0.96	1	24
[75]	{S7}	⇒	{S14}	1	1	1	25
[76]	{S7}	⇒	{S16}	1	1	1	25
[77]	{S7}	⇒	{S4}	1	1	1	25
[78]	{S7}	⇒	{S6}	1	1	1	25
[79]	{S7}	⇒	{S9}	1	1	1	25
[80]	{S7}	⇒	{S1}	1	1	1	25
[81]	{S9}	⇒	{S5}	0.08	0.08	1	2
[82]	{S9}	⇒	{S2}	0.12	0.12	1	3
[83]	{S9}	⇒	{D1}	0.48	0.48	1	12
[84]	{S9}	⇒	{S15}	0.48	0.48	1	12
[85]	{S9}	⇒	{D2}	0.52	0.52	1	13
[86]	{S9}	⇒	{S18}	0.56	0.56	1	14
[87]	{S9}	⇒	{S17}	0.68	0.68	1	17
[88]	{S9}	⇒	{S11}	0.72	0.72	1	18
[89]	{S9}	⇒	{S8}	0.8	0.8	1	20
[90]	{S9}	⇒	{S19}	0.8	0.8	1	20

续表

	Lhs		Rhs	Support	Confidence	Lift	Count
[91]	{S9}	⇒	{S10}	0. 88	0. 88	1	22
[92]	{S9}	⇒	{S13}	0. 88	0. 88	1	22
[93]	{S9}	⇒	{S12}	0. 92	0. 92	1	23
[94]	{S9}	⇒	{S3}	0. 96	0. 96	1	24
[95]	{S9}	⇒	{S14}	1	1	1	25
[96]	{S9}	⇒	{S16}	1	1	1	25
[97]	{S9}	⇒	{S4}	1	1	1	25
[98]	{S9}	⇒	{S6}	1	1	1	25
[99]	{S9}	⇒	{S7}	1	1	1	25
[100]	{S9}	⇒	{S1}	1	1	1	25
[101]	{S14}	⇒	{S5}	0. 08	0. 08	1	2
[102]	{S14}	⇒	{S2}	0. 12	0. 12	1	3
[103]	{S14}	⇒	{D1}	0. 48	0. 48	1	12
[104]	{S14}	⇒	{S15}	0. 48	0. 48	1	12
[105]	{S14}	⇒	{D2}	0. 52	0. 52	1	13
[106]	{S14}	⇒	{S18}	0. 56	0. 56	1	14
[107]	{S14}	⇒	{S17}	0. 68	0. 68	1	17
[108]	{S14}	⇒	{S11}	0. 72	0. 72	1	18
[109]	{S14}	⇒	{S8}	0. 8	0. 8	1	20
[110]	{S14}	⇒	{S19}	0. 8	0. 8	1	20
[111]	{S14}	⇒	{S10}	0. 88	0. 88	1	22
[112]	{S14}	⇒	{S13}	0. 88	0. 88	1	22
[113]	{S14}	⇒	{S12}	0. 92	0. 92	1	23
[114]	{S14}	⇒	{S3}	0. 96	0. 96	1	24
[115]	{S14}	⇒	{S16}	1	1	1	25
[116]	{S14}	⇒	{S4}	1	1	1	25
[117]	{S14}	⇒	{S6}	1	1	1	25
[118]	{S14}	⇒	{S7}	1	1	1	25
[119]	{S14}	⇒	{S9}	1	1	1	25
[120]	{S14}	⇒	{S1}	1	1	1	25
[121]	{S16}	⇒	{S5}	0. 08	0. 08	1	2

	Lhs		Rhs	Support	Confidence	Lift	Count
［122］	{S16}	⇒	{S2}	0. 12	0. 12	1	3
［123］	{S16}	⇒	{D1}	0. 48	0. 48	1	12
［124］	{S16}	⇒	{S15}	0. 48	0. 48	1	12
［125］	{S16}	⇒	{D2}	0. 52	0. 52	1	13
［126］	{S16}	⇒	{S18}	0. 56	0. 56	1	14
［127］	{S16}	⇒	{S17}	0. 68	0. 68	1	17
［128］	{S16}	⇒	{S11}	0. 72	0. 72	1	18
［129］	{S16}	⇒	{S8}	0. 8	0. 8	1	20
［130］	{S16}	⇒	{S19}	0. 8	0. 8	1	20
［131］	{S16}	⇒	{S10}	0. 88	0. 88	1	22
［132］	{S16}	⇒	{S13}	0. 88	0. 88	1	22
［133］	{S16}	⇒	{S12}	0. 92	0. 92	1	23
［134］	{S16}	⇒	{S3}	0. 96	0. 96	1	24
［135］	{S16}	⇒	{S14}	1	1	1	25
［136］	{S16}	⇒	{S4}	1	1	1	25
［137］	{S16}	⇒	{S6}	1	1	1	25
［138］	{S16}	⇒	{S7}	1	1	1	25
［139］	{S16}	⇒	{S9}	1	1	1	25
［140］	{S16}	⇒	{S1}	1	1	1	25

在"咬/啮"的词义基元中没有发现独立基元，原因是其词义基元在湖北地区的同一个方言点通常不会只由同一个动词来标记，而会由"咬"或"啮"分别标记。由此可以看出，"啮"在湖北地区的使用并没有由于"咬"的出现而消失，可见"啮"在湖北地区的历时传播能力较强。

"看见/看到"的词义基元S1的蕴涵情况在 Lift > 1 时也没有体现，但由它所处的提升度为1的蕴涵规则（见表91）中可以观察到，S1独立于其他两个词义基元，即，在共时情况下，无论其他两个词义基元是否出现，S1都一直存在于"看见"或"看到"中。从历时层面和共时层面来看，S1 都是"看见/看到"的基本义，也是核心义。可见，S1 核心义的历时的纵向传播和共时的横向传播能力都十分强。由本次调查的湖北地区语料得到的以上结果，可见 Apriori 算法挖掘蕴涵规则在由小及大、由部分窥整体的能力上，有一定的表现。这也正是语义地图预测能力的核心所在。

表 91　"看见/看到"的独立词义基元 S1

	Lhs		Rhs	Support	Confidence	Lift	Count
[1]	{S1}	⇒	{D1}	0.777778	0.777778	1	21
[2]	{S1}	⇒	{S2}	0.851852	0.851852	1	23

"睡/（困）睏"的词义基元 S1 的蕴涵情况在 Lift >1 时也没有体现，但由它所处的提升度为 1 的蕴涵规则（见表 92）中可以观察到，S1 独立于其他两个词义基元，说明在共时情况下，"睡/（困）睏"总是可以用来表达词义基元 S1。由《汉语大词典》和《现代汉语词典（第 7 版）》可以发现，S1 是"睡"的基本义，且 S1 是"睡"仅有的现代汉语普通话义项。由《汉语方言大词典》和《现代汉语词典（第 7 版）》我们也可以发现，S1 是"困（睏）"最常用的方言义。可见，通过 Apriori 算法挖掘蕴涵规则，在寻找词语的常用义方面具有一定的作用。

表 92　"睡/（困）睏"的独立词义基元 S1

	Lhs		Rhs	Support	Confidence	Lift	Count
[1]	{S1}	⇒	{S3}	0.511628	0.511628	1	22
[2]	{S1}	⇒	{S2}	0.55814	0.55814	1	24

这些无关联的蕴涵规则，在一定程度上也可能是由本次调查的数据量的限制造成的，当我们增加数据后，或许会得到更加接近蕴涵共性的结果。比如，增加区域范围内的方言点数量，将调查范围扩大至

全国范围内的方言或多民族语言，在数据不断完善的基础上，可以使我们的结果更加完善。这是通过 Apriori 算法寻找基元间蕴涵关系的一大优势，通过此算法可以快速挖掘基元间的蕴涵关系，并使其可视化，随时做出调整。蕴涵关系是活的，语义地图也由此变得更加灵活。

4.3.3 基元的活力

本部分将以上词义基元间的优选蕴涵规则分为以下几类。

第一类，较早出现的词义基元蕴涵较晚出现的词义基元。从共时层面看，较早出现的词义基元在空间使用范围上比较晚出现的词义基元要小。此类较早出现的词义基元比较晚出现的词义基元活力较弱。这一类较早出现的词义基元在调查范围内的许多方言中没有被保留下来，在历时和共时的传播过程中趋于消失，或处在消亡阶段。比如："喝"的词义基元 S2 活力较弱。由优选蕴涵规则 S2→S4 可知，在湖北地区，唐五代出现的词义基元 S2 比元代出现的词义基元 S4 的使用范围小，S2 相较于 S4 处于传播的弱势地位，说明 S2 的活力比 S4 弱。类似的活力较弱的词义基元还有"吃"的 S2、S5、S8、S10、S11、S15，"咬/啮"的词义基元 S1、S3、S5、S6、S7、S8、S9。

第二类，较晚出现的词义基元蕴涵较早出现的词义基元。一般情况下，从历时层面看，如果一个词或一个语法标记包含某一较晚出现的基元，那么也可能包含同一条蕴涵规则下较早出现的基元。从共时层面看，较晚出现的词义基元在空间使用范围上比较早出现的词义基元要小。此类蕴涵规则要分为以下两小类来分析。

小类一，如果第二类中较晚出现的词义基元是第一类中较早出现的词义基元，则第二类中较晚出现的词义基元比较早出现的词义基元的活力稍弱。比如："吃"的词义基元 S5，由优选蕴涵规则 S5→S2 和 S5→S3 可知，在湖北地区，宋代出现的词义基元 S5 比东晋出现的词义基元 S2 以及唐代出现的词义基元 S3 的使用范围小，可见 S5 相较于

S2 和 S3 处于传播的弱势地位。又因为 S2 属于第一类蕴涵规则中活力较弱的基元，而 S5 的使用范围比 S2 还小，说明 S5 的活力比 S2 还弱。由此，S5 为活力较弱的基元。类似的活力较弱的词义基元还有"吃"的 S15，"咬/嗑"的 S3、S5、S6、S7、S8、S9。

小类二，如果第二类中较晚出现的词义基元非第一类中较早出现的词义基元，则第二类中较晚出现的词义基元比较早出现的词义基元的活力稍强，此类较晚出现的词义基元或处在发展阶段或为强势基元。比如，"喝"的词义基元 S6 和 S4，由 S6→S4 可知，在湖北地区，元代出现的词义基元 S4 比清代出现的词义基元 S6 的使用范围大，可见 S4 相较于 S6 处于传播的强势地位。此类中 S6 的这种弱势地位或由其是新兴词义基元，还处在发展的萌芽或初期阶段造成的。对于 S4 这种活力较强的词义基元，S6 作为较晚出现的词义基元，其活力会显稍弱，但可推测其仍处于发展阶段。又如，"喝"的词义基元 D1 和 S4，由优选蕴涵规则 D1→S4 可知，在湖北地区，元代出现的词义基元 S4 比当代方言词义基元 D1 的使用范围大，可见 S4 相较于 D1 处于传播的强势地位。此类中 D1 的这种弱势地位或由其是方言词义基元造成的，传播能力受限，其活力也会显稍弱。方言词义基元仍处在与其他书面词义基元争夺基元席位的发展过程中。类似的处在强势地位的词义基元还有"吃"的 S3、S12、S13，"咬/嗑"的 S2，"看见/看到"的 S2。处于发展阶段的词义基元还有"喝"的 D2、S6，"吃"的 S17、S18、S19、D1、D2，"咬/嗑"的 S4、S10、S11、D1，"看见/看到"的 D1。

第三类，同时期词义基元的蕴涵。由此类蕴涵可以观察，前后项词义基元在同一时期的空间使用范围，通过共时层面的使用范围来观察基元的强势与弱势。比如，"喝"的词义基元 D1 和 D2，由优选蕴涵规则 D1→D2 可知，在湖北地区，当代方言词义基元 D1 和 D2 都属于第二大类中的第二小类，处在与其他书面词义基元争夺基元席位的过程中，这两个方言词义在湖北地区没有消失，也体现了方言词义顽强的生存状态，仍处于词义的发展阶段。D1 比 D2 的使用范围更小，在共时层面 D1 相较于 D2 处于弱势地位。此类中，处于后项的词义基元的传播能力比处于前项的词义基元强。"吃"中的 S10 比 S8 强，S8 比 S11 强，S12 比 S13 强，S13 比 S15 强，S19 比 S18 强，S18 和 S19 比 D2 强，D2 比 D1 强。"咬/嗑"中的 S4 和 S2 比 S3 强，S9 比 S5 强，S5、S7、S8、S9 比 S6 强，S5 和 S9 比 S8 强，S11 比 S10 强。"睡/（困）睏"中的 S2 比 S3 强。

第四类，对蕴涵关系影响较小的一类词义基元。该类词义基元是活力极强的一类基元，也就是前面详述的独立基元。从历时与共时的角度来看，这类基元普遍存在，且不受其他基元的影响，它们是最具活力的一类基元，比如"喝"的词义基元 S3、S5，"吃"的词义基元 S1、S4、S6、S7、S9、S14、S16，"看见/看到"的词义基元 S1，以及"睡/困（睏）"的词义基元 S1。

4.4　本章小结

本章对着重研究的五个躯体动作词词义基元进行了关联分析，不仅可以获得之前研究的有关基元频次的计数结果和两基元共现的频率，基于 Apriori 算法，还可计算多基元共现频率，寻找频繁词义基元集，从而辅助构建经典的语义地图。通过挖掘蕴涵规则，我们除解决了词义基元间蕴涵不平衡的问题，还发现了新的基元类型，即独立基元，这类基元是最具活力的一类基元，它们的出现不会受到其他基元的影响。

5 词义基元传播与演变的地理表现

5.1 蕴涵关系的地理解释

将优选蕴涵规则转置到地理空间中，我们可以观察词义基元可能传播的方向与路径。

由第四章我们知道"喝"的 8 个词义基元间的优选蕴涵规则，按照规则的提升度和后项来排列如表 93 所示。

表 93 "喝"的词义基元间的优选蕴涵规则

	Rules	Support	Confidence	Lift	Count
[1]	{D2} ⇒ {S6}	0.160	0.800	2.000	4
[2]	{D1} ⇒ {S6}	0.120	0.750	1.875	3
[3]	{D1} ⇒ {D2}	0.040	0.250	1.250	1
[4]	{S6} ⇒ {S4}	0.400	1.000	1.087	10
[5]	{D1} ⇒ {S4}	0.160	1.000	1.087	4
[6]	{S2} ⇒ {S4}	0.120	1.000	1.087	3

由前文可知，蕴涵规则所表达的是，如果某一方言中的某一词语表示前项代表的词义基元，那么它也有可能表示后项所代表的词义基元。我们将蕴涵规则展示到地图上可以观察到 S6、D2 和 S4 的传播状况。其中较粗曲线示意长江，较细曲线示意汉江，"◆"表示前项所

对应的基元所在的方言点，"○"表示后项所对应的基元所在的方言点，"◉"表示前后项所对应的基元都存在的方言点，"●"为本次调查的其他方言点。所以通常情况下，"◆"所标记的方言点，很可能应由"◉"标记。下文将对每一条优选蕴涵规则所对应的地理位置示意图进行解释，探讨基元可能传播的方向。

由图 82 {D2} ⇒ {S6}，我们可以观察到，S6 作为发展阶段的词义基元，或将沿汉江向上游传播至潜江。因为按照蕴涵规则，如果潜江话中的"喝烟"可以表示"吸烟（D2）"，那么"喝墨水"在潜江话中也很有可能用来比喻"上学读书，有知识，有文化（S6）"，就像同处江汉平原的西南官话方言点汉川、天门一样。同理，由图 83 {D1} ⇒

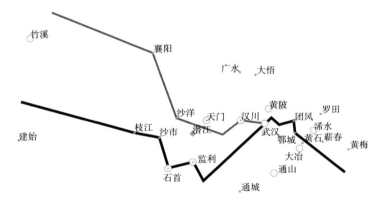

图 82 蕴涵规则 {D2} ⇒ {S6}（喝）转置示意

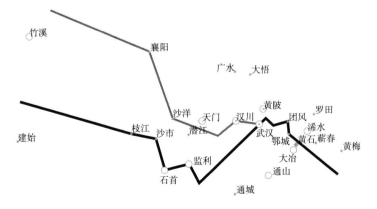

图 83 蕴涵规则 {D1} ⇒ {S6}（喝）转置示意

{S6}，我们可以观察到，S6从大冶、浠水向黄石方向在长江流域传播。由此预测，潜江和黄石将来或会用"喝墨水"来比喻"上学读书，有知识，有文化"。

由图84{D1}⇒{D2}，可以观察到，D2在西南官话区由西向东传播到汉川，但还没传播到武汉及其以北和以东的江淮官话区和赣方言区。由此可以分析出，如果能传播到武汉，它才有可能打破西南官话和江淮官话黄孝片的分界带，通过武汉与黄陂的交流，进入江淮官话中。只有"喝烟"表示"吸（抽）烟"这种用法在武汉话中出现后，才有可能传播到江淮官话区。武汉作为湖北的省会城市，向来被看作湖北地区各方言的融汇点，但在一定程度上，由于人员的流动过快，以及省会城市的语言政策影响，也会成为方言传播的屏障。

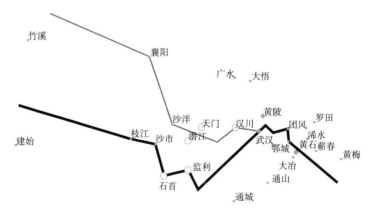

图84　蕴涵规则{D1}⇒{D2}（喝）转置示意

由图85{S6}⇒{S4}、图86{D1}⇒{S4}、图87{S2}⇒{S4}可以观察到，"喝"表示S6、D1或S2的方言点，也都表示S4。可见，用"喝西北风"比喻"没有饭吃"在湖北地区方言中使用较为普遍。S4作为元代出现的词义基元，在湖北地区得以流传，保留较好。而S2的活力较弱，S6和D1是处在发展阶段的词义基元，其普及率也没有活力极高的强势词义基元S4高。

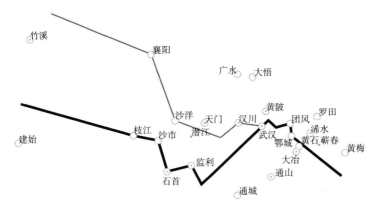

图 85　蕴涵规则｛S6｝⇒｛S4｝（喝）转置示意

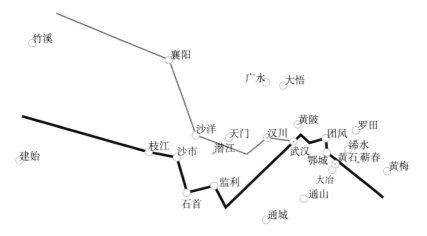

图 86　蕴涵规则｛D1｝⇒｛S4｝（喝）转置示意

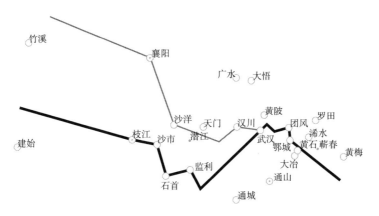

图 87　蕴涵规则｛S2｝⇒｛S4｝（喝）转置示意

由第四章我们知道"吃"的 21 个词义基元间的优选蕴涵规则，按照规则的提升度和后项来排列，并逐条分析，见表 94。

表 94 "吃"的词义基元 S2 作为后项的优选蕴涵规则

	Rules	Support	Confidence	Lift	Count
[1]	{S5} ⇒ {S2}	0.04	0.5	4.167	1

将表 94 中的蕴涵规则展示到地理位置示意图上可以观察到 S5 和 S2 的传播状况。

由图 88 {S5} ⇒ {S2}，我们可以观察到，S5 和 S2 在湖北地区的普及率都不高，很少用"吃"来表示"喝"或者"跌"。由图示可看出 S5 和 S2 的传播可能有两种情况，第一种情况是，S2 向沙洋方向传播，经监利从赣方言区，或从广水由江淮官话区进入西南官话腹地，使西南官话区有更多方言点用"吃"来表示"喝"；另一种情况是，S2 或在沙洋存在过，后由于 S2 在湖北地区使用减少，从而消失在沙洋话中，将来或会因 S5 在监利方言中消失，随之消失，从而退出西南官话区的方言点。由目前的状况来看，第二种情况发生的可能性更大。这是因为，从历时层面来看，"吃"来表示"喝"与"跌"，在汉语中出现的时间都非常早，而通过目前的共时层面调查可以发现，这两项词义基元都没有得到很好的保留。S5 只出现在西南官话区的沙洋、监利这两个方言点，而湖北西南官话其他方言点则未见用"吃"表示"喝"的情况。S2 也只在湖北西南官话区、江淮官话黄孝片和赣方言区各出现 1 例。可见，S5 和 S2 都处于消亡阶段，所以，它们向其他方言区传播的能力较弱。用"吃"表示"喝"和"跌"的这两种用法，或将在其各自方言区内逐渐消失。

表 95 "吃"的词义基元 S15 作为后项的优选蕴涵规则

	Rules	Support	Confidence	Lift	Count
[1]	{S2} ⇒ {S15}	0.12	1	2.083	3
[2]	{S5} ⇒ {S15}	0.04	0.5	1.042	1

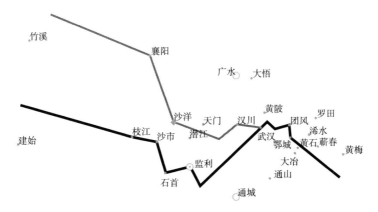

图88 蕴涵规则 {S5} ⇒ {S2}（吃）转置示意

将表95中的蕴涵规则展示到地理位置示意图上可以观察到S15的传播状况。

由图89、图90，可以观察到S15在湖北西南官话区和江淮官话黄孝片均有分布，且相对集中。与S2和S5两个弱势词义基元对比，清代常见的词义基元S15普及率较高，更具活力。尽管如此，由4.3.3可知，S15的传播能力仍有限。所以，由图89 {S2} ⇒ {S15}、图90 {S5} ⇒ {S15} 来看，S15从沙洋开始由西向东逐渐消失的可能性较大。

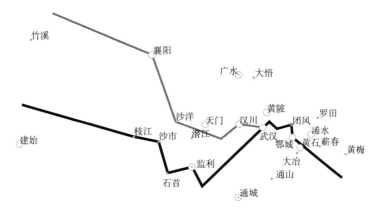

图89 蕴涵规则 {S2} ⇒ {S15}（吃）转置示意

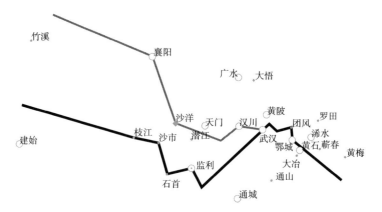

图 90　蕴涵规则 {S5} ⇒ {S15}（吃）转置示意

表 96　"吃"的词义基元 D2 作为后项的优选蕴涵规则

	Rules	Support	Confidence	Lift	Count
[1]	{S2} ⇒ {D2}	0.12	1	1.923077	3
[2]	{S15} ⇒ {D2}	0.36	0.75	1.442308	9
[3]	{D1} ⇒ {D2}	0.28	0.583333	1.121795	7

　　将表 96 中的蕴涵规则展示到地理位置示意图上可以观察到 D2 的传播状况。

　　由图 91、图 92、图 93，可以观察到 D2 在湖北西南官话区分布最广，其后依次是江淮官话黄孝片和赣方言区的通城。由图 91 {S2} ⇒ {D2} 可知，与 S2 这个弱势词义基元相比，作为方言词义基元的 D2 普及率较高，更具活力，有 S2 的方言点也都有 D2。处于发展阶段的方言词义基元 D2 有两种传播的可能性。第一种是扩散型，由图 92 {S15} ⇒ {D2}，D2 或将向北顺汉江而上往鄂北的西南官话区传播，或顺长江而下往鄂东的江淮官话黄孝片传播。由图 93 {D1} ⇒ {D2}，我们可以观察到，D2 或向长江上游往鄂西的西南官话区传播，或经通城向鄂东北方向的赣方言区蔓延。另一种是收缩型，D2 原本或存在于江淮官话黄孝片的团风、浠水、黄石、黄梅，西南官话区的襄阳、枝江，以及赣方言区的通山，但在传播过程中或受到语言政策①、个体迁移②等因素的影响，方言词义基元 D2 逐渐脱落。对于方言词义来说，其通常在与标准语或书面语词义此消彼长的竞争状态中生存，以上两种情况都有可能发生。

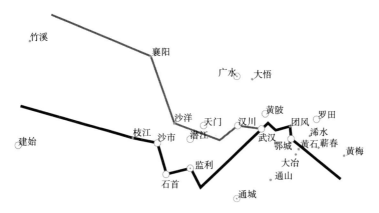

图 91　蕴涵规则〔S2〕⇒〔D2〕（吃）转置示意

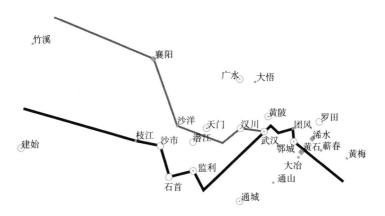

图 92　蕴涵规则〔S15〕⇒〔D2〕（吃）转置示意

---

① 通山多年来一直在进行"推普脱贫"工作，近年开始注重"地方话"的保护（通山县人民政府）。

② 通山方言合作人由于工作需要，自 1999 年起便离开咸宁市，定居武汉。

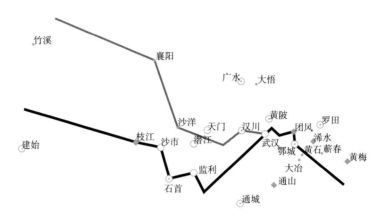

图 93　蕴涵规则 {D1} ⇒ {D2}（吃）转置示意

表 97　"吃"的词义基元 S18 作为后项的优选蕴涵规则

	Rules	Support	Confidence	Lift	Count
[1]	{D1} ⇒ {S18}	0.32	0.666667	1.190476	8
[2]	{S2} ⇒ {S18}	0.12	1	1.785714	3
[3]	{S5} ⇒ {S18}	0.08	1	1.785714	2
[4]	{D2} ⇒ {S18}	0.4	0.769231	1.373626	10
[5]	{S15} ⇒ {S18}	0.36	0.75	1.339286	9

　　将表 97 中的蕴涵规则展示到地理位置示意图上可以观察到 S18 的传播状况。

　　由图 94、图 95、图 96、图 97、图 98，可以观察到 S18 在湖北西南官话区分布最广，其后依次是江淮官话黄孝片区和赣方言区。与 S2 和 S5 这两个弱势词义基元相比，作为现代汉语词义基元的 S18 普及率较高，更具活力，有 S2 和 S5 的地方点都有 S18。由图 94 {D1} ⇒ {S18}，可以推测，S18 作为处于发展阶段的词义基元，或将向长江上游往鄂西西南官话区的枝江传播，或向鄂东的江淮官话黄孝片区方向往大别山方向传播（罗田），或经由大冶、通城覆盖鄂东南的赣方言区。由图 97 {D2} ⇒ {S18}，可以再次确认 S18 向鄂东大别山方向传播，以及向鄂西沿长江主干至长江支流（建始）和汉江上游（潜江）传播。由图98｛S15｝⇒｛S18｝，还可以观察到S18往长江下游（黄石）及汉江上游更远地方（襄阳）传播。由此可见，S18的生命力极强，在湖北地区沿水域传播的同时可能会往山地传播。大别山的旅游开发，为方言传播提供了有利条件，使方言词义有可能向地处山地的罗田方向传播。

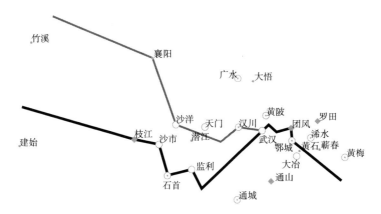

图 94　蕴涵规则｛D1｝⇒｛S18｝（吃）转置示意

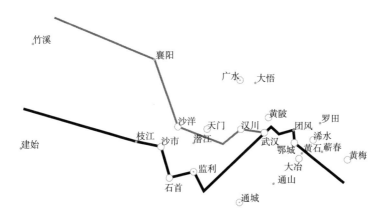

图 95　蕴涵规则｛S2｝⇒｛S18｝（吃）转置示意

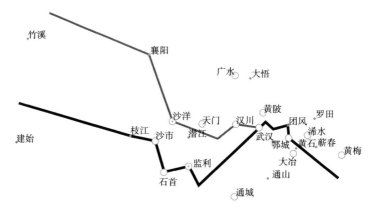

图 96 蕴涵规则 {S5} ⇒ {S18}（吃）转置示意

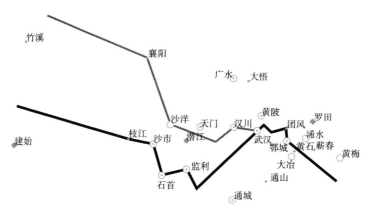

图 97 蕴涵规则 {D2} ⇒ {S18}（吃）转置示意

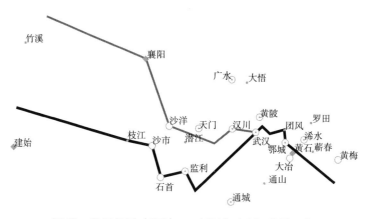

图 98 蕴涵规则 {S15} ⇒ {S18}（吃）转置示意

表 98 "吃"的词义基元 S17 作为后项的优选蕴涵规则

	Rules	Support	Confidence	Lift	Count
[1]	{S2} ⇒ {S17}	0.12	1	1.470588	3
[2]	{S5} ⇒ {S17}	0.08	1	1.470588	2
[3]	{S15} ⇒ {S17}	0.44	0.916667	1.348039	11
[4]	{S18} ⇒ {S17}	0.44	0.785714	1.155462	11
[5]	{D2} ⇒ {S17}	0.4	0.769231	1.131222	10

将表 98 中的蕴涵规则展示到地理位置示意图上可以观察到 S17 的传播状况。

由以下五幅转置示意图，可以观察到 S17 在湖北各方言区的普及率都很高。与 S2 和 S5 这两个弱势词义基元相比，作为民国时期出现的词义基元 S17 更具活力，有 S2 和 S5 的地方点都有 S17。由图 101 {S15} ⇒ {S17}，我们可以观察到，S17 或将覆盖整个江汉平原地区，天门话中的"吃"或在将来也可表示"理解（S17）"。由图 102 {S18} ⇒ {S17}，可以再次确认 S17 在江汉平原的传播，或将会蔓延至两湖平原的中心石首。这一传播路线不仅依赖于河流的贯通，也显示出词义基元在平原地区的传播，可见，地貌形态对方言的传播也起到了一定的作用。此外，还可由图 102 {S18} ⇒ {S17} 和图 103 {D2} ⇒ {S17} 观察到 S17 在江淮官话黄孝片区和赣方言区的传播状况。在江

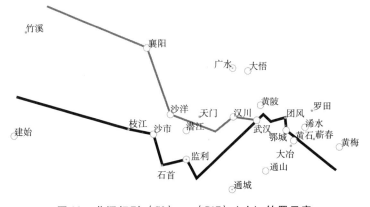

图 99 蕴涵规则 {S2} ⇒ {S17}（吃）转置示意

淮官话区，S17 或往大别山地区传播。在赣方言区，大冶受到南北两个方向的夹击，将来或也会用"吃"来表示"理解（S17）"。

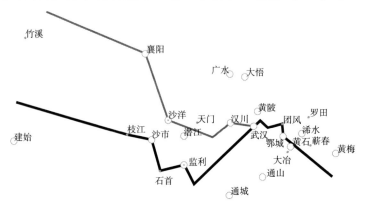

图 100　蕴涵规则〔S5〕⇒〔S17〕（吃）转置示意

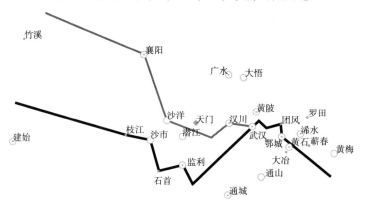

图 101　蕴涵规则〔S15〕⇒〔S17〕（吃）转置示意

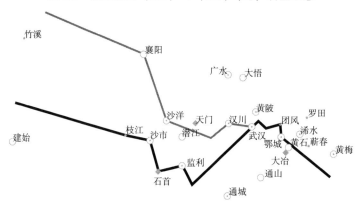

图 102　蕴涵规则〔S18〕⇒〔S17〕（吃）转置示意

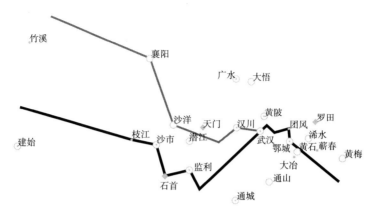

图 103　蕴涵规则｛D2｝ ⇒ ｛S17｝（吃）转置示意

表 99　"吃"的词义基元 S11 作为后项的优选蕴涵规则

	Rules	Support	Confidence	Lift	Count
[1]	｛S2｝ ⇒ ｛S11｝	0.12	1	1.388889	3
[2]	｛S5｝ ⇒ ｛S11｝	0.08	1	1.388889	2
[3]	｛S18｝ ⇒ ｛S11｝	0.48	0.857143	1.190476	12
[4]	｛S15｝ ⇒ ｛S11｝	0.4	0.833333	1.157407	10
[5]	｛S17｝ ⇒ ｛S11｝	0.56	0.823529	1.143791	14
[6]	｛D1｝ ⇒ ｛S11｝	0.36	0.75	1.041667	9

　　将表 99 中的蕴涵规则展示到地理位置示意图上可以观察到 S11 的传播状况。

　　由以下六幅示意图，可以观察到 S11 在湖北各方言区的普及率较高。与 S2 和 S5 这两个弱势词义基元相比较，S11 更具活力。但由 4.3.3 可知，S11 在一定程度上活力也可能受限，所以 S11 有两种传播的可能性。第一种是扩散型，由图 106｛S18｝ ⇒ ｛S11｝，我们可以观察到，S11 或由黄石向南北渗透到赣方言区的大冶和未分片的鄂城，而且赣方言区的通山和通城两地都用"吃"来表达 S11，大冶或受影响较大。由图 107｛S15｝ ⇒ ｛S11｝和图 108｛S17｝ ⇒ ｛S11｝，可以再次确认 S11 在长江干流和支流的传播，或将会蔓延至鄂城、潜江和建始。这一传播路径主要依赖于河流的贯通，使人员流通便利，有利于方言的传播。此外，还可由图 109 {D1} ⇒ {S11} 观察到 S11 还可能往江淮官话黄孝片区的大别山方向传播（罗田）。另一种是收缩型，S11 原本或存在于江淮官话黄孝片的团风、罗田，西南官话区的潜江、建始，赣方言区的大冶，以及未分片的鄂城，但在传播过程中逐渐脱落，消失于以上方言点。对于明代就出现的词义基元 S11 来说，其在湖北地区方言中保留较好，但目前仍处在发展的波动期，以上两种情况都有可能发生。

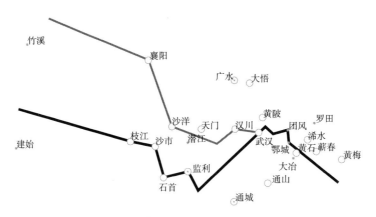

图 104　蕴涵规则 {S2} ⇒ {S11}（吃）转置示意

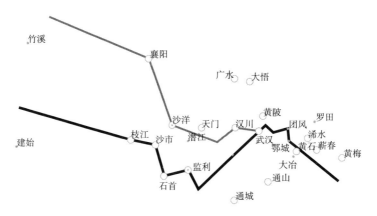

图 105　蕴涵规则 {S5} ⇒ {S11}（吃）转置示意

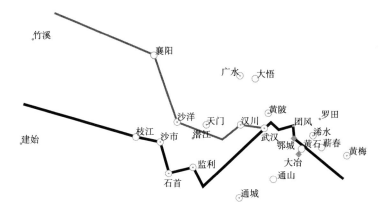

图 106 蕴涵规则 {S18} ⇒ {S11}（吃）转置示意

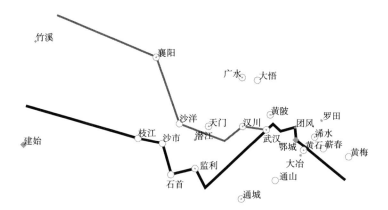

图 107 蕴涵规则 {S15} ⇒ {S11}（吃）转置示意

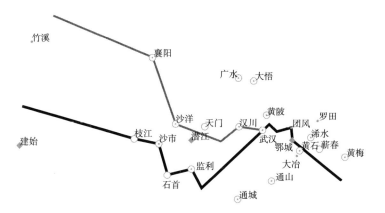

图 108 蕴涵规则 {S17} ⇒ {S11}（吃）转置示意

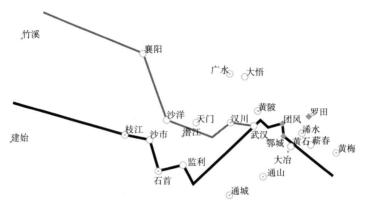

图 109　蕴涵规则 {D1} ⇒ {S11}（吃）转置示意

表 100　"吃"的词义基元 D1 作为后项的优选蕴涵规则

	Rules	Support	Confidence	Lift	Count
[1]	{S2} ⇒ {D1}	0.08	0.666667	1.388889	2

将表 100 蕴涵规则展示到地理位置示意图上可以观察到 D1 的传播状况。

由图 110 {S2} ⇒ {D1}，我们可以观察到，D1 在湖北各方言区均有分布，在江淮官话黄孝片区分布最密集。作为方言词义的 D1 虽然比 S2 更具活力，但是其在西南官话区的普及率不高，且多分布在水流附近。由此可以推测，D1 也许并不是西南官话区的"吃"所固有的词义基元。D1 将来或沿长江向上游传播并覆盖西南官话区的监利。

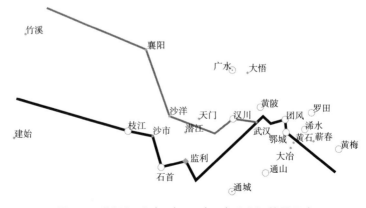

图 110　蕴涵规则 {S2} ⇒ {D1}（吃）转置示意

表 101   "吃"的词义基元 S19 作为后项的优选蕴涵规则

	Rules	Support	Confidence	Lift	Count
[1]	{S2} ⇒ {S19}	0.12	1	1.25	3
[2]	{S5} ⇒ {S19}	0.08	1	1.25	2
[3]	{S18} ⇒ {S19}	0.52	0.928571	1.160714	13
[4]	{D2} ⇒ {S19}	0.48	0.923077	1.153846	12
[5]	{S15} ⇒ {S19}	0.44	0.916667	1.145833	11
[6]	{S11} ⇒ {S19}	0.64	0.888889	1.111111	16

将表 101 中的蕴涵规则展示到地理位置示意图上可以观察到 S19 的传播状况。

由以下六幅示意图,可以观察到 S19 在湖北分布较广,只有赣方言区普及率较低。与 S2 和 S5 这两个弱势词义基元比较,S19 作为现代汉语词义基元极具活力,处在发展阶段。由图 114 {D2} ⇒ {S19},可以观察到 S19 有往大别山附近传播的迹象。由图 113 {S18} ⇒ {S19}、图 115 {S15} ⇒ {S19} 和图 116 {S11} ⇒ {S19},可以推测出,S19 或将经由西南官话区的黄石,渗透到赣方言区的更多方言点(大冶、通山)。通城话中的 S19 或是由于个体迁移,所以这种传播较早完成。

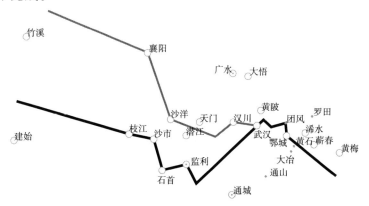

图 111   蕴涵规则 {S2} ⇒ {S19}(吃)转置示意

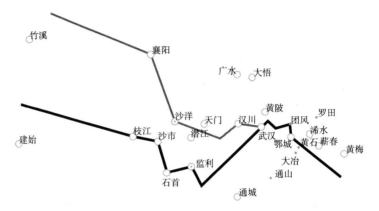

图 112　蕴涵规则 {S5} ⇒ {S19}（吃）转置示意

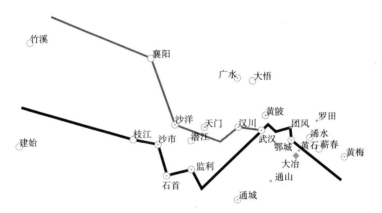

图 113　蕴涵规则 {S18} ⇒ {S19}（吃）转置示意

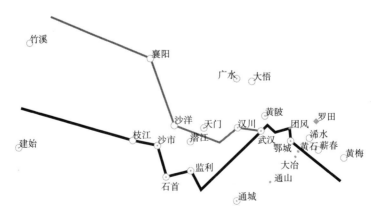

图 114　蕴涵规则 {D2} ⇒ {S19}（吃）转置示意

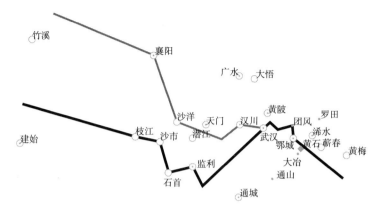

图 115 蕴涵规则 {S15} ⇒ {S19}（吃）转置示意

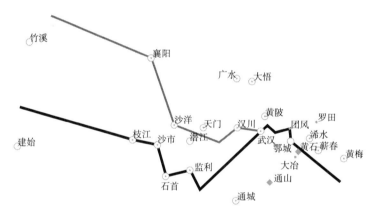

图 116 蕴涵规则 {S11} ⇒ {S19}（吃）转置示意

表 102 "吃"的词义基元 S8 作为后项的优选蕴涵规则

	Rules	Support	Confidence	Lift	Count
[1]	{D1} ⇒ {S8}	0.48	1	1.25	12
[2]	{S11} ⇒ {S8}	0.6	0.833333	1.041667	15

将表 102 中的蕴涵规则展示到地理位置示意图上可以观察到 S8 的传播状况。

由以下两幅示意图，可以观察到 S8 在湖北江淮官话区和赣方言区普

遍存在，在长江和汉江沿线的西南官话区零星分布。由图117｛D1｝⇒
｛S8｝，可以观察到S8作为不晚于明代出现的词义基元，在湖北江淮
官话区和赣方言区传播和保留较好。由前文可知，S8在共时层面的活
力并非十分强，由图118｛S11｝⇒｛S8｝可以观察到，S8本来可能出
现在长江与汉江沿线西南官话区的大部分地区，但在当下共时层面它
并没有出现。由此，可以推测，S8在西南官话区的"吃"中呈脱落趋
势，S8可能原本在三大方言区都存在，而后消失于西南官话区的大部
分方言点。

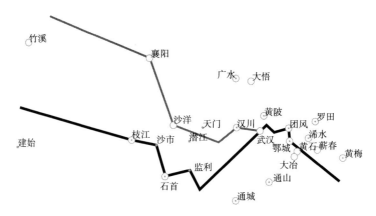

图117　蕴涵规则｛D1｝⇒｛S8｝（吃）转置示意

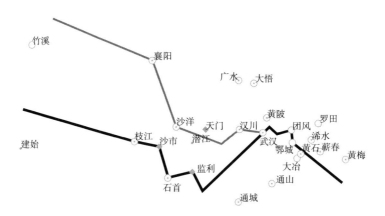

图118　蕴涵规则｛S11｝⇒｛S8｝（吃）转置示意

表103　"吃"的词义基元 S10 作为后项的优选蕴涵规则

	Rules	Support	Confidence	Lift	Count
[1]	{D1} ⇒ {S10}	0.48	1	1.136364	12
[2]	{S2} ⇒ {S10}	0.12	1	1.136364	3
[3]	{S5} ⇒ {S10}	0.08	1	1.136364	2
[4]	{S11} ⇒ {S10}	0.68	0.944444	1.073232	17
[5]	{S18} ⇒ {S10}	0.52	0.928571	1.055195	13
[6]	{S8} ⇒ {S10}	0.72	0.9	1.022727	18
[7]	{S17} ⇒ {S10}	0.6	0.882353	1.002674	15

　　将表103中的蕴涵规则展示到地理位置示意图上可以观察到 S10 的传播状况。

　　由以下七幅示意图，可以观察到 S10 在湖北各方言区普及率都很高。与方言词义基元 D1 以及 S2、S5 这两个弱势词义基元相比较，S10 作为不晚于明代出现的词义基元，在湖北各方言区的传播和保留都较好，尤其是江淮官话黄孝片区和赣方言区。由前文可知，S10 并非在任何情况下都是强势词义基元。由图124 {S8} ⇒ {S10} 和图125 {S17} ⇒ {S10} 可以推测，S10 有从鄂西往湖北中部地区退缩的迹象。由图122 {S11} ⇒ {S10}、图123 {S18} ⇒ {S10}、图124 {S8} ⇒ {S10} 和图125 {S17} ⇒ {S10}，可以很明显地观察到 S10 已从武汉消失，并且武汉作为湖北省会，是人群密集、人口流动性强的地方，也不

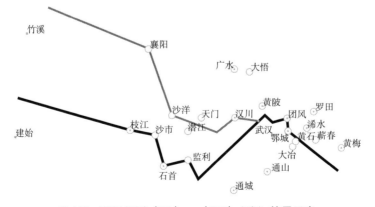

图119　蕴涵规则 {D1} ⇒ {S10}（吃）转置示意

用"吃"表示词义基元 S10，可见，S10 的生命力和传播力十分有限。

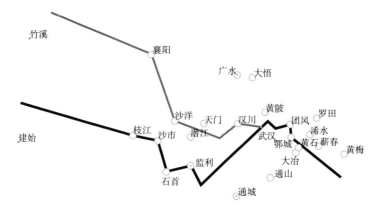

图 120　蕴涵规则 {S2} ⇒ {S10}（吃）转置示意

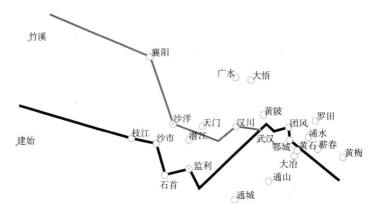

图 121　蕴涵规则 {S5} ⇒ {S10}（吃）转置示意

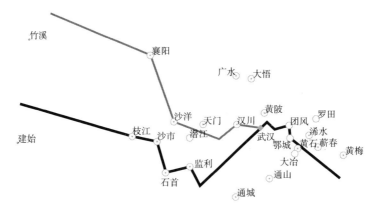

图 122　蕴涵规则 {S11} ⇒ {S10}（吃）转置示意

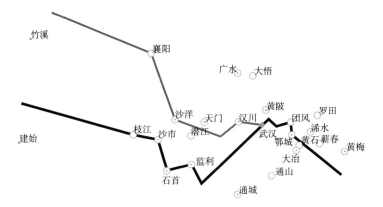

图 123 蕴涵规则 {S18} ⇒ {S10}（吃）转置示意

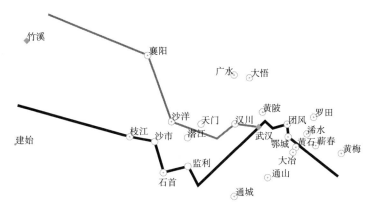

图 124 蕴涵规则 {S8} ⇒ {S10}（吃）转置示意

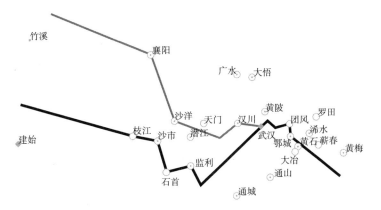

图 125 蕴涵规则 {S17} ⇒ {S10}（吃）转置示意

表 104　"吃"的词义基元 S13 作为后项的优选蕴涵规则

	Rules	Support	Confidence	Lift	Count
[1]	{D1} ⇒ {S13}	0.48	1	1.136364	12
[2]	{S15} ⇒ {S13}	0.48	1	1.136364	12
[3]	{S2} ⇒ {S13}	0.12	1	1.136364	3
[4]	{S11} ⇒ {S13}	0.68	0.944444	1.073232	17
[5]	{S18} ⇒ {S13}	0.52	0.928571	1.055195	13
[6]	{D2} ⇒ {S13}	0.48	0.923077	1.048951	12
[7]	{S8} ⇒ {S13}	0.72	0.9	1.022727	18
[8]	{S17} ⇒ {S13}	0.6	0.882353	1.002674	15

将表 104 中的蕴涵规则展示到地理位置示意图上可以观察到 S13 的传播状况。

由以下八幅示意图，可以观察到 S13 在湖北各方言区普及率都很高，只有西南官话少部分地区和江淮官话方言岛竹溪没有此词义基元。与方言词义基元 D1、不晚于清代出现的词义基元 S15 以及明显的弱势词义基元 S2 相比较，S13 作为与 S15 同期出现的词义基元，在湖北各方言区的传播和保留都较好，尤其在江淮官话黄孝片区和赣方言区。由前文也可知，S13 属于强势词义基元。由图 129 {S11} ⇒ {S13}、

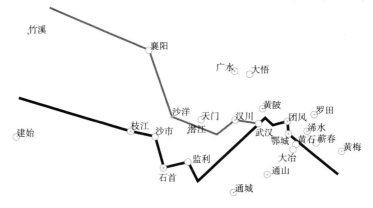

图 126　蕴涵规则 {D1} ⇒ {S13}（吃）转置示意

图 130 {S18} ⇒ {S13}、图 131 {D2} ⇒ {S13}，图 133 {S17} ⇒ {S13} 可以观察到 S13 或将传播到汉水流域大部分方言点。由图 132 {S8} ⇒ {S13} 可以观察到，S13 有向鄂西江淮官话方言岛竹溪方向传播的趋势，但由于竹溪地处山区，陆路与水路交通都不是十分便利，其在这条路线上的传播速度可能会比汉水流域方言点的传播速度慢。

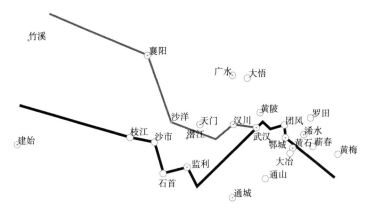

图 127 蕴涵规则 {S15} ⇒ {S13}（吃）转置示意

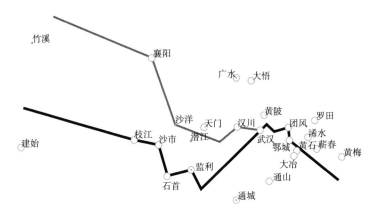

图 128 蕴涵规则 {S2} ⇒ {S13}（吃）转置示意

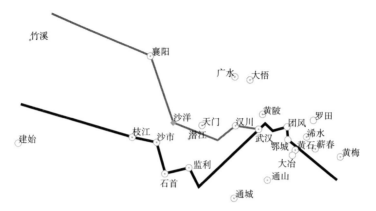

图 129　蕴涵规则 {S11} ⇒ {S13}（吃）转置示意

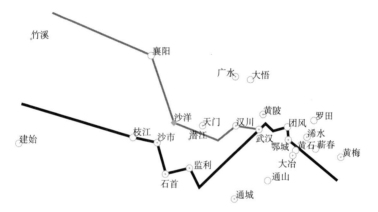

图 130　蕴涵规则 {S18} ⇒ {S13}（吃）转置示意

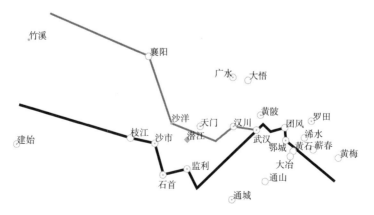

图 131　蕴涵规则 {D2} ⇒ {S13}（吃）转置示意

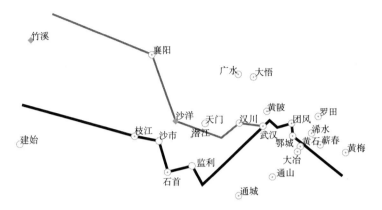

图 132 蕴涵规则 {S8} ⇒ {S13}（吃）转置示意

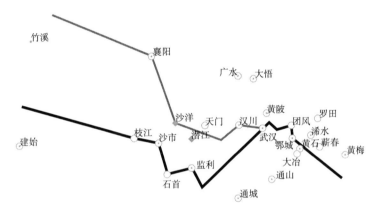

图 133 蕴涵规则 {S17} ⇒ {S13}（吃）转置示意

表 105 "吃"的词义基元 S12 作为后项的优选蕴涵规则

	Rules	Support	Confidence	Lift	Count
[1]	{S10} ⇒ {S12}	0.88	1	1.086957	22
[2]	{S11} ⇒ {S12}	0.72	1	1.086957	18
[3]	{S18} ⇒ {S12}	0.56	1	1.086957	14
[4]	{D1} ⇒ {S12}	0.48	1	1.086957	12
[5]	{S2} ⇒ {S12}	0.12	1	1.086957	3
[6]	{S5} ⇒ {S12}	0.08	1	1.086957	2
[7]	{S13} ⇒ {S12}	0.84	0.954546	1.037549	21
[8]	{S8} ⇒ {S12}	0.76	0.95	1.032609	19

	Rules	Support	Confidence	Lift	Count
[9]	{S17} ⇒ {S12}	0.64	0.941177	1.023018	16
[10]	{D2} ⇒ {S12}	0.48	0.923077	1.003344	12

将表105中的蕴涵规则展示到地理位置示意图上可以观察到S12的传播状况。

由以下十幅示意图，可以观察到S12在湖北各方言区普及率都很高，几乎覆盖了本次调查的湖北中部与东部的全部方言点。S12作为不晚于清代出现的词义基元，不仅比S2、S5、S10、S11这四个比它出现较早的词义基元更具活力，而且比现代汉语词义基元S18和方言词义基元D1的普及率高，在湖北各方言区的传播和保留都较好。由图140 {S13} ⇒ {S12}、图142 {S17} ⇒ {S12}、图143 {D2} ⇒ {S12}，可以推测出S12有很大可能会向长江上游传播至鄂西南的建始。由图141 {S8} ⇒ {S12} 可以观察到，S12也或将向鄂西北江淮官话方言岛竹溪方向传播。长江支流清江由建始穿过，而竹溪的水文条件没有建始好，且地处峡谷与山间盆地相间的大巴山脉东段。从与外界交流的地理条件来看，建始更优，所以，S12向鄂西南方向传播的速度可能会比往鄂西北方向传播的速度快。

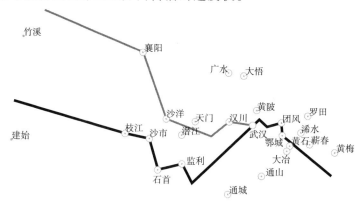

图134 蕴涵规则 {S10} ⇒ {S12}（吃）转置示意

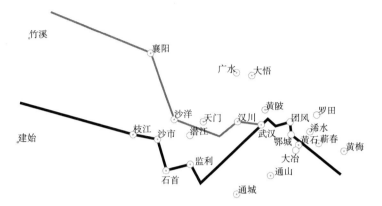

图 135 蕴涵规则 {S11} ⇒ {S12}（吃）转置示意

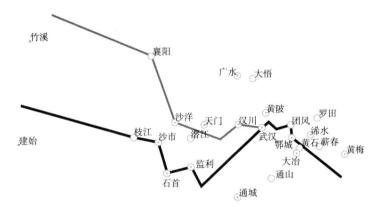

图 136 蕴涵规则 {S18} ⇒ {S12}（吃）转置示意

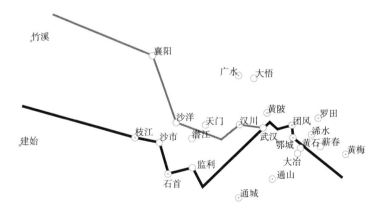

图 137 蕴涵规则 {D1} ⇒ {S12}（吃）转置示意

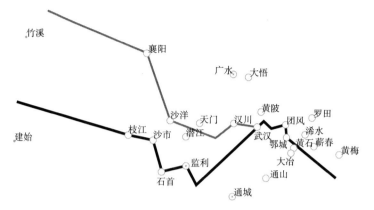

图 138　蕴涵规则｛S2｝⇒｛S12｝（吃）转置示意

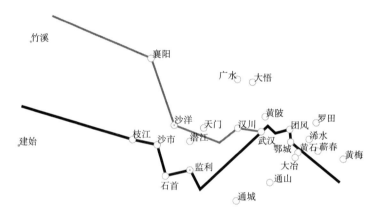

图 139　蕴涵规则｛S5｝⇒｛S12｝（吃）转置示意

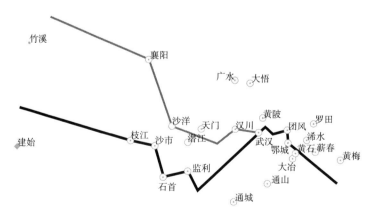

图 140　蕴涵规则｛S13｝⇒｛S12｝（吃）转置示意

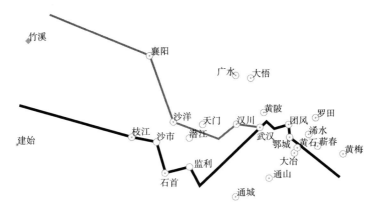

图 141 蕴涵规则 {S8} ⇒ {S12}（吃）转置示意

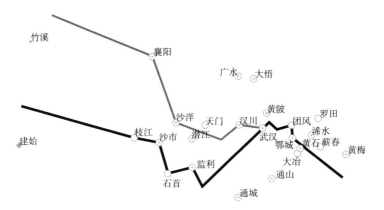

图 142 蕴涵规则 {S17} ⇒ {S12}（吃）转置示意

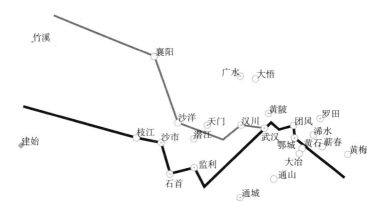

图 143 蕴涵规则 {D2} ⇒ {S12}（吃）转置示意

表 106　　"吃"的词义基元 S3 作为后项的优选蕴涵规则

	Rules	Support	Confidence	Lift	Count
[1]	{S19} ⇒ {S3}	0.8	1	1.041667	20
[2]	{S18} ⇒ {S3}	0.56	1	1.041667	14
[3]	{D2} ⇒ {S3}	0.52	1	1.041667	13
[4]	{D1} ⇒ {S3}	0.48	1	1.041667	12
[5]	{S2} ⇒ {S3}	0.12	1	1.041667	3
[6]	{S5} ⇒ {S3}	0.08	1	1.041667	2

　　将表 106 中的蕴涵规则展示到地理位置示意图上可以观察到 S3 的传播状况。

　　由以下六幅示意图，可以观察到 S3 在湖北各方言区普及率极高，几乎覆盖了本次调查的全部方言点。可见 S3 作为不晚于唐代出现的词义基元，生命力和传播力都极强。本次调查的方言点只有黄石一处的"吃"没有词义基元 S3。参与调查的两位黄石话方言合作人都表示，黄石不说"吃不消"，只说"受不了"。可见，"吃"表示词义基元 S3 的情况并没有传播到黄石地区。此外，从以下六幅示意图中也可以观察到，S3 并没有往黄石地区传播的迹象。这一现象的产生或由于黄石地处湖北三大方言区交会处。由于历史移民、经济政治往来，以及工业发展需要，人口大量迁入，黄石地区的方言受到过多外来方言的影响。虽然黄石也为交流频繁之地，但其人口基数没有省会武汉大，导

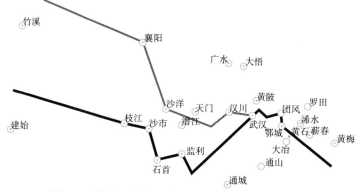

图 144　蕴涵规则 {S19} ⇒ {S3}（吃）转置示意

致其保留方言原始面貌的能力较弱。"吃"的"承受,经受(S3)"义,作为强势词义,在黄石方言中也动摇了,出现了脱落之势。

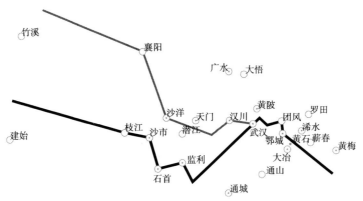

图 145 蕴涵规则〔S18〕⇒〔S3〕(吃)转置示意

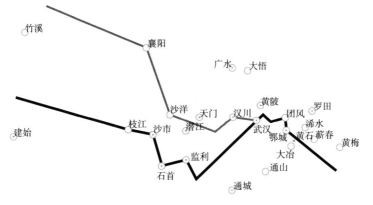

图 146 蕴涵规则〔D2〕⇒〔S3〕(吃)转置示意

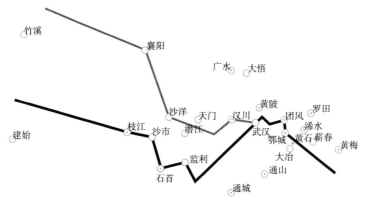

图 147 蕴涵规则〔D1〕⇒〔S3〕(吃)转置示意

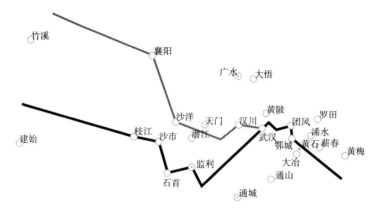

图 148　蕴涵规则 ｛S2｝ ⇒ ｛S3｝（吃）转置示意

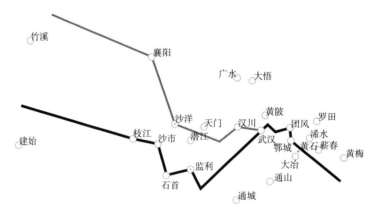

图 149　蕴涵规则 ｛S5｝ ⇒ ｛S3｝（吃）转置示意

由第四章我们知道"咬/啮"的 12 个词义基元间的优选蕴涵规则，按照规则的提升度和后项来排列逐条分析。

表 107　"咬/啮"的词义基元 S10 作为后项的优选蕴涵规则

	Rules	Support	Confidence	Lift	Count
［1］	｛D1｝ ⇒ ｛S10｝	0.06896552	1	4.833333	2

将表 107 中的蕴涵规则展示到地理位置示意图上可以观察到 D1 和 S10 在湖北地区普及率都不高，很少用"咬"或"啮"来表示"卡住"或"黏结"。由图 150 ｛D1｝ ⇒ ｛S10｝（咬）可以看出 D1 只零星出现于

湖北地区，由前文可知，方言词义基元 D1 处在与其他书面词义基元争夺基元席位的过程中，虽然分布不广，但仍处在发展阶段。S10 作为不晚于清代出现的词义基元，虽在江淮官话区和西南官话区都有所分布，但范围较小，生命力也不强。用"咬"表示"卡住"和"黏结"的这两种用法，如果在湖北范围内传播，其速度可能也会十分缓慢。

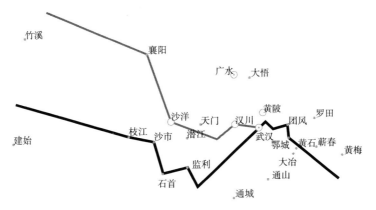

图 150　蕴涵规则｛D1｝⇒｛S10｝（咬）转置示意

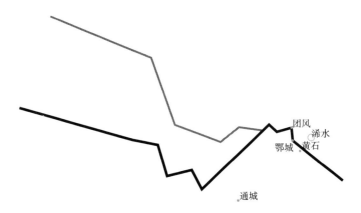

图 151　蕴涵规则｛D1｝⇒｛S10｝（啮）转置示意

表 108　"咬/啮"的词义基元 S3 作为后项的优选蕴涵规则

	Rules	Support	Confidence	Lift	Count
［1］	｛D1｝ ⇒ ｛S3｝	0.06896552	1	3.625	2
［2］	｛S10｝ ⇒ ｛S3｝	0.10344828	0.5	1.8125	3

将表 108 蕴涵规则展示到地理位置示意图上可以观察到 S3 的传播状况。

由以下三幅示意图，可以观察到 S3 零星分布于湖北各方言区。与处于发展阶段的方言词义基元 D1 相比，作为不晚于宋代出现的词义基元 S3 在湖北地区仍然存在，只是普及率不高。由前文分析可知，S3 是活力较弱的基元。由图 153〔S10〕 ⇒ 〔S3〕（咬），我们可以观察到，S3 退出了西南官话区的沙洋和江淮官话区的黄陂，在未来 S3 或将在湖北地区更多方言中消失，属于收缩型传播。

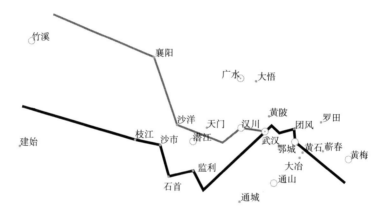

图 152　蕴涵规则〔D1〕⇒〔S3〕（咬）转置示意

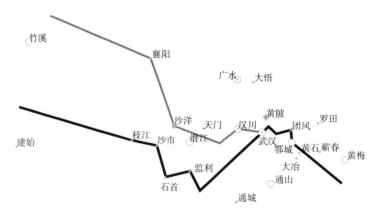

图 153　蕴涵规则〔S10〕⇒〔S3〕（咬）转置示意

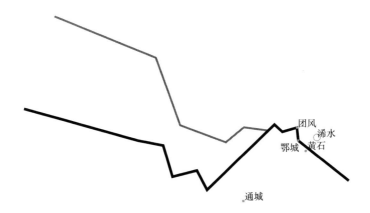

图 154 蕴涵规则 {S10} ⇒ {S3}（喵）转置示意

表 109 "咬/喵"的词义基元 S6 作为后项的优选蕴涵规则

	Rules	Support	Confidence	Lift	Count
[1]	{D1} ⇒ {S6}	0.06896552	1	2.636364	2
[2]	{S10} ⇒ {S6}	0.17241379	0.8333333	2.19697	5
[3]	{S3} ⇒ {S6}	0.17241379	0.625	1.647727	5

将表 109 蕴涵规则展示到地理位置示意图上可以观察到 S6 的传播状况。

由以下六幅示意图，可以观察到，S6 作为不晚于明代出现的词义基元，在湖北地区的普及率并不十分高。且由前文分析可知，S6 在湖北地区的活力并不高。由图 158 {S10} ⇒ {S6}（喵）可以观察到，浠水话中的"喵"已经不用来表示"螫"，或许临近区域的鄂城方言将来也不会用"喵"表示词义基元 S6。由图 159 {S3} ⇒ {S6}（咬），我们可以观察到，S6 已从竹溪话、潜江话、通山话的"咬"中脱落，该词义基元或会在湖北三大方言区出现小范围的收缩趋势。

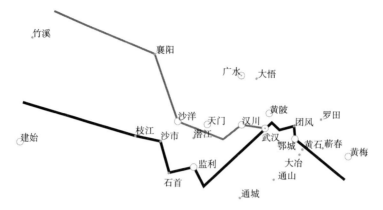

图 155　蕴涵规则｛D1｝⇒｛S6｝（咬）转置示意

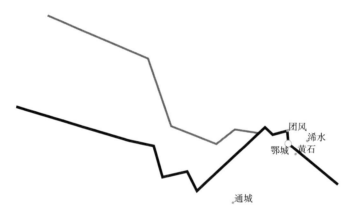

图 156　蕴涵规则｛D1｝⇒｛S6｝（啮）转置示意

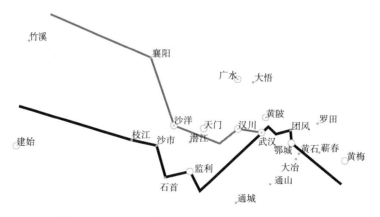

图 157　蕴涵规则｛S10｝⇒｛S6｝（咬）转置示意

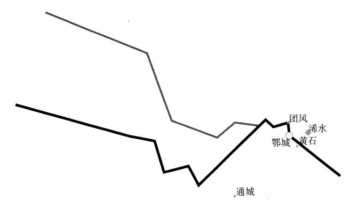

图 158　蕴涵规则 {S10} ⇒ {S6}（咭）转置示意

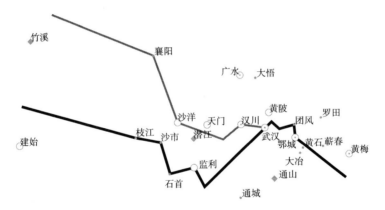

图 159　蕴涵规则 {S3} ⇒ {S6}（咬）转置示意

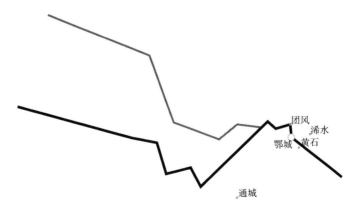

图 160　蕴涵规则 {S3} ⇒ {S6}（咭）转置示意

表110 "咬/嗑"的词义基元 S7 作为后项的优选蕴涵规则

	Rules	Support	Confidence	Lift	Count
[1]	{D1} ⇒ {S7}	0.06896552	1	2.416667	2
[2]	{S10} ⇒ {S7}	0.13793103	0.6666667	1.611111	4
[3]	{S6} ⇒ {S7}	0.20689655	0.5454545	1.318182	6
[4]	{S3} ⇒ {S7}	0.13793103	0.5	1.208333	4

将表110蕴涵规则展示到地理位置示意图上可以观察到 S7 的传播状况。

由以下八幅示意图，可以观察到 S7 在湖北主要分布在江淮官话黄孝片区，赣方言区，以及西南官话的少部分地区。在赣方言区和江淮官话区都有两个动词"咬"或"嗑"，来表示词义基元 S7，可见 S7 在湖北地区出现也较早。但由前文可知，词义基元 S7 在湖北地区的活力并不强。在未分片的鄂城，既用"咬"也用"嗑"来表示词义基元 S7。由{S6} ⇒ {S7} 的两幅示意图可以观察到，鄂城方言的"嗑"中缺失的词义基元 S7，由"咬"补上了。由此可以推测，在鄂城话中，"咬"或将逐渐替代"嗑"表达更多的词义基元，而原本属于"嗑"的词义基元或将逐渐脱落。此外，由图163 {S10} ⇒ S7（咬）、图165 {S6} ⇒ {S7}（咬）和图167 {S3} ⇒ S7（咬）也可以观察到，S7 或从湖北境内长江和汉江中游的西南官话区和长江下游的江淮官话区的部分方言点逐渐消失。

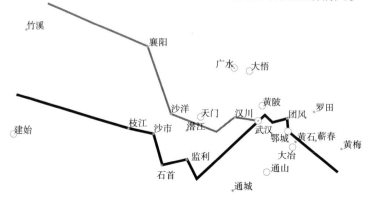

图 161 蕴涵规则 {D1} ⇒ {S7}（咬）转置示意

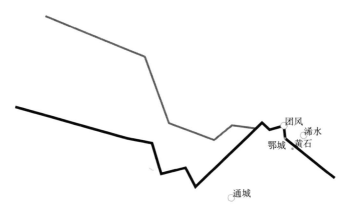

图 162　蕴涵规则 {D1} ⇒ {S7}（喏）转置示意

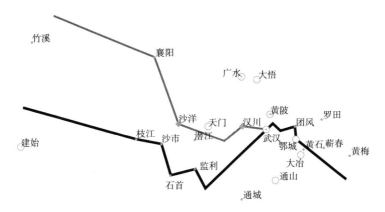

图 163　蕴涵规则 {S10} ⇒ {S7}（咬）转置示意

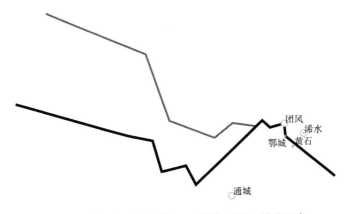

图 164　蕴涵规则 {S10} ⇒ {S7}（喏）转置示意

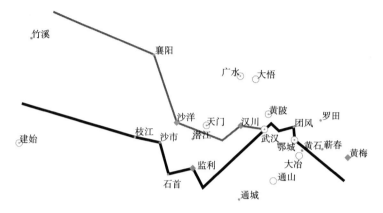

图 165　蕴涵规则 {S6} ⇒ {S7}（咬）转置示意

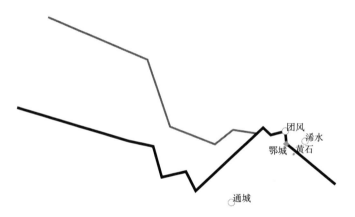

图 166　蕴涵规则 {S6} ⇒ {S7}（啮）转置示意

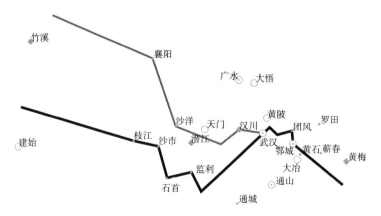

图 167　蕴涵规则 {S3} ⇒ {S7}（咬）转置示意

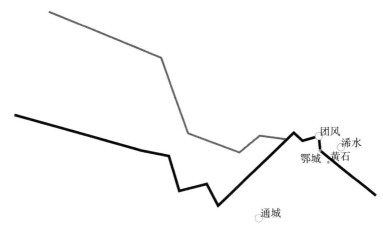

图 168　蕴涵规则〔S3〕⇒〔S7〕（啮）转置示意

表 111　"咬/啮"的词义基元 S9 作为后项的优选蕴涵规则

	Rules	Support	Confidence	Lift	Count
〔1〕	〔S10〕⇒〔S9〕	0.20689655	1	1.933333	6
〔2〕	〔D1〕⇒〔S9〕	0.06896552	1	1.933333	2
〔3〕	〔S3〕⇒〔S9〕	0.20689655	0.75	1.45	6
〔4〕	〔S7〕⇒〔S9〕	0.27586207	0.6666667	1.288889	8
〔5〕	〔S8〕⇒〔S9〕	0.27586207	0.66666667	1.288889	8
〔6〕	〔S6〕⇒〔S9〕	0.24137931	0.6363636	1.230303	7
〔7〕	〔S5〕⇒〔S9〕	0.27586207	0.61538462	1.189744	8

　　将表 111 中的蕴涵规则展示到地理位置示意图上可以观察到 S9 的传播状况。

　　由以下十四幅示意图，可以观察到，在赣方言区和江淮官话区词义基元 S9 通常是由"咬"和"啮"两个动词来表示，可见 S9 在湖北地区出现较早。但由前文可知，词义基元 S9 在湖北地区的活力也不强。所以，由图 175〔S7〕⇒ S9〕（咬）、图 177〔S8〕⇒ S9〕（咬）、图 179〔S6〕⇒ S9〕（咬）、图 181〔S5〕⇒ S9〕（咬），可以观察到 S9 在西南官话区的传播状况。S9 或由处于长江支流沿岸的建始消失，沿长江向中游退至石首，后经江汉平原，在天门消失。由图 177〔S8〕⇒〔S9〕（咬）和图 181〔S5〕⇒〔S9〕（咬），可以观察到 S9 在江淮官话区的传播情况。在江淮官话区，或将因 S9 在"咬"中的脱落而消失在鄂西北的竹溪话和黄孝片的黄石话和罗田话中。由对应蕴涵规则 {S5} ⇒ {S9} 的两幅示意图（图181、图182）可以观察到，通城话在"咬"中缺失的词义基元 S9，由"啮"填补上了。由此可以推测，在通城话中，"啮"仍占主要地位，"咬"替换"啮"的进程在通城地区较为缓慢。由图175 {S7} ⇒ {S9}（咬）和图177 {S8} ⇒ {S9}（咬），可以观察到 S9 在赣方言区的消失或将由该词义基元在大冶话的"咬"中脱落开始。由图173 {S3} ⇒ {S9}（咬），图175 {S7} ⇒ {S9}（咬），以及对应蕴涵规则 {S6} ⇒ {S9} 的两幅示意图（图179、图180），也可以发现，S9 或已从鄂城话的"咬"和"啮"中完全脱落。

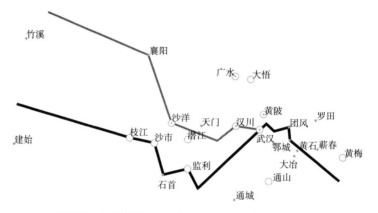

图 169　蕴涵规则 {S10} ⇒ {S9}（咬）转置示意

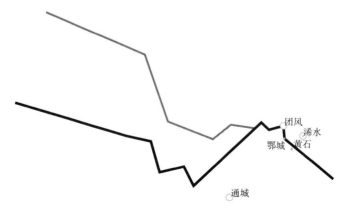

图 170　蕴涵规则 {S10} ⇒ {S9}（啮）转置示意

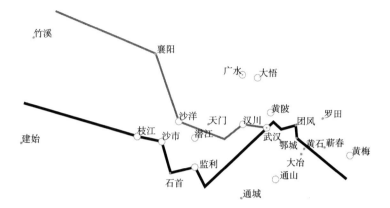

图 171 蕴涵规则〔D1〕⇒〔S9〕（咬）转置示意

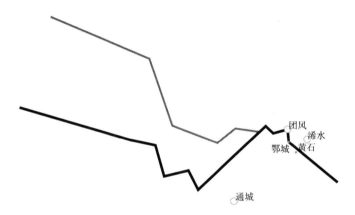

图 172 蕴涵规则〔D1〕⇒〔S9〕（喵）转置示意

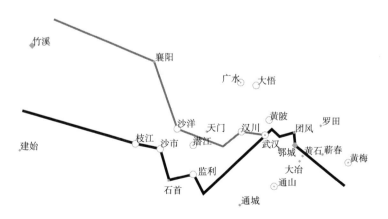

图 173 蕴涵规则〔S3〕⇒〔S9〕（咬）转置示意

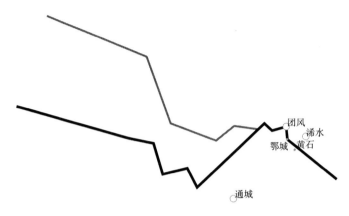

图 174　蕴涵规则 {S3} ⇒ {S9}（啃）转置示意

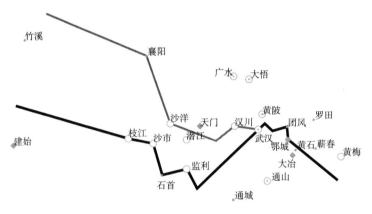

图 175　蕴涵规则 {S7} ⇒ {S9}（咬）转置示意

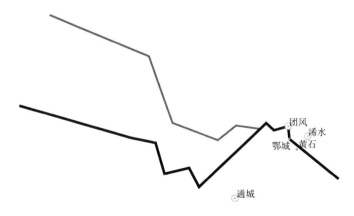

图 176　蕴涵规则 {S7} ⇒ {S9}（啃）转置示意

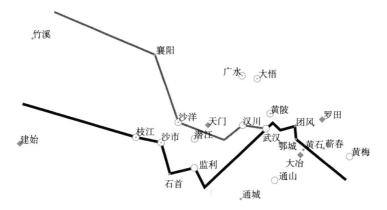

图 177　蕴涵规则｛S8｝⇒｛S9｝（咬）转置示意

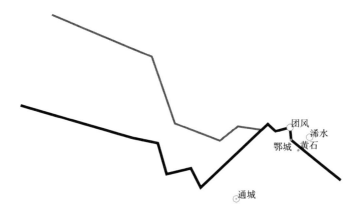

图 178　蕴涵规则｛S8｝⇒｛S9｝（啮）转置示意

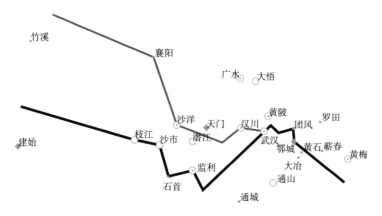

图 179　蕴涵规则｛S6｝⇒｛S9｝（咬）转置示意

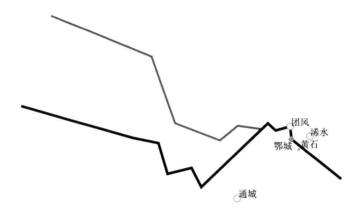

图 180　蕴涵规则 {S6} ⇒ {S9}（啮）转置示意

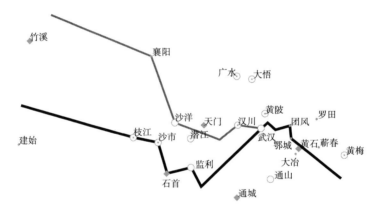

图 181　蕴涵规则 {S5} ⇒ {S9}（咬）转置示意

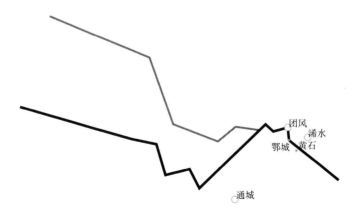

图 182　蕴涵规则 {S5} ⇒ {S9}（啮）转置示意

表 112   "咬/啮"的词义基元 S11 作为后项的优选蕴涵规则

	Rules	Support	Confidence	Lift	Count
[1]	{S10} ⇒ {S11}	0.20689655	1	1.8125	6
[2]	{D1} ⇒ {S11}	0.06896552	1	1.8125	2
[3]	{S3} ⇒ {S11}	0.24137931	0.875	1.585938	7
[4]	{S5} ⇒ {S11}	0.34482759	0.76923077	1.394231	10
[5]	{S9} ⇒ {S11}	0.34482759	0.6666667	1.208333	10
[6]	{S7} ⇒ {S11}	0.27586207	0.6666667	1.208333	8
[7]	{S6} ⇒ {S11}	0.24137931	0.6363636	1.153409	7
[8]	{S8} ⇒ {S11}	0.24137931	0.58333333	1.057292	7

将表 112 中的蕴涵规则展示到地理位置示意图上可以观察到 S11 的存现及传播状况。

由以下十六幅示意图，可以观察到 S11 在湖北三大方言区都有分布，其中在西南官话区的普及率最高，在赣方言区和江淮官话区以及未分片的鄂城，词义基元 S11 通常是由"咬"或"啮"这两个动词来表示。由蕴涵规则 {S10} ⇒ {S11} 对应的两幅示意图（图183、图184）和蕴涵规则 {D1} ⇒ {S11} 对应的两幅示意图（图185、图186）观察到，在这些规则中，S11 与其他基元的关系完全满足蕴涵规则所示的关系。或可推测，S11 在符合以上两条蕴涵规则的方言中，使用情况变化不大。由前文可知，S11 目前更可能处于发展阶段。由 {S3} ⇒ {S11}、{S5} ⇒ {S11}、{S9} ⇒ {S11}、{S7} ⇒ {S11}、{S6} ⇒ {S11}、{S8} ⇒ {S11} 六条蕴涵规则所对应的示意图，可以推测出，在西南官话区，S11 或将经江汉平原腹地传播至监利，后沿长江向上游蔓延至枝江和建始。S11 在鄂东地区的黄梅和大别山方向的罗田，以"咬"作为载体传播的可能性较大。在江淮官话黄孝片的团风，词义基元 S11 或将以"啮"作为载体蔓延至该地。在赣方言区，S11 可能会以"咬"的形式传播至大冶。在通城地区，

S11 以"啮"的形式存在的可能性大于以"咬"的形式存在。根据蕴涵规则｛S6｝⇒｛S11｝对应的两幅示意图（图195、图196），从共时层面看，在未分片的鄂城，现在用"咬"来表示词义基元 S11，而它也有可能用"啮"来表示。据此我们可以推测，这或许是形式上的更替，即在鄂城地区，S11 以前用"啮"作为形式载体，后来由于"咬"的普及，"啮"逐渐被"咬"取代。

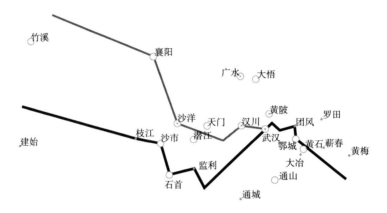

图183　蕴涵规则｛S10｝⇒｛S11｝（咬）转置示意

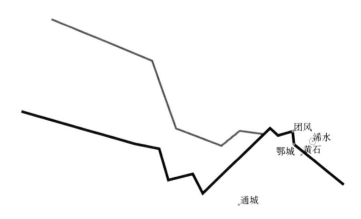

图184　蕴涵规则｛S10｝⇒｛S11｝（啮）转置示意

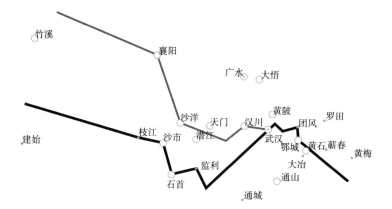

图 185　蕴涵规则〔D1〕⇒〔S11〕（咬）转置示意

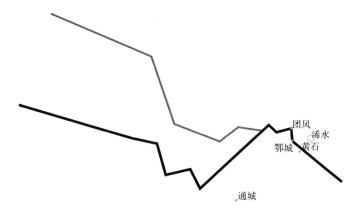

图 186　蕴涵规则〔D1〕⇒〔S11〕（啮）转置示意

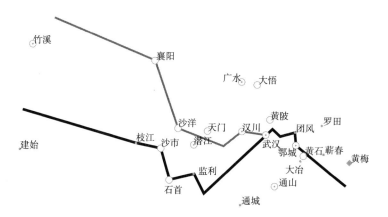

图 187　蕴涵规则〔S3〕⇒〔S11〕（咬）转置示意

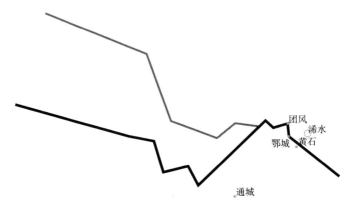

图 188　蕴涵规则｛S3｝⇒｛S11｝（咶）转置示意

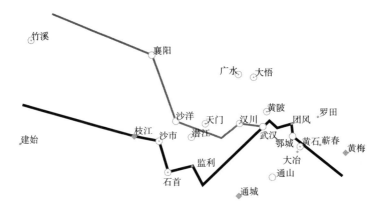

图 189　蕴涵规则｛S5｝⇒｛S11｝（咬）转置示意

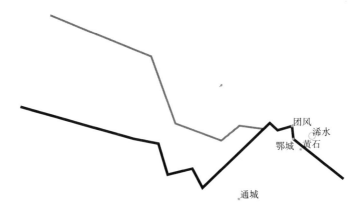

图 190　蕴涵规则｛S5｝⇒｛S11｝（咶）转置示意

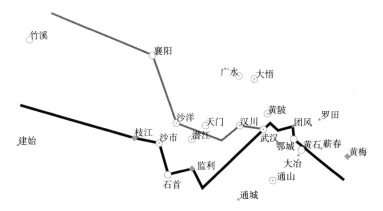

图 191　蕴涵规则｛S9｝⇒｛S11｝（咬）转置示意

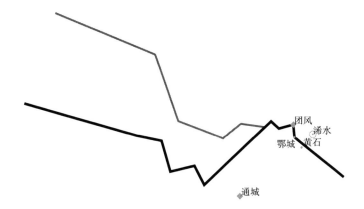

图 192　蕴涵规则｛S9｝⇒｛S11｝（啮）转置示意

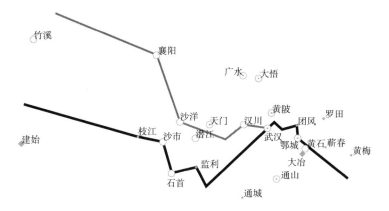

图 193　蕴涵规则｛S7｝⇒｛S11｝（咬）转置示意

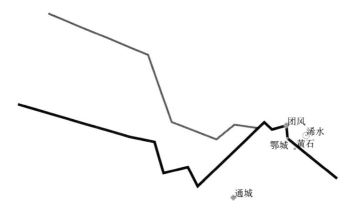

图 194　蕴涵规则｛S7｝⇒｛S11｝（啦）转置示意

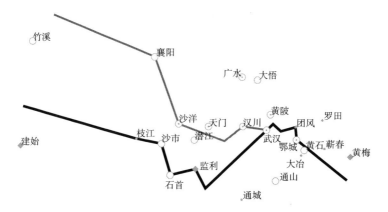

图 195　蕴涵规则｛S6｝⇒｛S11｝（咬）转置示意

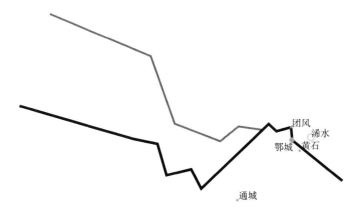

图 196　蕴涵规则｛S6｝⇒｛S11｝（啦）转置示意

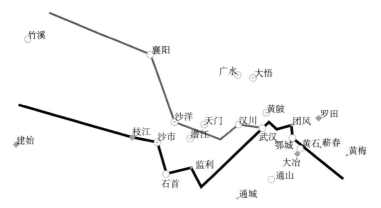

图 197　蕴涵规则 {S8} ⇒ {S11}（咬）转置示意

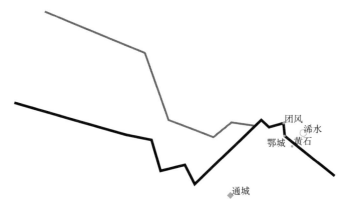

图 198　蕴涵规则 {S8} ⇒ {S11}（啃）转置示意

表 113　"咬/啃"的词义基元 S5 作为后项的优选蕴涵规则

	Rules	Support	Confidence	Lift	Count
[1]	{S3} ⇒ {S5}	0.17241379	0.625	1.394231	5
[2]	{S8} ⇒ {S5}	0.24137931	0.58333333	1.301282	7
[3]	{S10} ⇒ {S5}	0.10344828	0.5	1.115385	3
[4]	{D1} ⇒ {S5}	0.03448276	0.5	1.115385	1
[5]	{S6} ⇒ {S5}	0.17241379	0.4545455	1.013986	5

　　将表 113 中的蕴涵规则展示到地理位置示意图上可以观察到 S5 的存现和传播状况。

　　由以下八幅示意图，可以观察到 S5 在湖北三大方言区均有分布。

在赣方言区、江淮官话区和未分片的鄂城地区，词义基元 S5 通常是由"咬"或"啮"两个动词来表示。由前文可知，S5 属于活力较弱的基元。S5 在西南官话区的覆盖率较高，尤其是在长江中上游地区和汉江中游地区。词义基元 S5 在西南官话区，或以"咬"的形式在武汉、沙洋、监利、建始存在过，后来脱落。罗田地处江淮官话区，更有可能的情况是，过去以"啮"的形式表示过词义基元 S5，后由于使用频率降低，从"啮"脱落，而在将来以"咬"的形式作为载体重返该地区。江淮官话黄孝片的浠水，与罗田稍有不同，S5 以"啮"的形式存在或消亡的可能性更大，因为就本次调查情况来看，浠水目前还只用"啮"而不用"咬"来表达其常用义。在未分片的鄂城，从共时层面看，既不用"咬"也不用"啮"来表示词义基元 S5，但蕴涵规则 {S6} ⇒ {S5} 所对应的示意图（见图 205、图 206）存在一个强预示，我们可以推测，S5 在过去或以"啮"的形式存在于鄂城方言中，但在当下，S5 已从"啮"中脱落，而尚没有以"咬"作为形式载体出现。在赣方言区的大冶和通山，S5或以"咬"的形式存在过，后来脱落，通城地区更值得我们关注。通城地区其他词义基元都是用"啮"来表示，只有 S5 用"咬"来表示。我们或可推测，赣方言区的方言中，原本就不用"咬"或"啮"来表示 S5。本次调查中，合作人用"咬"来表达该词义基元，可能是个体迁移造成的。

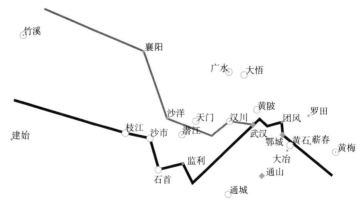

图 199 蕴涵规则 {S3} ⇒ {S5}（咬）转置示意

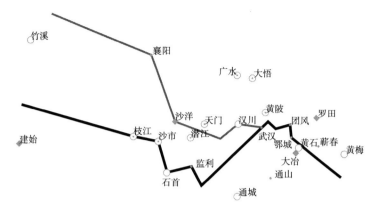

图 200　蕴涵规则〔S8〕⇒〔S5〕（咬）转置示意

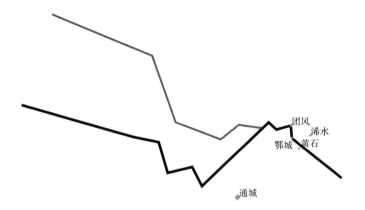

图 201　蕴涵规则〔S8〕⇒〔S5〕（啮）转置示意

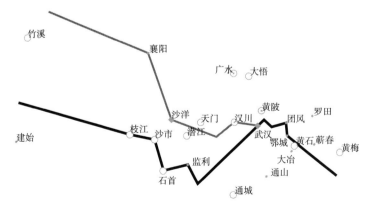

图 202　蕴涵规则〔S10〕⇒〔S5〕（咬）转置示意

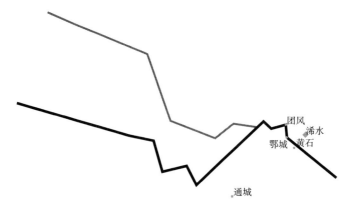

图 203 蕴涵规则〔S10〕⇒〔S5〕（啮）转置示意

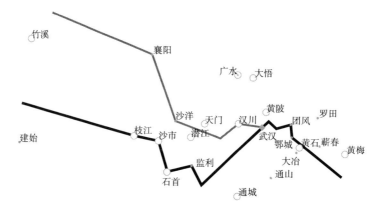

图 204 蕴涵规则〔D1〕⇒〔S5〕（咬）转置示意

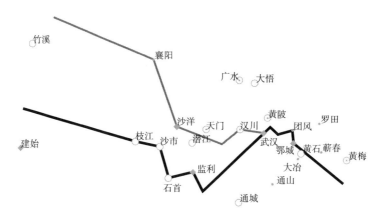

图 205 蕴涵规则〔S6〕⇒〔S5〕（咬）转置示意

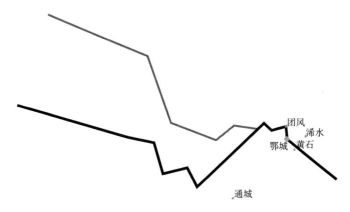

图 206　蕴涵规则 ｛S6｝ ⇒ ｛S5｝（啮）转置示意

表 114　　"咬/啮"的词义基元 S8 作为后项的优选蕴涵规则

	Rules	Support	Confidence	Lift	Count
［1］	｛S10｝ ⇒ ｛S8｝	0.10344828	0.5	1.208333	3
［2］	｛D1｝ ⇒ ｛S8｝	0.03448276	0.5	1.208333	1
［3］	｛S6｝ ⇒ ｛S8｝	0.17241379	0.4545455	1.098485	5

　　将表 114 中的蕴涵规则展示到地理位置示意图上可以观察到 S8 的存现和传播状况。

　　由以下六幅示意图，可以观察到 S8 在湖北三大方言区均有分布，尤其是西南官话区，其次是江淮官话黄孝片区，再次是赣方言区。在赣方言区和江淮官话区以及未分片的鄂城地区，词义基元 S8 通常是由"咬"或"啮"两个动词来表示。由前文可知，S8 属于活力较弱的基元。在西南官话区，S8 或以"咬"的形式在武汉、汉川、监利存在过然后脱落。在江淮官话区的黄梅，S8 或以"咬"的形式存在过，而在浠水地区，S8 只会以"啮"的形式存在。在未分片的鄂城，从共时层面看，既不用"咬"也不用"啮"来表示词义基元 S8，但规则 ｛S6｝ ⇒ ｛S8｝所对应的两幅示意图（见图 211、图 212）的预示与上文规则 ｛S6｝ ⇒ ｛S5｝ 所对应的两幅示意图（见图 205、图 206）的预示一样，"咬"在鄂城地区还没有完全替代"啮"，这两个词还在交替使用。

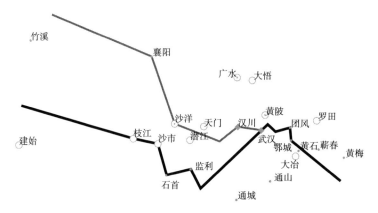

图 207　蕴涵规则 ｛S10｝ ⇒ ｛S8｝（咬）转置示意

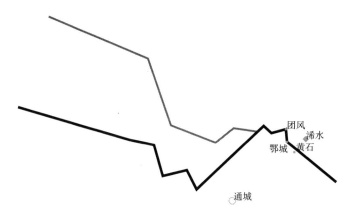

图 208　蕴涵规则 ｛S10｝ ⇒ ｛S8｝（啮）转置示意

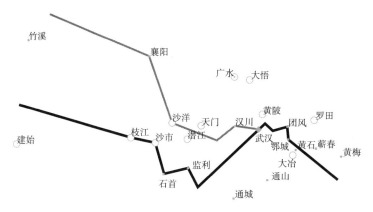

图 209　蕴涵规则 ｛D1｝ ⇒ ｛S8｝（咬）转置示意

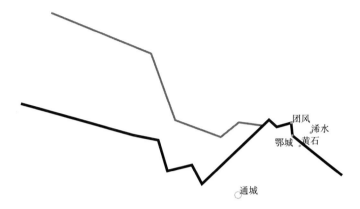

图 210　蕴涵规则〔D1〕⇒〔S8〕（唟）转置示意

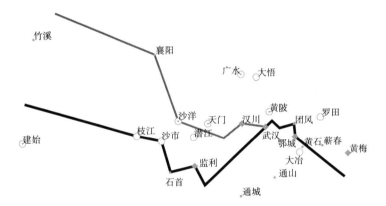

图 211　蕴涵规则〔S6〕⇒〔S8〕（咬）转置示意

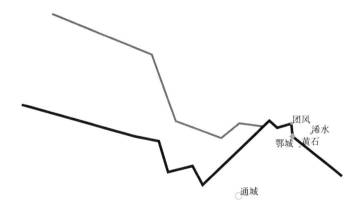

图 212　蕴涵规则〔S6〕⇒〔S8〕（唟）转置示意

表 115 "咬/啮"的词义基元 S4 作为后项的优选蕴涵规则

	Rules	Support	Confidence	Lift	Count
[1]	{S3} ⇒ {S4}	0.27586207	1	1.26087	8
[2]	{D1} ⇒ {S4}	0.06896552	1	1.26087	2
[3]	{S11} ⇒ {S4}	0.51724138	0.9375	1.182065	15
[4]	{S5} ⇒ {S4}	0.4137931	0.92307692	1.16388	12
[5]	{S8} ⇒ {S4}	0.37931034	0.91666667	1.155797	11
[6]	{S9} ⇒ {S4}	0.44827586	0.8666667	1.092754	13
[7]	{S10} ⇒ {S4}	0.17241379	0.8333333	1.050725	5
[8]	{S6} ⇒ {S4}	0.31034483	0.8181818	1.031621	9

将表 115 中的蕴涵规则展示到地理位置示意图上可以观察到 S4 的传播状况。

由以下十六幅示意图，可以观察到 S4 在湖北地区普及率较高，在赣方言区和江淮官话区以及未分片的鄂城，词义基元 S4 通常是由"咬"或"啮"这两个动词来表示。由规则 {S3} ⇒ {S4} 和 {D1} ⇒ {S4} 对应的四幅示意图（图 213、图 214，图 215、图 216），以及图 217 {S11} ⇒ {S4}（咬）观察到，当词义基元 S4 以"咬"的形式出现时，S4 完全满足三条蕴涵规则所示的关系。当词义基元 S4 以"啮"的形式出现时，满足前两条蕴涵规则所示的关系。由前文可知，S4 为处于发展阶段的基元。由图 221 {S8} ⇒ {S4}（咬）和图 227 {S6} ⇒ {S4}（咬）可以观察到，在西南官话区，S4 或以"咬"的形式由长江主干至支流向上游传播至建始。由图 218 {S11} ⇒ {S4}（啮）、图 224 {S9} ⇒ {S4}（啮）和图 226 {S10} ⇒ {S4}（啮），可以观察到浠水和团风这两地并无词义基元 S4，或是由于"反咬一口"较为书面，今后词义基元 S4 以"咬"的形式传播到这两地的可能性更大。从共时层面看，团风作为经济和交通更发达的地区，语言交流和传播的概率更大。由示意图也可以看出，团风目前存在用"咬"表示词义基元 S4 的情况。由于普通话的普及，将来浠水用"啮"表示词义基元 S4

的概率会更小。在赣方言区，大冶、通山都用"咬"来表示词义基元 S4，通城用"嗒"来表示，其中的原因值得分析。除了大冶方言合作人一直生活在当地，通山和通城两地方言合作人都离开母方言区生活过。可见湖北赣方言区北部近年或因与周边地区人员往来增多，受外界影响较大。大冶方言合作人虽未离开过母方言区，但出现此情况的原因一种可能是其方言中没有"嗒"的说法，另一种可能是受其他方言区的影响。而通城方言合作人虽然离开了家乡，但其受教育程度没有通山方言合作人高，或也是限制 S4 以"咬"的形式进入通山方言的因素之一。由规则 {S6} ⇒ {S4} 所对应的两幅示意图（图227、图228）可以看到，在未分片的鄂城，从共时层面看，现在用"咬"来表示词义基元 S4，再一次在鄂城地区观察到"咬"代替"嗒"的过程。

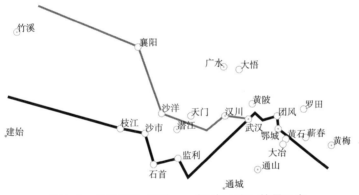

图 213　蕴涵规则 {S3} ⇒ {S4}（咬）转置示意

图 214　蕴涵规则 {S3} ⇒ {S4}（嗒）转置示意

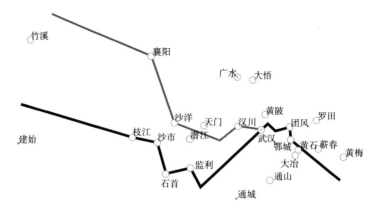

图 215　蕴涵规则〔D1〕⇒〔S4〕（咬）转置示意

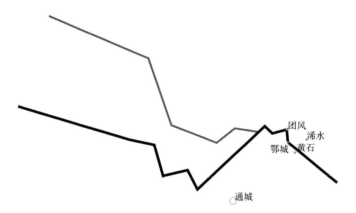

图 216　蕴涵规则〔D1〕⇒〔S4〕（啮）转置示意

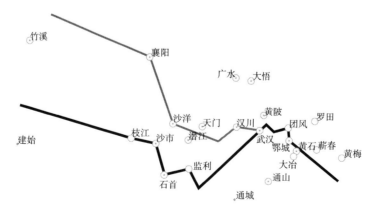

图 217　蕴涵规则〔S11〕⇒〔S4〕（咬）转置示意

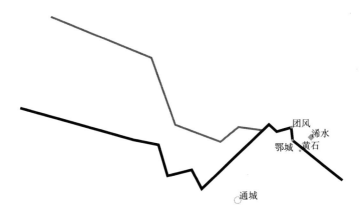

图 218 蕴涵规则〔S11〕⇒〔S4〕（啮）转置示意

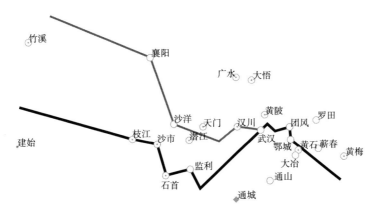

图 219 蕴涵规则〔S5〕⇒〔S4〕（咬）转置示意

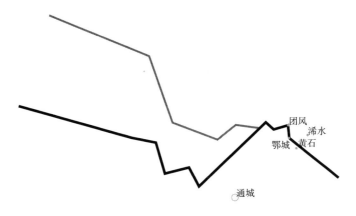

图 220 蕴涵规则〔S5〕⇒〔S4〕（啮）转置示意

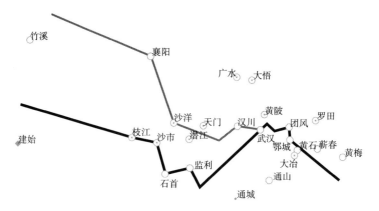

图 221　蕴涵规则｛S8｝⇒｛S4｝（咬）转置示意

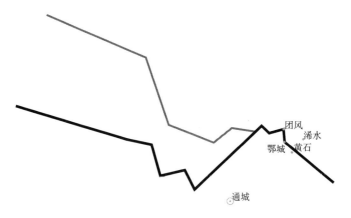

图 222　蕴涵规则｛S8｝⇒｛S4｝（啃）转置示意

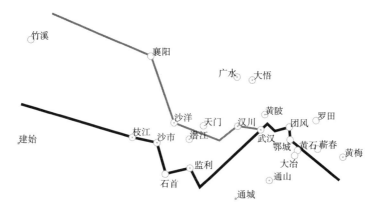

图 223　蕴涵规则｛S9｝⇒｛S4｝（咬）转置示意

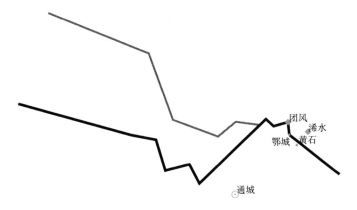

图 224　蕴涵规则〔S9〕⇒〔S4〕（啮）转置示意

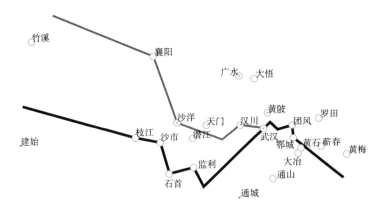

图 225　蕴涵规则〔S10〕⇒〔S4〕（咬）转置示意

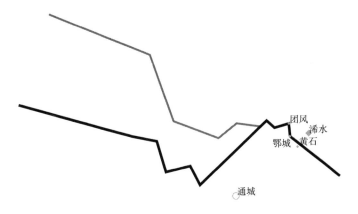

图 226　蕴涵规则〔S10〕⇒〔S4〕（啮）转置示意

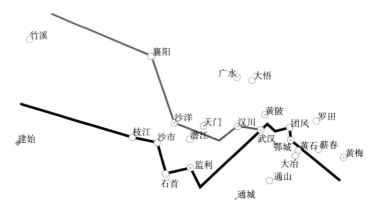

图 227　蕴涵规则 {S6} ⇒ {S4}（咬）转置示意

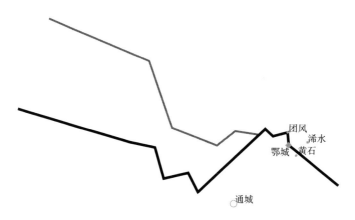

图 228　蕴涵规则 {S6} ⇒ {S4}（啮）转置示意

表 116　"咬/啮"的词义基元 S1 作为后项的优选蕴涵规则

	Rules	Support	Confidence	Lift	Count
[1]	{S11} ⇒ {S1}	0.55172414	1	1.115385	16
[2]	{S9} ⇒ {S1}	0.51724138	1	1.115385	15
[3]	{S7} ⇒ {S1}	0.4137931	1	1.115385	12
[4]	{S8} ⇒ {S1}	0.4137931	1	1.115385	12
[5]	{S3} ⇒ {S1}	0.27586207	1	1.115385	8

	Rules	Support	Confidence	Lift	Count
[6]	{S10} ⇒ {S1}	0.20689655	1	1.115385	6
[7]	{D1} ⇒ {S1}	0.06896552	1	1.115385	2
[8]	{S4} ⇒ {S1}	0.75862069	0.95652174	1.06689	22
[9]	{S5} ⇒ {S1}	0.4137931	0.92307692	1.029586	12
[10]	{S6} ⇒ {S1}	0.34482759	0.9090909	1.013986	10

将表 116 蕴涵规则展示到地理位置示意图上可以观察到 S1 的传播状况。

由以下二十幅示意图，可以观察到 S1 以"咬"或"啮"的形式分布在本次调查的湖北地区所有（25 个）方言点中。由规则 {S11} ⇒ {S1}，{S9} ⇒ {S1}，{S7} ⇒ {S1}，{S8} ⇒ {S1}，{S3} ⇒ {S1}，{S10} ⇒ {S1}，{D1} ⇒ {S1} 所对应的十四幅示意图（图 229、图 230，图 231、图 232，图 233、图 234，图 235、图 236，图 237、图 238，图 239、图 240，图 241、图 242），可以观察到，在这些规则中 S1 与其他基元的关系完全满足蕴涵规则所示的关系，由此可推测，S1 在符合以上蕴涵规则的方言中，使用情况变化不大。由规则 {S4} ⇒ {S1}，{S5} ⇒ {S1} 所对应的四幅示意图（图 243、图 244，图 245、图 246），可以观察到，在江淮官话区的团风、赣方言区的通城，S1 以"啮"的形式存在的可能性比以"咬"的形式存在的可能性大。由规则 {S6} ⇒ {S1} 所对应的两幅示意图（图 247、图 248），可以观察到，在未分片的鄂城，从共时层面看，现在用"咬"来表示词义基元 S1。由此可以推测，在鄂城地区，S1 以前用"啮"作为形式载体，后来由于"咬"的普及，词义基元 S1 逐渐从动词"啮"中脱落，由"咬"来标记，由此再一次观察到鄂城地区"咬"替换"啮"的迹象。

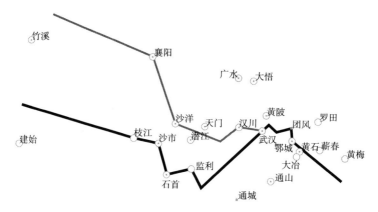

图 229　蕴涵规则 {S11} ⇒ {S1}（咬）转置示意

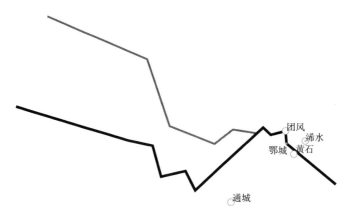

图 230　蕴涵规则 {S11} ⇒ {S1}（啮）转置示意

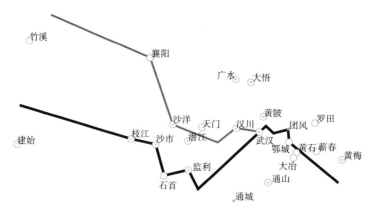

图 231　蕴涵规则 {S9} ⇒ {S1}（咬）转置示意

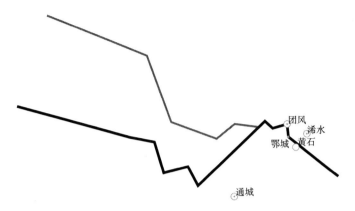

图 232　蕴涵规则 {S9} ⇒ {S1}（啮）转置示意

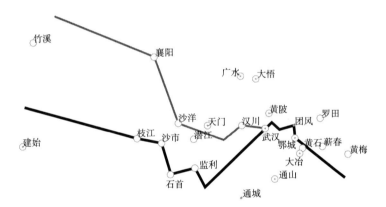

图 233　蕴涵规则 {S7} ⇒ {S1}（咬）转置示意

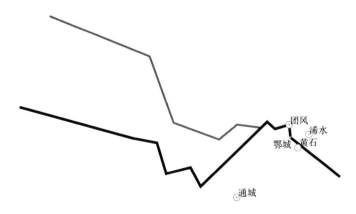

图 234　蕴涵规则 {S7} ⇒ {S1}（啮）转置示意

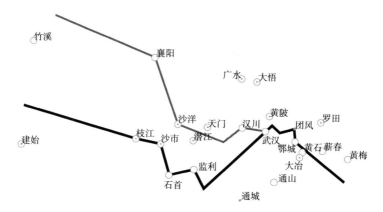

图 235　蕴涵规则〔S8〕⇒〔S1〕（咬）转置示意

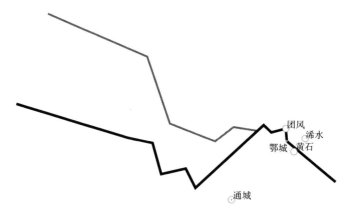

图 236　蕴涵规则〔S8〕⇒〔S1〕（啮）转置示意

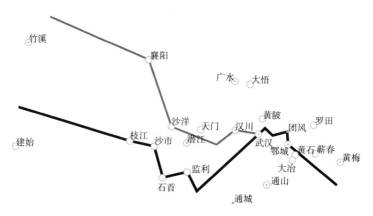

图 237　蕴涵规则〔S3〕⇒〔S1〕（咬）转置示意

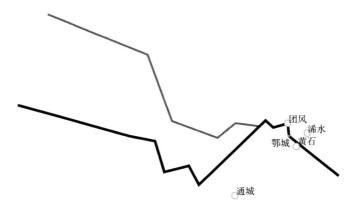

图 238　蕴涵规则〔S3〕 ⇒〔S1〕（啮）转置示意

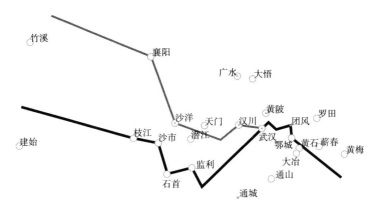

图 239　蕴涵规则〔S10〕 ⇒〔S1〕（咬）转置示意

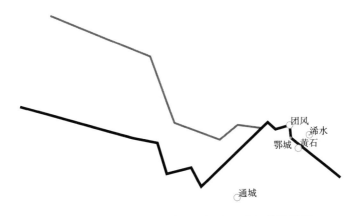

图 240　蕴涵规则〔S10〕 ⇒〔S1〕（啮）转置示意

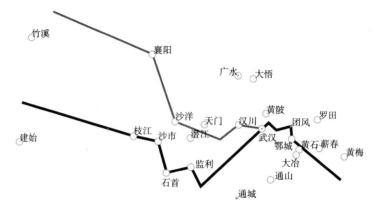

图 241 蕴涵规则 {D1} ⇒ {S1}（咬）转置示意

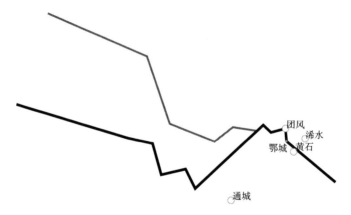

图 242 蕴涵规则 {D1} ⇒ {S1}（啮）转置示意

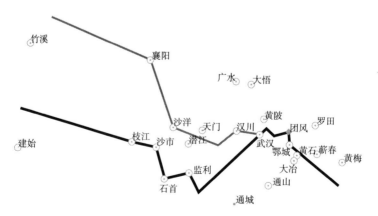

图 243 蕴涵规则 {S4} ⇒ {S1}（咬）转置示意

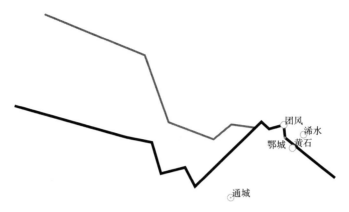

图 244 蕴涵规则 {S4} ⇒ {S1}（啨）转置示意

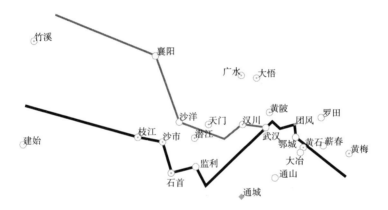

图 245 蕴涵规则 {S5} ⇒ {S1}（咬）转置示意

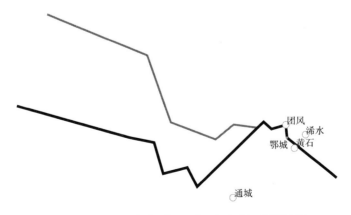

图 246 蕴涵规则 {S5} ⇒ {S1}（啨）转置示意

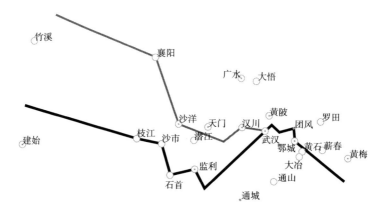

图 247 蕴涵规则 {S6} ⇒ {S1}（咬）转置示意

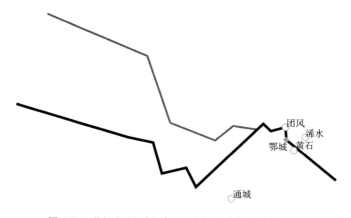

图 248 蕴涵规则 {S6} ⇒ {S1}（啮）转置示意

表 117 "咬/啮"的词义基元 S2 作为后项的优选蕴涵规则

	Rules	Support	Confidence	Lift	Count
[1]	{S3} ⇒ {S2}	0.27586207	1	1.074074	8
[2]	{S4} ⇒ {S2}	0.79310345	1	1.074074	23
[3]	{S6} ⇒ {S2}	0.37931034	1	1.074074	11
[4]	{S7} ⇒ {S2}	0.4137931	1	1.074074	12
[5]	{S8} ⇒ {S2}	0.4137931	1	1.074074	12
[6]	{S9} ⇒ {S2}	0.51724138	1	1.074074	15
[7]	{S10} ⇒ {S2}	0.20689655	1	1.074074	6
[8]	{S11} ⇒ {S2}	0.55172414	1	1.074074	16

	Rules	Support	Confidence	Lift	Count
[9]	{D1} ⇒ {S2}	0.06896552	1	1.074074	2
[10]	{S1} ⇒ {S2}	0.86206897	0.96153846	1.032764	25

　　将表117中的蕴涵规则展示到地理位置示意图上可以观察到S2的传播状况。

　　由以下二十幅示意图，可以观察到S2以"咬"或"啮"的形式分布在本次调查的湖北地区所有（25个）方言点中。由以上十条优选蕴涵规则所对应的示意图可以观察到，在这些规则中，S2与其他基元的关系完全满足蕴涵规则所示的关系，由此可推测，S2在符合以上十条蕴涵规则的方言中，使用情况变化不大。由 {S1} ⇒ {S2} 所对应的两幅示意图（图267、图268），可以观察到，在江淮官话区的团风，S2以"咬"或"啮"的形式存在均有可能。从共时层面看，团风目前既用"咬"也用"啮"来表示词义基元S2；从历时层面看，"啮"比"咬"出现得早，团风方言中的"咬"可能是后起动词。未分片的鄂城地区情况与团风一致。此外，黄石与鄂城一样，距湖北省会武汉较近，但在很长一段时间内，黄石的经济比鄂城发达，这或许是黄石话用"咬"而不用"啮"来表示词义基元S3的原因之一。"啮"在黄石话中由"咬"来替代的进程比在鄂城话中快。

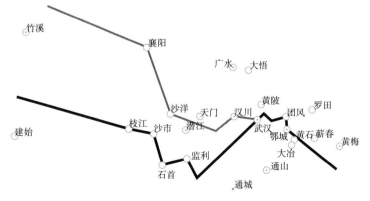

图249　蕴涵规则 {S3} ⇒ {S2}（咬）转置示意

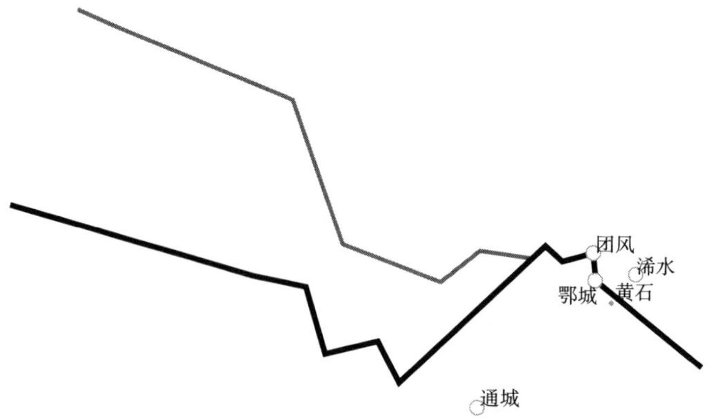

图 250　蕴涵规则｛S3｝⇒｛S2｝（啮）转置示意

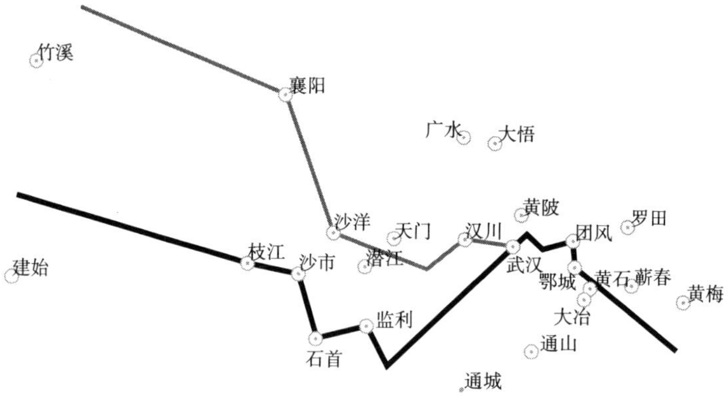

图 251　蕴涵规则｛S4｝⇒｛S2｝（咬）转置示意

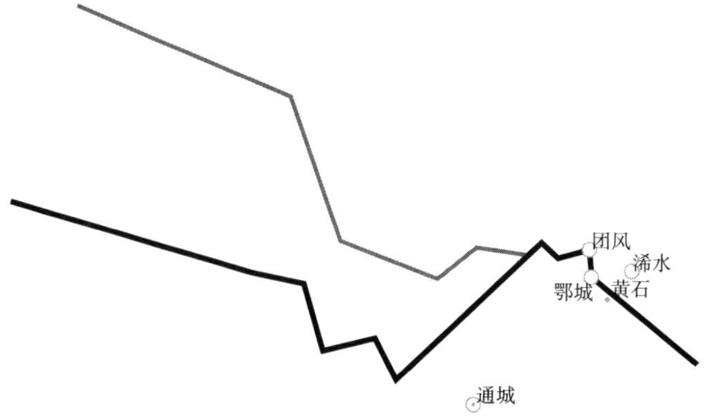

图 252　蕴涵规则｛S4｝⇒｛S2｝（啮）转置示意

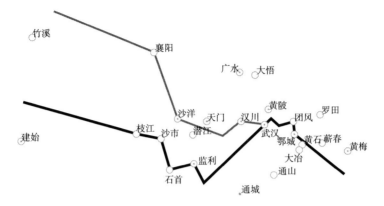

图 253 蕴涵规则 {S6} ⇒ {S2}（咬）转置示意

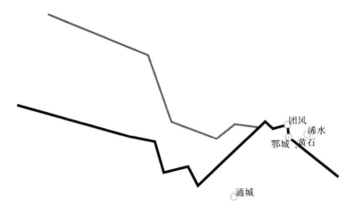

图 254 蕴涵规则 {S6} ⇒ {S2}（啮）转置示意

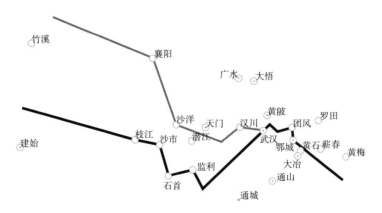

图 255 蕴涵规则 {S7} ⇒ {S2}（咬）转置示意

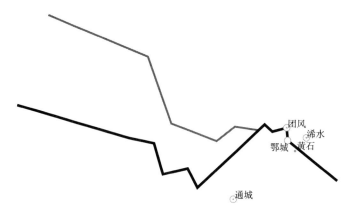

图 256　蕴涵规则 {S7} ⇒ {S2}（啮）转置示意

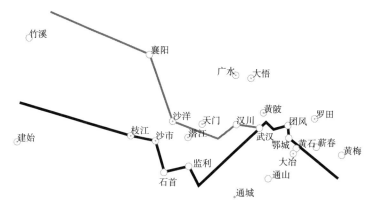

图 257　蕴涵规则 {S8} ⇒ {S2}（咬）转置示意

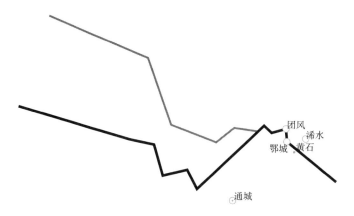

图 258　蕴涵规则 {S8} ⇒ {S2}（啮）转置示意

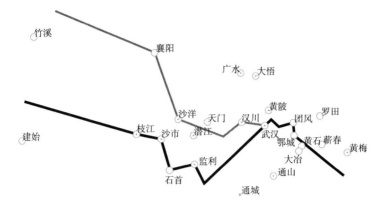

图 259　蕴涵规则｛S9｝⇒｛S2｝（咬）转置示意

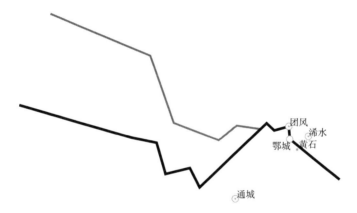

图 260　蕴涵规则｛S9｝⇒｛S2｝（啮）转置示意

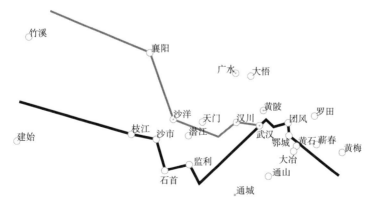

图 261　蕴涵规则｛S10｝⇒｛S2｝（咬）转置示意

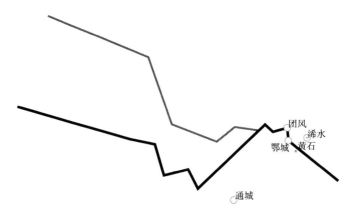

图 262　蕴涵规则 {S10} ⇒ {S2}（啌）转置示意

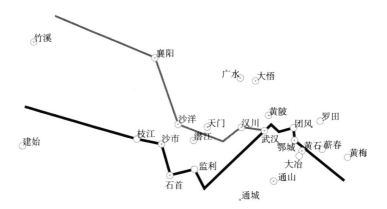

图 263　蕴涵规则 {S11} ⇒ {S2}（咬）转置示意

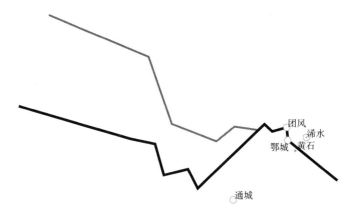

图 264　蕴涵规则 {S11} ⇒ {S2}（啍）转置示意

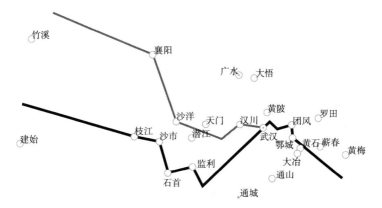

图 265　蕴涵规则 {D1} ⇒ {S2} （咬）转置示意

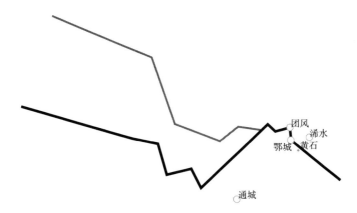

图 266　蕴涵规则 {D1} ⇒ {S2} （啗）转置示意

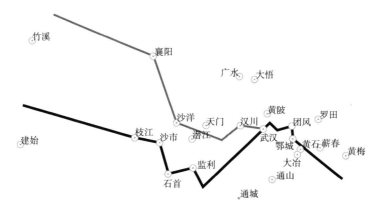

图 267　蕴涵规则 {S1} ⇒ {S2} （咬）转置示意

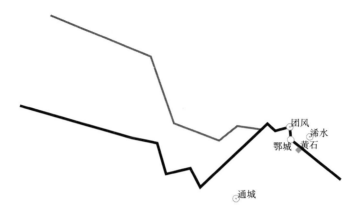

图 268　蕴涵规则 {S1} ⇒ {S2}（啮）转置示意

由第四章我们知道"看见/看到"的两个非独立词义基元间的优选蕴涵规则（见表 118）。

表 118　"看见/看到"的词义基元 S2 作为后项的优选蕴涵规则

	Rules	Support	Confidence	Lift	Count
[1]	{D1} ⇒ {S2}	0.704	0.905	1.062	19

将表 118 中的蕴涵规则展示到地理位置示意图上可以观察到 S2 的传播状况。

由图 269 {D1} ⇒ {S2}，可以观察到，S2 在西南官话区、江淮官话黄孝片普遍存在，但还未传播到江淮官话方言岛竹溪和赣方言区的通山，D1 的普及率也没有 S2 高。我们从地形地貌来分析 S2 传播的特点。从地形上看，竹溪和建始都地处山地，建始有长江支流清江穿过，而竹溪境内山川纵横，可见建始与外界的交通条件比竹溪便利。建始话用"看到"表示"看着"，而竹溪话无此用法，水文条件的不同或是产生差异的原因之一。此外，赣方言区的通山，合作人表示只用"看见"表示词义基元 S1 和 D2，但"看见"在通山话中不能表示词义基元 S2。由于赣方言区的其他两个方言点都用"看到"来表示词义基元 S2，我们预测，在将来通山话中也不会用"看见"表示 S2，更有可能用"看到"来表示。

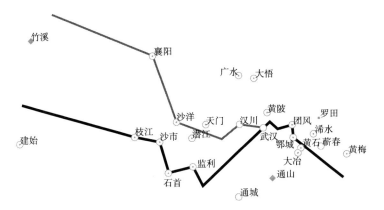

图 269　蕴涵规则 {D1} ⇒ {S2}（看见/看到）转置示意

由第四章我们知道"睡/困（睏）"的两个非独立词义基元间的优选蕴涵规则（见表 119）。

表 119　"睡/困（睏）"的词义基元 S2 作为后项的优选蕴涵规则

	Rules	Support	Confidence	Lift	Count
[1]	{S3} ⇒ {S2}	0.512	1	1.792	22

将表 119 中的蕴涵规则展示到地理位置示意图上可以观察到 S2 的传播状况。

由规则 {S3} ⇒ {S2} 对应的两幅示意图（图 270、图 271），可以观察到，"睡/困（睏）"表示 S3 的方言点，也都表示 S2。西南官话区多用"睡"，江淮官话区和赣方言区多用"困（睏）"。S2 和 S3 作为明代出现的词义基元，在湖北地区保留较好，而且 S2 比 S3 传播力更强。用"睡"表示 S3，从西南官话区向外传播到了江淮官话区的黄陂、黄石和竹溪。用"睡"表示 S2，从西南官话区向外传播到江淮官话区更多的方言点，而江淮官话黄孝片的其他方言点则多用"困（睏）"来表示这两个词义基元。在本次调查中，赣方言区只有通城用"困（睏）"来表示 S2 和 S3，而大冶话和通山话中的"睡/困（睏）"

只表示"睡觉"。

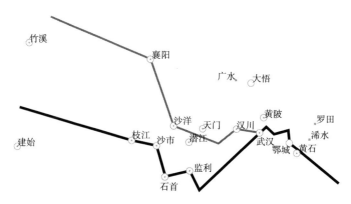

图 270　蕴涵规则｛S3｝⇒｛S2｝（睡）转置示意

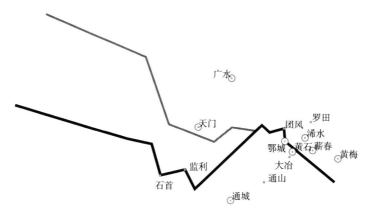

图 271　蕴涵规则｛S3｝⇒｛S2｝［困（睏）］转置示意

5.2　词义基元的生命力

前面从蕴涵规则方面探讨了词义基元的普及范围和活力问题，这些其实也是共时层面上其生命力的一种表现。对于方言研究对象的生命力问题，我们可以借助时间地理学中的生命线来进行展示。

我们以动词"喝"的词义基元 D1 举例分析。"（快速地）吃（D1）"

作为"喝"的方言词义，出现在西南官话区的武汉和汉川，以及江淮官话区的黄石和黄陂。比如：

1. 直往口里喝［xo^{45}］。（武汉：青①女，1989 年出生）

2. 喝［xo^{22}］饭。｜请你去喝［xo^{22}］一顿。（黄石：青女，1989 年出生）

3. 赶紧喝［xo^{23}］两口就走。（黄陂：老②女 1，1940 年出生；老女 2，1966 年出生；青女 1，1989 年出生）

4. 喝［xo^{12}］饭。（汉川：老男，1940 年出生）

在本次调查中，黄陂、黄石、武汉三地的方言合作人都表示其方言中的"喝"仍然可以用来表示词义基元 D1。四位汉川方言合作人（老男）中只有一位表示汉川话中有此用法，而其他三位合作人（老女 1，1954 年出生；老女 2，1970 年出生；青女 1，1993 年出生）都表示没有此种用法，特别是年轻一辈中没有这种用法。下面我们根据以上几位方言合作人的语言情况来绘制"吃"的词义基元 D1 的生命线模拟图（见图 272）。

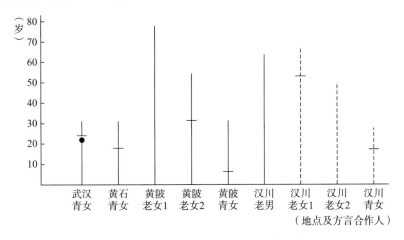

图 272 "喝"的词义基元 D1 的生命线模拟

---

① 青年。

② 老年。

将生命线概念引入方言的研究中，可以观察到方言项目的生命力，通过个体的生命历程窥视方言项目未来的发展状况。图 272 展示的是各方言合作人使用"喝"的词义基元 D1 的历时状况。每条垂直于横轴的实线代表每个个体用"喝"来表示 D1 的历程，虚线只代表个体的生命历程，而在其母方言中没有前者的方言用法。"－"代表湖北省内的迁移，"●"代表移居湖北省外，"×"代表死亡，一条竖线中间的间断代表在该段时间迁移到研究区域以外。

通过合作人的生命线，可以观察到"喝"的词义基元 D1 的生命状况。武汉、黄石、黄陂三地的方言合作人在竖线所示的时间段都会用"喝"来表达词义基元 D1。汉川话的四位方言合作人只有一位（汉川老男）表示可以用"喝饭"表示"吃饭"。只有一位与男性合作人年龄相近的女性合作人（汉川老女 1）表示汉川话可以说"快点喝［xo^{12}］了"，"喝"的受事不一定是液体，也可以是较浓稠的流质食物，比如粥，但其受事不能是一切类型的食物，而武汉、黄石、黄陂三地的合作人表示，"喝"的受事可以为一般食物。所以，汉川老男的生命长度或许会影响汉川话中"喝"的词义基元 D1 的生命长度。当然，这样的预测受到了样本多少的限制，样本越多得出的结果就会越准确。

5.3　方言演变的类型

由 2.2 可知，个体时空间行为中的基本事件，体现在语言上是不同语言/方言由于个体或群体的迁徙，而产生的转移、分离、组合或冲突。由此，我们可以从个体活动路径的不同模式（见图 13）来分析具体语言项目演变的基本类型，分析不同基本事件类型下，词义基元演变的可能情形。

类型 1 最典型的代表是本次参与调查的大冶方言合作人（老女，1967 年出生），该合作人从出生至今一直生活在大冶，2005 年之前没有去过武汉，2005 年起因孩子上大学去过武汉几次，但每次停留时间都不超过一天。所以，大冶方言合作人可以视为类型 1，个体（几乎）一生都没有离开过母方言区，其方言几乎不受外界的影响，能较好地保留其母方言的所有特点。截至参与调查之日，她所说的方言应是保留了大冶方言的原始面貌，其所表达的各动词的词义基元也应是大冶方言中固有的。

类型 2 可看作个体从小就离开母语或母方言区，并没有习得母语或母方言，而是直接进入另一种语言或方言流行的区域。这种情况下，个体的母语或母方言就产生了转移，他/她会习得迁入地的语言或方言，迁入地的语言或方言就成了个体的母语或母方言。在本次调查中，所有方言合作人都不属于这种类型。

类型 3 表示个体在习得母语或母方言之后从一个地方出发进入、到达另一个地方，并一直停留，比如，长期居住等。其在停留期间，并没有与另一种语言或方言产生交流。这种情况在本次调查中并没有出现，在现实生活中，一般情况下也不会出现。

类型 4 表示个体在一个地方停留一段时间后离开该地，而后续目的地未知。这种情况下，个体位置移出母语或母方言区，且迁入地未知。虽然迁入地的语言或方言会对其母语或母方言产生一定影响，但其所受影响仍然未知，也无法预测。本次调查的方言合作人也没有这种类型。

类型 5 和类型 6 分别表示了两个体相遇、面对却没有交集的事件。这种类型通常情况是，合作人离开母语或母方言区，到另一处换车、购物等。这种情况出现在本次调查的大冶方言合作人的配偶（老男，1963 年生）身上。大冶方言合作人的配偶，偶尔会到武汉采购货品，每次都是提前联系好，取货即走，不做过多交流，所以在他身上也没有其他方言的痕迹，他没有受到武汉话的影响。与此同时，在武汉发货的老板，也不会受到大冶话的影响。

类型7表示两个个体在某地集合后，一起进入该地发生停留，但没有进行交流活动，其各自的语言或方言不受另一方的影响。这种情况通常出现在同一集体中没有交流的两个个体身上。比如，参与本次调查的大学生，他们都会说各自不同的母方言，且其中一部分人处在同一个大学中，但是互相之间没有见过面，也没有过交流。那么，虽然他们处在同一个集体中，但是由于交流的缺乏，都还保有各自的母方言，不受其他个体的方言影响。

类型8表示两个个体在同一地点停留一段时间后分开，且并未产生过交集。这种事件类型同样会出现在参与本次调查的大学生身上。他们处在同一大学集体中，同时并行无交集地经历几年学习生活，各自的方言之间无交集，无相互作用，然后毕业离校。虽然他们曾经同处于一个集体中，但是其方言并不会受到另一方方言的影响，当他们离开学校后，其方言中也不会带有另一方无交集学生方言的痕迹。

类型9和类型10代表处在同一集体中的两个个体产生了交集，其方言会受到另一个体方言的影响。比如，参与本次调查的其中一位讲黄陂话的合作人（青女，1989年生），在幼年习得黄陂话之后，于6岁来到武汉。她每日上学都与武汉的小朋友交流，在这种不断地聚集、交流、分开的事件模式下，她习得了武汉话，使用武汉话如同母方言。

类型11表示外来语言或方言完全取代土著语言。本次调查不包含这种情况。

类型12表示两种不同的语言或方言在某一处汇聚、融合，体现在个体层面，就是个体迁移带来的方言的融合，一般被称为"四不像""弯管子普通话""没有京味儿的普通话"。在个体层面，比如本次调查的讲黄陂话方言的合作人的表妹（青女，1991年出生），9岁到武汉，或因过了语言习得最佳时期，或由于个体原因，其黄陂话和武汉话讲得都不是很地道。类型 12 的这种方言融合情况，在个体层面的表现与类型 9 和类型 10 稍有不同。

类型 13 表示的是方言因使用者地域上的迁移而分化成两种变体。这种情况在本次调查中没有出现。

类型 14 表示多种方言因个体或群体迁徙在一处而融合，形成新的方言特征。这种情况在参与本次调查的大学生群体中，体现得并不明显。多半统一的特征是，受到语言政策的影响，他们都会说普通话，且会将普通话中的词义基元自然代入各自的母方言中，并且，合作人中能分清普通话词义基元和母方言词义基元的人占比较大。

类型 15 表示一种方言因使用者地域上的迁移而分化成多种方言。这种情况与类型 11 一样在本次调查中没有出现。

5.4　方言演变的制约

由第 2 章可知移民个体的语言演变会受到三个制约，分别是能力制约、组合制约和权威制约。

前文（2.4）提到，虽然女性的语言能力往往会优于男性，但在移民群体中，男性受迁居地方言的影响比女性大。这也是能力制约的一种表现。例如，本次调查中的一位黄陂方言合作人（老女 2，1966年出生）的配偶（老男，1963 年出生），与该位合作人迁移轨迹一样，于 1997 年迁居武汉，但与她相比，其配偶不管是从语音面貌还是从日常用语方面，所受武汉话影响都较大。由两者的活动轨迹也可以看出能力制约在语言演变上的体现。女性方言合作人迁居到武汉之后，承担家庭责任较多，个体最大活动范围受限，日间固定性约束比其配偶高，与迁居地居民接触少于其配偶。这一能力约束反映在语言上就是女性合作人与迁居地居民的语言交流较少，正因为这一约束，其母方言面貌相对完备。此外，能力制约还体现在年龄差异上，这种差异体现在语言上，即年龄较大的移民个体的母方言面貌会比年龄较小的移民个体更原始。同样是黄陂话方言合作人（老女 2），其子女的黄陂话方言面貌就没有那么原始，受武汉话的影响较大。所以，我们最后选择了女性合作人作为黄陂话的主要调查对象。

组合制约指个体或群体为了从事某项活动而必须同其他的人或物的路径同时存在于同一场所的制约。两者在同一场所的相处交流，会对处在其中的个体的语言或方言产生影响。本次调查中组合制约所导致的语言面貌，最为明显的是黄陂方言合作人的女儿（青女，1989 年生），她 6 岁随父母迁居武汉后，其武汉话都是从与同学的交流中习得的，而在其之后的生活中，当她说武汉话的时候，武汉当地人也听不出其语音上有任何不地道之处。再如，参与本次调查的鄂城方言合作人和黄石方言合作人所受的组合制约也体现在其母方言上。鄂城和黄石两地都处于湖北地区三大方言交会处，身处其中的个体都会受到周边地区方言的影响。两地合作人都是大学时期来到武汉，黄石方言合作人的配偶为武汉人，其语音和词汇面貌受西南官话影响较深。鄂城方言合作人出生在鄂城市区，母亲为燕矶镇人，鄂州市东部的燕矶镇处于江淮官话区，合作人或受江淮官话影响较大。由前文可知，"喝"在江淮官话黄孝片和赣方言区的大部分方言点都包含词义基元 S1（嘶哑）。来自江淮官话区的黄石方言合作人表示，她并不会用"喝"来表示词义基元 S1。来自未分片区的鄂城方言合作人却表示，她会用"喝"来表示词义基元 S1。可见，家庭作为一个活动束，给合作人提供的语言交流场所的语言环境，也会对其母方言产生影响。

权威制约在国内最典型的例子就是普通话的普及对方言造成的影响。在参与本次调查的青年方言合作人身上，权威制约所造成的影响非常大。多半合作人能分清母方言词义基元与普通话词义基元的差别，而有一些合作人却会混淆。在田野调查的初期，寻找合适的方言合作人的时候，受权威制约的影响，找到了许多不合适的方言合作人。这类不合适的方言合作人的主要特点是，他们在母方言地出生、成长，父母也说同样的母方言，但是父母为了孩子能说流利标准的普通话，从孩子出生开始，就不跟他们说母方言，而是用普通话代替。在寻找合适的方言合作人的过程中，出现了很多类似的情况，他们都不是合适的方言合作人，不能作为本次研究的调查对象。在时间地理学中，权威制约通常通过"领地"来表现。在语言中，其实也存在方言领地和语言政策导向下的普通话领地。

时间地理学中的三个制约为语言或方言演变的研究提供了新视角，值得进一步探索。

5.5　本章小结

本章将词义基元间的蕴涵关系转置到地理空间中，分析了蕴涵关系的地理表现，结合基元的活跃程度，探讨了词义基元可能的地理走向。从时间地理学角度出发，通过举例探讨了词义基元的生命力问题，时空间行为中的基本事件在语言演变上的体现，以及不同制约下移民个体语言演变的特点。

结论与展望

前面根据语言类型学中的语义地图模型,及时间地理学中的相关概念及研究方法,以田野调查数据为基础,对五个汉语躯体动作动词在湖北三大方言区包含的词义基元进行了探讨。下面对所做工作进行总结,并对未来研究内容及研究方向进行展望。

在方言语料的采集方面,主要采用了田野调查的方法,对当下共时层面的躯体动作动词的方言词义面貌有了较为全面的掌握。虽然书中只对五个躯体动作动词进行了讨论,但实际采集的词语达 16 个,主要调查了湖北省内 25 个方言点,共计 38 位合作人。

在研究内容和方法方面,我们所做的工作有以下几点。

第一,对语义地图中基元间的蕴涵关系算法进行了优化。通过关联分析,基于 Apriori 算法,来寻找词义基元间的蕴涵关系。该算法除了统计基元出现的频次、计算两基元共现的频率,还可以分析多基元的共现和相互蕴涵情况。此外,可通过相关参数来寻找可行性蕴涵规则,并观察基元间蕴涵不平衡的状况,确定优选蕴涵规则。通过算法上的推进,语义地图中基元间以往难以察觉的关系更容易被捕捉。

第二,探讨了时间地理学在语言研究中的可利用性。引进时间地理学中的相关概念探讨语言问题。将生命线概念匹配到语言研究中,通过语言或方言使用者的生命线,可以观察到某种语言或方言的生存状况。将生命路径引用到语言研究中,从空间、时间、对象三个方面出发,更加全面地观察迁移区域与时长对语言或方言演变的影响。将基本事件类型概念应用到语言研究中，观察个体或群体的活动模式对语言或方言演变的影响。时间地理学提出的能力制约、组合制约和权威制约也会作用在语言上，从而使语言向不同方言演变。

第三，通过对五个躯体动作动词的词义基元进行关联分析，发现Apriori算法下的频繁词义基元集的结果，可以用来辅助构建经典的语义地图，并且在词义基元较多时，表现也非常好。通过挖掘蕴涵规则，除了解决词义基元间蕴涵不平衡的问题，还发现了新的类型的基元，即独立基元，这类基元是最具活力的一类基元，它们的出现不会受到其他基元的影响。

第四，将蕴涵关系与地理要素结合起来。将词义基元间的蕴涵关系转置到地理空间中，结合基元的生命力情况，观察词义基元的地理走向。从时间地理学角度出发，结合生命线，举例分析了词义基元的生命力。结合时空间行为中的基本事件，举例分析了各种事件类型在语言演变上的体现。从能力制约、组合制约和权威制约三方面，结合性别、年龄、人类活动、语言政策等因素，举例说明了不同制约下移民个体语言演变的特点。值得一提的是，从性别差异出发，在本次田野调查中发现，在移民群体中，男性比女性更易习得迁居地方言，这与以往认为的女性的语言能力比男性强相悖。这种例外用传统地理语言学理论较难解释，而用时间地理学中的能力制约则可以较为透彻地分析。女性日间活动的固定性约束比男性高，使女性个体最大活动范围受到限制，与迁居地居民的接触少于男性，语言上的交流也会受到限制，这就使女性比男性更难习得迁居地方言。从年龄差异出发，儿童期移民者比成年期移民者更容易习得迁居地方言，但受到语言政策的影响，他们的语言环境也会受到更多制约。儿童期移民者较多接触普通话，从而在方言习得上受到阻碍。

对未来工作的展望，主要包括以下几点。

第一，在研究对象上，由区域性方言研究着手，可扩展至全国区域的方言或多民族语言研究。

第二，从语言类型学角度出发，蕴涵关系的可计算性是解决基元间关系的一大推进。基于 Apriori 算法的关联分析具有较大的灵活性，在分析数据和可视化方面速度较快，对于新增的例外语料，可迅速地对原有语义地图进行调整。这些都为未来的研究提供了较为可行的条件。

第三，从语言地理角度出发，蕴涵关系在地理空间的可转置性，也为语义地图研究提供了新的视角。时间地理学的引入更是为方言演变的研究提供了全新的理论支持和研究方法。

基于以上总结和展望，由于语言类型学和地理语言学的新的方法和理论的引进，研究路径又拓宽了许多，方言语义演化研究是值得继续探讨的课题。

参考文献

［1］蔡燕凤，潘秋平．从语义地图看《左传》的受益表达［A］．李
小凡，张敏，郭锐，等．汉语多功能语法形式的语义地图研
究［C］．北京：商务印书馆，2015：256 - 301.

［2］曹晋．语义地图理论及方法［J］．语文研究，2012（02）：
3 - 6.

［3］曹爽．语法化理论与近年汉语语法化研究进展［J］．江西社
会科学，2012，32（06）：219 - 223.

［4］曹志耘．地理语言学及其在中国的发展［A］．全国汉语方言
学会．全国汉语方言学会第十二届年会暨学术研讨会第三届
官话方言国际学术研讨会论文集［C］．全国汉语方言学会，
贵州，2003.

［5］曹志耘．汉语方言的地理分布类型［J］．语言教学与研究，
2011（05）：11 - 19.

［6］曹志耘．汉语方言地图集［M］．北京：商务印书馆，2008.

［7］曹志耘．老枝新芽：中国地理语言学研究展望［J］．语言教
学与研究，2002（03）：1 - 6.

［8］柴彦威，端木一博．时间地理学视角下城市规划的时间问题
［J］．城市建筑，2016（16）：21 - 24.

［9］柴彦威，龚华．城市社会的时间地理学研究［J］．北京大学
学报（哲学社会科学版），2001（05）：17 - 24.

［10］柴彦威，龚华．关注人们生活质量的时间地理学 ［J］.中国科学院院刊，2000a（06）：417－420.

［11］柴彦威，关美宝，萧世伦．时间地理学与城市规划：导言 ［J］.国际城市规划，2010b，25（06）：1－2.

［12］柴彦威，李峥嵘，刘志林，史中华．时间地理学研究现状与展望 ［J］.人文地理，2000b（06）：54－59.

［13］柴彦威，刘璇．城市老龄化问题研究的时间地理学框架与展望 ［J］.地域研究与开发，2002（03）：55－59.

［14］柴彦威，沈洁．基于活动分析法的人类空间行为研究 ［J］.地理科学，2008（05）：594－600.

［15］柴彦威，沈洁，赵莹．城市交通出行行为研究方法前沿 ［J］.中国科技论文在线，2010，5（05）：402－409.

［16］柴彦威．时间地理学的起源、主要概念及其应用 ［J］.地理科学，1998（01）：3－5.

［17］柴彦威，谭一洺．中国西部城市居民时空间行为特征研究——以西宁市为例 ［J］.人文地理，2017，32（04）：37－44.

［18］柴彦威，王恩宙．时间地理学的基本概念与表示方法 ［J］.经济地理，1997（03）：55－61.

［19］柴彦威，王茂军．日本消费者行为地理学研究进展 ［J］.地理学报，2004（S1）：167－174.

［20］柴彦威，张雪．北京郊区女性居民一周时空间行为的日间差异研究 ［J］.地理科学，2014，34（06）：725－732.

［21］柴彦威，赵莹，张艳．面向城市规划应用的时间地理学研究 ［J］.国际城市规划，2010a，25（06）：3－9.

［22］陈凤．"给"兼做被动标记和处置标记的原因 ［J］.考试周刊，2015（84）：15.

［23］陈浩．从语义地图看"悠"词义的演变及其在合肥方言中的

词义现状 [J].皖西学院学报，2015，31（04）：89 – 93.

[24] 陈前瑞.汉语体貌研究的类型学视野 [M].北京：商务印书馆，2008.

[25] 陈前瑞.完成体与经历体的类型学思考 [J].外语教学与研究，2016，48（06）：803 – 814 + 959.

[26] 陈前瑞，王继红.南方方言"有"字句的多功能性分析 [J].语言教学与研究，2010（04）：47 – 55.

[27] 陈颖，关思怡，魏航.从语义地图模型看语法扩散性——以程度补语为例 [A].李小凡，张敏，郭锐，等.汉语多功能语法形式的语义地图研究 [C].北京：商务印书馆，2015：207 – 233.

[28] 陈振宇，陈振宁.通过地图分析方法揭示语法学中的隐性规律——"加权最少边地图"中的倾向性关系 [A]."语言的描写与解释"国际学术研讨会论文集 [C].上海：复旦大学.2014.

[29] 陈振宇，陈振宁.通过地图分析揭示语法学中的隐性规律——"加权最少边地图" [J].中国语文，2015（05）：428 – 480.

[30] 谌欣.汉语"吃"的语义演变及带宾情况考察 [D].南昌：江西师范大学，2016.

[31] 大西拓一郎，陆艺娜.语言地理学的研究目标是什么？[J].语言教学与研究，2011（05）.

[32] 邓守信.汉语动词的时间结构 [A].世界汉语教学学会.第一届国际汉语教学讨论会论文选 [C].世界汉语教学学会，1985：8.

[33] 丁家勇，张敏.从湘方言动词句式看双及物结构语义地图 [A].李小凡，张敏，郭锐，等.汉语多功能语法形式的语义地图研究 [C].北京：商务印书馆，2015：234 – 255.

[34] 丁新伯. 持续动词与非持续动词 [J]. 逻辑与语言学习, 1989 (01): 39 - 40.

[35] 董晴晴. 江苏沛县中原官话介词研究 [D]. 上海: 上海大学, 2015.

[36] 范晓. 及物动作动词构成的句干句式 [J]. 对外汉语研究, 2013, (02): 110 - 129.

[37] 范晓蕾. "汉语方言的能性情态语义地图"之补论 [A]. 李小凡, 张敏, 郭锐, 等. 汉语多功能语法形式的语义地图研究 [C]. 北京: 商务印书馆, 2015: 482 - 499.

[38] 范晓蕾. 汉语情态词的语义地图研究 [M]. 北京: 商务印书馆, 2020.

[39] 范晓蕾. 以汉语方言为本的"能性"情态语义地图 [A]. 北京大学汉语语言学研究中心《语言学论丛》编委会编. 语言学论丛 (第四十三辑) [C]. 北京: 商务印书馆, 2011: 55 - 100.

[40] 范晓蕾. 以"许可—认识可能"之缺失论语义地图的形式和功能之细分——兼论情态类型系统之新界定 [J]. 世界汉语教学, 2014, 28 (01): 18 - 36.

[41] 范晓蕾. 语义地图的解析度及表征方式——以"能力义为核心的语义地图"为例 [J]. 世界汉语教学, 2017, 31 (02): 194 - 214.

[42] 范晓蕾. 语义演变的共时拟测和语义地图——基于"能性情态语义地图"的讨论 [A]. 北京大学汉语语言学研究中心《语言学论丛》编委会编. 语言学论丛 (第四十六辑) [C]. 北京: 商务印书馆, 2012: 45 - 70.

[43] 范晓蕾. 助动词"会"情态语义演变之共时构拟——基于跨语言/方言的比较研究 [J]. 语言暨语言学, 2016, 17

（02）：195－233.

［44］甘于恩. 台湾地理语言学研究之我见［J］. 集美大学学报（哲学社会科学版），2010，13（03）：17－22.

［45］高本汉著，赵元任、李方桂、罗常培译. 中国音韵学研究［M］. 北京：商务印书馆，1994.

［46］高桥伸夫，市南文一. 出岛村における生活行动に关する地理学的研究［R］. 霞ケ浦地域研究报告，1981，（3）：57－76.

［47］高桥伸夫. 日本の生活空间にみられる时空间行动に关する一考察［J］. 人文地理，1987，39（4）：295－318.

［48］高桥伸夫. 日本の生活空间［M］. 东京：古今书院，1990.

［49］高燕. 从认知角度看现代汉语动补结构的语义指向［D］. 上海：上海外国语大学，2005.

［50］龚波. 先秦同源多功能语法形式"若""如"考察——从语义地图和语法化的角度［J］. 北京师范大学学报（社会科学版），2017（02）：73－84.

［51］古杰，周素红，闫小培，柴彦威，郑重. 基于文献引用关系和知识图谱的时空关系研究热点分析［J］. 地理科学进展，2013，32（09）：1332－1343.

［52］谷峰. 先秦汉语情态副词研究［D］. 天津：南开大学，2010.

［53］关美宝，谷志莲，塔娜，柴彦威. 定性GIS在时空间行为研究中的应用［J］. 地理科学进展，2013，32（09）：1316－1331.

［54］关美宝，申悦，赵莹，柴彦威. 时间地理学研究中的GIS方法：人类行为模式的地理计算与地理可视化［J］. 国际城市规划，2010，25（06）：18－26.

［55］郭锐. 语义地图中概念的最小关联原则和关联度［A］. 李小凡，张敏，郭锐，等. 汉语多功能语法形式的语义地图研究［C］. 北京：商务印书馆，2015：152－172.

[56] 郭锐．副词补充义与相关义项的语义地图［A］.中国语言的比较与类型学研究国际研讨会论文集［C］.香港：香港科技大学，2010.

[57] 郭欣欣．俄汉语口部动作动词隐喻对比分析［D］.哈尔滨：哈尔滨师范大学，2016.

[58] 韩超．单音节动作动词蕴含行为方式特征考察［J］.华文教学与研究，2015（01）：66－74.

[59] 何融．略论汉语动词的重迭法［J］.中山大学学报（社会科学版），1962（01）：44－51.

[60] 何薇．现代汉语动作动词及受事主语句研究［D］.苏州：苏州大学，2015.

[61] 何薇，朱景松．瞬间动作动词的确定和语义语法特征［J］.苏州大学学报（哲学社会科学版），2015，36（06）：158－166＋200.

[62] 何元建．现代汉语生成语法［M］.北京：北京大学出版社，2012：207.

[63] 贺登崧著，石汝杰、岩田礼译．汉语方言地理学［M］.上海：上海教育出版社，2003.

[64] 洪惟仁．台湾方言之旅［M］.台北：前卫出版社，1992.

[65] 洪惟仁．台湾汉语共时方言学：历史与展望［A］.第七届闽方言国际研讨会［C］.厦门：厦门大学，2001.

[66] 侯丽娜．俄汉语腿部动作动词隐喻对比研究［D］.哈尔滨：哈尔滨师范大学，2015.

[67] 胡雪婵．非被动关系"被"字句的消隐与出现［D］.吉林：东北师范大学，2011.

[68] 华玉明．主观意愿和动词重叠及其语法行为［J］.语文研究，2010（04）：41－45.

［69］ 黄伯荣，廖序东（主编）. 现代汉语（增订五版）：下册
［M］. 北京：高等教育出版社，2011：10.

［70］ 荒井良雄. 都市における生活活動空間の基本構造とその問
題点［C］. 信州大学経済学論集，1992，（29）：27-67.

［71］ 荒井良雄，冈本耕平，神谷浩夫，川口太郎. 都市の空間
と時間——生活活動の時間地理学［M］. 东京：古今書
院，1996.

［72］ 黄潇婷，柴彦威. 面向 LBS 使用者的时间地理学研究评介
［J］. 地理科学进展，2009，28（06）：962-969.

［73］ 黄晓东. 汉语方言地理学大有可为——岩田礼教授访谈摘
录［J］. 当代语言学，2012，14（01）：66-72+110.

［74］ 黄正德. 汉语动词的题元结构与其句法表现［J］. 语言科
学，2007（04）：3-21.

［75］ 贾燕子，吴福祥. 词汇类型学视角的汉语"吃""喝"类动
词研究［J］. 世界汉语教学，2017，31（03）：361-381.

［76］ 金心怡. 外国人汉语单音节手部动作动词习得研究［D］. 苏
州：苏州大学，2015.

［77］ 金瑛. 汉英双宾语句式对比分析——以语义地图为中心［A］.
2015 年中国语言文学研究暨汉语教学国际学术研讨会［C］.
兰州，2015：7.

［78］ Kajsa Ellegard，张雪，张艳，柴彦威. 基于地方秩序嵌套的
人类活动研究［J］. 人文地理，2016，31（05）：25-31.

［79］ 兰宗敏，冯健. 城中村流动人口日常活动时空间结构——
基于北京若干典型城中村的调查［J］. 地理科学，2012，32
（04）：409-417.

［80］ 李博寒. 基于语义地图理论的现代汉语粤方言方位词"前"
义方位词研究［J］. 现代语文（语言研究版），2012（06）：

64 - 68.

[81] 李恒. 从语义地图看"否则"类连词的虚化轨迹 [D]. 西安: 陕西师范大学, 2013.

[82] 李佳丽. 疑问不定词语的极性敏感特征探索 [D]. 上海: 复旦大学, 2010.

[83] 李静波. 致使动词的语义地图 [J]. 东北亚外语研究, 2017, 5 (01): 28 - 33.

[84] 李临定. 现代汉语动词 [M]. 北京: 中国社会科学出版社, 1990: 1.

[85] 李秋杨. 汉英思考类动词语义的多角度考察 [D]. 北京: 中央民族大学, 2010.

[86] 李荣主编. 现代汉语方言大词典 [Z]. 南京: 江苏教育出版社, 2002.

[87] 李瑞. 现代汉语人体动作动词义征研究 [D]. 南京: 南京师范大学, 2006.

[88] 李小凡, 项梦冰. 汉语方言学基础教程 [M]. 北京: 北京大学出版社, 2009.

[89] 李小凡, 张敏, 郭锐, 等. 汉语多功能语法形式的语义地图研究 [M]. 北京: 商务印书馆, 2015.

[90] 李小军. 论手部动作范畴向心理范畴的演变 [J]. 江西师范大学学报 (哲学社会科学版), 2014, 47 (06): 84 - 90.

[91] 李雪. 青岛方言量词"个"的研究 [D]. 延吉: 延边大学, 2013.

[92] 李占炳. 并列结构的类型学研究 [D]. 上海: 上海外国语大学, 2014.

[93] 李知恩. 量词的跨语言研究 [D]. 北京: 北京大学, 2011.

[94] 李仲民. 战后台湾闽南语地理语言学的回顾与展望 [A]. 台

湾语言学一百年周年国际学术研讨会［C］.台中：台中教育大学，2007.

［95］李子云．词尾"着"和动词的类［J］.安徽教育学院学报（社会科学版），1991（01）：66 – 73 + 106.

［96］梁冬青．"喝"表饮用来源于元代蒙古语［J］.民族语文，2009（05）：30 – 34.

［97］林华勇，吴雪钰．语义地图模型与多功能词"到"的习得顺序［J］.语言教学与研究，2013（05）：10 – 18.

［98］林杏光．词汇语义和计算语言学［M］.北京：语文出版社，1999.

［99］林艳．词汇类型学视野下"呼吸"概念的语义地图［A］.上海世纪出版股份有限公司学林出版社．《国际汉语学报》第 7 卷第 1 辑［C］.上海：上海世纪出版股份有限公司学林出版社，2016：15.

［100］刘菲晖．多功能语法词"得"的语义地图［A］.李小凡，张敏，郭锐，等．汉语多功能语法形式的语义地图研究［C］.北京：商务印书馆，2015：350 – 370.

［101］刘街生．现代汉语的单动词使动句［J］.汉语学报，2013（04）：14 – 21 + 95.

［102］刘晋，邓云华．再议动词"给"演化为被动标记的语义基础——类型学的视角［J］.湖北社会科学，2013（11）：126 – 128.

［103］刘文隆．词汇类型学视角下动词"想"的共词化研究［D］.北京：北京外国语大学，2015.

［104］刘月华，潘文娱，故桦．实用现代汉语语法（增订本）［M］.北京：商务印书馆，2010.

［105］刘兆沿．语义地图模型：多义性研究的类型学视角［J］.

宁波工程学院学报，2012，24（04）：24-28.

[106] 刘志林，柴彦威.企业研究的时间地理学框架——兼论泰勒模式的时间地理学解释［J］.地域研究与开发，2001（03）：6-9.

[107] 卢笑予.临海方言非谓语前置词的语法多功能性分析［J］.现代语文（语言研究版），2013（05）：72-77.

[108] 陆丙甫，屈正林.语义投射连续性假说：原理和引申——兼论定语标记的不同功能基础［A］.北京大学汉语语言学研究中心《语言学论丛》编委会编.语言学论丛（第四十二辑）［C］.北京：商务印书馆，2010：112-128.

[109] 路丽梅.汉英常用动作动词动宾搭配的比较及其对语言教学的启示［D］.石家庄：河北师范大学，2009.

[110] 吕传峰.现代方言中"喝类词"的演变层次［J］.语言科学，2005（06）：96-102.

[111] 罗竹风主编.汉语大词典［Z］.上海：上海辞书出版社，1986.

[112] 马洪海.论汉语语义结构中的施事［J］.信阳师范学院学报（哲学社会科学版），1998（02）：3-5.

[113] 马腾.语义地图模型的计算机辅助构建［A］.李小凡，张敏，郭锐，等.汉语多功能语法形式的语义地图研究［C］.北京：商务印书馆，2015：194-203.

[114] 马煜逵.现代汉语动作动词句时制义探析［D］.广州：暨南大学，2009.

[115] 马煜逵.现代汉语动作动词句时制义探析［J］.华文教学与研究，2010（02）：69-77.

[116] 马赟.现代汉语感受动词研究［D］.南京：南京师范大学，2007.

［117］马云霞．从身体行为到言说行为的词义演变［J].语言教学与研究，2012（04）：89－96.

［118］马云霞．从身体行为到言说行为——修辞动因下言说动词的扩展［J].当代修辞学，2010（05）：63－73.

［119］牛彬．基于汉语方言的直指趋向"来"语义地图［J].科学·经济·社会，2014（04）.

［120］潘桂妮．现代汉语动作动词单对叠现象［D].上海：上海师范大学，2008.

［121］潘秋平，王毓淑．从语义地图看《左传》中的"以"［A].北京大学中国语言学研究中心《语言学论丛》编委会编．语言学论丛（第四十三辑）［C].北京：商务印书馆，2011：1－54.

［122］潘秋平．语义地图和句式多义性［A].李小凡，张敏，郭锐，等．汉语多功能语法形式的语义地图研究［C].北京：商务印书馆，2015：102－151.

［123］潘秋平，张家敏．从语义地图看五味之词的语义演变［A].北京大学中国语言学研究中心《语言学论丛》编委会编．语言学论丛（第五十五辑）［C].北京：商务印书馆，2017：318－372.

［124］朴花艳．汉韩索取类动词配价对比研究［D].延吉：延边大学，2009.

［125］朴志炫．汉韩双及物结构对比［D].北京：北京大学，2014.

［126］祁淑玲．基于语义图模型的天津方言的"可"［J].绵阳师范学院学报，2015，34（12）：100－104.

［127］祁淑玲．基于语义图模型的天津方言的"拿"［J].河南机电高等专科学校学报，2016，24（02）：54－58.

[128] 桥本万太郎著，余志鸿译．语言地理类型学［M］．北京：世界图书出版公司，2008．

[129] 曲世锋．藏语动词情态范畴的历史演变研究［D］．北京：中国社会科学院研究生院，2015．

[130] 屈倩．湖南方言中"受益者"标记的语义关联［D］．广州：广东外语外贸大学，2016．

[131] 冉松．英美留学生习得汉语多义动词及其动宾短语的个案调查研究［D］．昆明：云南师范大学，2015．

[132] 饶春．"给予"义动词语义地图研究［J］．现代语文（语言研究版），2016（05）：6-10．

[133] 任鹰．现代汉语动作类二价动词句型移位规则再议［J］．广播电视大学学报（哲学社会科学版），2001（02）：91-94．

[134] 神谷浩夫．大都市郊外における主妇の日常活动－尾张旭市の例［J］．地理学报告，1989，68（6）：138—146．

[135] 神谷浩夫，冈本耕平，荒井良雄，川口太郎．长野县下言取言方町における既婚女性の就业に关する时间地理学の分析［J］．地理学评论，1990，63（11）：766—783．

[136] 申悦，塔娜，柴彦威．基于生活空间与活动空间视角的郊区空间研究框架［J］．人文地理，2017，32（04）：1-6．

[137] 沈贺．对外汉语教材中生词的英文译释对留学生习得汉语的影响［D］．上海：上海外国语大学，2014．

[138] 沈掌荣．语义地图模型理论质疑［J］．浙江海洋学院学报（人文科学版），2013，30（06）：61-67．

[139] 盛益民．绍兴柯桥话多功能虚词"作"的语义演变——兼论太湖片吴语受益者标记来源的三种类型［J］．语言科学，2010，9（02）：197-207．

[140] 施珊珊，倪传斌．基于荟萃分析的语言认知性别差异研究
[J]．外语教学理论与实践，2009（03）：35-43．

[141] 石锓．近代汉语词尾"生"的功能[J]．古汉语研究，
1996（02）：41-43．

[142] 石汝杰．语言地理学前途无量——首届中国地理语言学国际
学术研讨会总结发言[J]．语言教学与研究，2011（01）．

[143] 石天戈，张小雷，杜宏茹，张文彪，时卉．乌鲁木齐市居
民出行行为的空间特征和碳排放分析[J]．地理科学进展，
2013，32（06）：897-905．

[144] 苏晓绪．蒙古国学生习得汉语动作动词偏误研究[D]．长
春：吉林大学，2013．

[145] 孙崇飞，钟守满．手部动词"拿"义及其认知机制[J]．
外语研究，2013（03）：41-47．

[146] 孙丽．汉语句末助词"吧"的句法语义研究[D]．广州：
暨南大学，2015．

[147] 孙玉文．"睡觉"音义源流研究[J]．文史哲学报（台湾），
1999，50：111-137．

[148] 塔广珍．静态动词研究[J]．逻辑与语言学习，1994（03）：
38-41．

[149] 塔娜，申悦，柴彦威．生活方式视角下的时空行为研究进
展[J]．地理科学进展，2016，35（10）：1279-1287．

[150] 谭方方．英汉"转折"与"对比"的关系及其语义地图解
释[J]．外语与外语教学，2016（03）：48-57+145-
146．

[151] 谭一洛，柴彦威，王小梅．时间地理学视角下西宁城市回
族居民时空间行为分析[J]．地域研究与开发，2017，36
（05）：164-168+174．

[152] 陶双 . 现代汉语"好"族词的情态研究 [D].杭州：浙江大学，2013.

[153] 田臻 . 汉语静态存在构式对动作动词的语义选择条件 [J].外国语（上海外国语大学学报），2009，32（04）：43 - 52.

[154] 田臻 . 汉语静态存在构式对动作动词的语义制约 [D].上海：上海外国语大学，2009.

[155] 汪维辉 . 汉语核心词的历史与现状研究 [M].北京：商务印书馆，2018.

[156] 王丹凤 . 现代汉语身体动作动词的连动结构研究 [D].杭州：浙江工业大学，2015.

[157] 王恩旭，丁崇明 . 双及物句的跨语言研究述评 [J].大连海事大学学报（社会科学版），2015，14（04）：110 - 117.

[158] 王菲宇 . 从语义地图看汉语"和"类词 [D].北京：北京大学，2012.

[159] 王健 . 从言说动词到意外范畴标记 [A].汉语方言国际学术研讨会暨全国汉语方言学会第16届年会论文集 [C].福州：福建师范大学，2011.

[160] 王玲 . 从语义地图模型看古代汉语测度句的产生和发展 [D].上海：上海师范大学，2012.

[161] 王瑞晶 . 语义地图：理论简介与发展史述评 [A].北京大学汉语语言学研究中心《语言学论丛》编委会编 . 语言学论丛（第四十二辑）[C].北京：商务印书馆，2010：81 - 111.

[162] 王玮 . 空间位移域的语义地图研究 [A].李小凡，张敏，郭锐，等 . 汉语多功能语法形式的语义地图研究 [C].北京：商务印书馆，2015：302 - 332.

［163］王希元.留学生汉语习得中动作动词词义误推研究［D］.
长春：吉林大学，2015.

［164］王晓华.现代日汉情态对比研究［D］.上海：上海外国语
大学，2011.

［165］王毅力，徐曼曼.汉语"咬啮"义动词的历时演变及原因
［J］.语言科学，2011，10（02）：159－167.

［166］王迎春.汉英脚部动作语义场对比研究［D］.烟台：鲁东
大学，2006.

［167］王媛.现代汉语单音节动作动词的方向性研究［D］.北京：
北京语言大学，2007.

［168］王志英，侯颖，王立杰.藁城方言语气词"吗""呢"连用
［J］.现代语文（语言研究版），2013（08）：73－75＋2.

［169］魏海平.基于语义地图模型的对外汉语教学研究——以汉
英人体名量词为例［J］.西南农业大学学报（社会科学
版），2013，11（11）：158－163.

［170］魏红.从肢体行为到言说行为——试析明清山东方言里一
类词义的演变［J］.泰安教育学院学报岱宗学刊，2006
（03）：1－3.

［171］魏红.从肢体行为到饮食行为——明清山东方言里一类词
义的演变［J］.济宁学院学报，2008（04）：69－72.

［172］翁姗姗，李小凡.从语义地图看现代汉语"掉"类词的语
义关联和虚化轨迹［A］.北京大学汉语语言学研究中心
《语言学论丛》编委会编.语言学论丛（第四十二辑）
［C］.北京：商务印书馆，2010：61－80.

［173］翁斯曼.基于语义地图的汉英言说类动词对比研究［D］.
长沙：湖南大学，2016.

［174］吴迪.语义地图模型下的哈萨克语的人体词汇研究［J］.伊犁

师范学院学报（社会科学版），2015，34（01）：18-23.

[175] 吴福祥.从"得"义动词到补语标记——东南亚语言的一种语法化区域 [J].中国语文，2009（03）.

[176] 吴福祥.语义图与语法化 [J].世界汉语教学，2014，28（01）：3-17.

[177] 吴福祥，张定.语义图模型：语言类型学的新视角 [J].当代语言学，2011，13（04）：336-350+380.

[178] 吴胜伟."物体传递"类动作的英汉语言概念化差异 [J].牡丹江师范学院学报（哲学社会科学版），2012（02）：112-114.

[179] 武文杰.现代汉语视觉行为动词研究 [D].济南：山东大学，2008.

[180] 萧红，徐英.试论湖北境内江汉流域方言格局的历史演变与历代移民潮的关系 [J].长江学术，2013（01）：87-94.

[181] 萧红主编.中国语言地理（第一辑）[C].武汉：崇文书局，2017.

[182] 徐春兰，祖丽皮耶·阿卜杜卡迪尔尔.汉语与维吾尔语二价动作动词基干句模对比研究 [J].语言与翻译，2017（02）：49-56.

[183] 徐磊.汉语"跌倒"类常用词历史演变的描写与解释 [D].武汉：华中师范大学，2010.

[184] 许宝华，宫田一郎编.汉语方言大词典 [Z].北京：中华书局，1999.

[185] 许秀霞.汉语动词分类的句法搭配与教学应用 [D].国立台湾师范大学，2008.

[186] 闫超.类型学视野下的汉韩语指示词比较研究 [D].上海：复旦大学，2014.

［187］岩田礼．方言地理学的调查研究及其思想［A］．汉语方言调查研究研讨会［C］．台北，2001．

［188］岩田礼．汉语方言"祖父""外祖父"称谓的地理分布——方言地理学在历史语言学研究上的作用［J］．中国语文，1995（03）．

［189］颜洽茂，王浩垒．汉语动词"遮"掩饰义的产生及其词义系统的演变［J］．北京理工大学学报（社会科学版），2012，14（01）：130－133．

［190］杨曼华．现代汉语"注意"类动词的多角度研究［D］．武汉：华中师范大学，2013．

［191］杨梅丽．现代汉语动词与空间位置表达［D］．重庆：西南大学，2016．

［192］杨松柠，金颖男．副词"就"的语义结构分析［J］．大庆师范学院学报，2016，36（02）：98－104．

［193］杨雪漓．朝鲜后期汉语教科书中介词研究［D］．成都：四川师范大学，2015．

［194］野田宽达．"shenme"跨语言分析—基于语义地图［A］．李小凡，张敏，郭锐，等．汉语多功能语法形式的语义地图研究［C］．北京：商务印书馆，2015：429－481．

［195］叶梦．汉语词典和英语词典释义的对比研究［D］．长沙：中南大学，2012．

［196］殷琪．汉泰常用多义动作动词对比分析［D］．昆明：云南师范大学，2014．

［197］原苏荣．典型事件宾语的形式分类及其认知基础［J］．外国语（上海外国语大学学报），2013，36（02）：33－43．

［198］曾岚．汉日"开"义动词对比研究［J］．外国语言文学，2008，25（04）：229－233．

[199] 曾艳青, 吴怀智. "扌" (手) 部动作动词的意义伸展与转用 [J].兵团教育学院学报, 2000 (02): 103 – 106.

[200] 翟赟. 从语义地图模型看 "和" 义词的功能 [A].李小凡, 张敏, 郭锐, 等. 汉语多功能语法形式的语义地图研究 [C].北京: 商务印书馆, 2015: 400 – 428.

[201] 张纯, 柴彦威, 李昌霞. 北京城市老年人的日常活动路径及其时空特征 [J].地域研究与开发, 2007 (04): 116 – 120.

[202] 张定. "穿戴" 动词语义图 [J].当代语言学, 2017, 19 (04): 546 – 560.

[203] 张定. 汉语方言 "工具—伴随" 标记多功能性的 MDU 视角 [A].李小凡, 张敏, 郭锐, 等. 汉语多功能语法形式的语义地图研究 [C].北京: 商务印书馆, 2015: 173 – 193.

[204] 张定. "追逐" 动词语义图 [J].当代语言学, 2016, 18 (01): 51 – 71.

[205] 张和友, 邓思颖. 动词分类、语义选择与汉语的空宾语结构 [J].北京师范大学学报 (社会科学版), 2013 (04): 49 – 56.

[206] 张惠清. 昌黎方言 "搁" 各功能的语义关联 [A].李小凡, 张敏, 郭锐, 等. 汉语多功能语法形式的语义地图研究 [C].北京: 商务印书馆, 2015: 371 – 399.

[207] 张惠清. 汉语方言 "被动施事" 及相关功能的语义关联 [D].北京: 北京大学, 2012.

[208] 张积家, 陈新葵. 汉字义符在汉语动作动词意义认知中的作用 [J].心理学报, 2005 (04): 434 – 441.

[209] 张军. 傈僳语 ma^{33}的多功能性与语法化 [J].民族语文, 2016 (04): 26 – 37.

［210］张敏．汉语方言处置式标记的类型学地位及其他［A］.北京
大学中国语言学研究中心演讲稿，2008 年 1 月 8 日（a）.

［211］张敏．空间地图和语义地图上的"常"与"变"：以汉语
被动、使役、处置、工具、受益者等关系标记为例［A］.中
国社会科学院语言研究所演讲稿，2008 年 1 月 10 日（b）.

［212］张敏．题元角色语义地图的再思考［A］.汉语多功能语法
形式的语义地图研究学术研讨会暨结题会［C］.北京，
2010.

［213］张敏．"语义地图模型"：原理、操作及在汉语多功能语法
形式研究中的运用［A］.北京大学汉语语言学研究中心
《语言学论丛》编委会编．语言学论丛（第四十二辑）
［C］.北京：商务印书馆，2010：3 – 60.

［214］张明仙．从语义地图看罗平方言"掉掉掉"中"掉₃"的虚
化轨迹［J］.曲靖师范学院学报，2011，30（05）：75 – 79.

［215］张言军．语义地图目标下汉语"来"的共时分布与历时演
变研究［D］.武汉：华中师范大学，2015.

［216］张谊生.30年来汉语虚词研究的发展趋势与当前课题［J］.
语言教学与研究，2016（03）：74 – 83.

［217］张则顺，肖君．副词"一定"的情态意义和相关功能研究
［J］.汉语学习，2015（01）：85 – 92.

［218］张志公．张志公文集（1）汉语语法（第一辑：汉语语法
常识）［M］.广州：广东教育出版社，1991：13 – 14.

［219］张志伟．从语义地图角度看几种语言部分亲属称谓语［J］.
现代语文（语言研究版），2014（07）：133 – 138.

［220］赵春利，孙丽．句末助词"吧"的分布验证与语义提取
［J］.中国语文，2015（02）：121 – 132 + 191 – 192.

［221］赵蓉晖．语言与性别：口语的社会语言学研究［M］.上海：

上海外语教育出版社，2003.

[222] 赵莹，柴彦威，陈洁，马修军．时空行为数据的 GIS 分析方法 [J].地理与地理信息科学，2009，25（05）：1－5.

[223] 赵莹，柴彦威，桂晶晶．中国城市休闲时空行为研究前沿 [J].旅游学刊，2016，31（09）：30－40.

[224] 赵元任，丁声树，杨时逢，吴宗济．湖北方言调查报告 [M].北京：商务印书馆，1948.

[225] 赵元任．汉语口语语法 [M].北京：商务印书馆，1979：292－296.

[226] 郑慧仁．东北亚语言比较标记的类型学研究 [D].北京：北京大学，2013.

[227] 郑凯，金海龙，贾丽娟，胡静，王彦涛．城市中少数民族购物活动时空特征——以乌鲁木齐市维吾尔族为例 [J].云南地理环境研究，2009，21（03）：16－21.

[228] 中国社会科学院语言研究所编．中国语言地图集 [M].北京：商务印书馆，2012.

[229] 中国社会科学院语言研究所词典编辑室编．现代汉语词典（第7版）[M].北京：商务印书馆，2016.

[230] 朱青．汉语"提"类言说动词研究——从手部动作义到言说义 [D].上海：上海师范大学，2014.

[231] 朱彦．意象图式与多义体系的范畴化——现代汉语动词"赶"的多义研究 [J].当代语言学，2016，18（01）：38－50.

[232] Agrawal, R. & R. Srikant. *Fast algorithms for mining association rules* [R]. Proceedings of the 20th International Conference on Very Large Data Bases. 1994：487－499.

[233] Agrawal, R. & T. Imieliński& A. Swami. *Mining association*

rules between sets of items in large databases [R]. ACM SIG-MOD Record. 1993, 22 (2): 207 – 216.

[234] Ahas, Rein & Ülar Mark. *Location based services: new challenges for planning and public administration* [J]. Futures, 2005, 37 (6), 547 – 561.

[235] Ahmed, N. & Harvey J. Miller. *Time-space transformations of geographic space for exploring, analyzing and visualizing transportation systems* [J]. Journal of Transport Geography, 2007, 15: 2 – 17.

[236] Anderson, Lloyd. *The "Perfect" as a Universal and as a Language-Particular Category* [A]. Paul J. Hopper. Tense-Aspect: Between Semantics & Pragmatics [C]. Amsterdam: John Benjamins, 1982: 227 – 264.

[237] Borg, Ingwer & Patrick J. F. Groenen. *Modern Multidimensional Scaling: Theory and Applications* [M]. New York: Springer, 1997.

[238] Bowerman, Melissa & Erik Pederson. *Cross-linguistic studies of spatial semantic organization* [A]. Annual Report of the Max Planck Institute for Psycholinguistics [C]. Nijmegen, 1992: 53 – 56.

[239] Buliung, Ronald, N., Pavlos S Kanaroglou. *On design and implementation of an object-relational spatial database for activity/travel behavior research* [J]. Geographical Systems, 2004, (6): 237 – 262.

[240] Buliung, Ronald N & Pavlos S Kanaroglou. *A GIS toolkit for exploring geographies of household activity/travel behavior* [J]. Journal of Transport Geography, 2006, 4: 35 – 51.

[241] Carlstein, Tommy & Don Parkes & Nigel J Thrift. *Human activity and time geography* [J]. Expert Review of Neurotherapeutics, 1978, 15 (9): 1–11.

[242] Chapin, Francis Stuart. *Human Activity Patterns in the City: Things People Do in Time and in Space* [M]. New York: Wiley-Interscience, 1974: 288.

[243] Clancy, S. J. *The topology of slavic case: semantic maps and multidimensional scaling* [J]. Glossos, 2006, Issue 7, Spring.

[244] Croft, William & Keith T. Poole. *Inferring universals from grammatical variation: multidimensional scaling for typological analysis* [J]. Theoretical Linguistics, 2008, 34 (1): 1–37.

[245] Croft, William. *Radical Construction Grammar* [M]. Oxford: Oxford University Press, 2001.

[246] Croft, William. *Typology and Universals* (2*nd*) [M]. Cambridge: Cambridge University Press, 2003.

[247] Cysouw, Michael. *Building Semantic Maps: The Case of Person Marking* [A]. Matti Miestamo & Bernhard Wälchli. New Challenges in Typology: Broadening the Horizons and Redefining the Foundations [C]. Berlin: Mouton, 2007: 225–248.

[248] Cysouw, Michael. *The Paradigmatic Structure of Person Marking* (*Oxford Studies in Typology and Linguistic Theory*). New York: Oxford University Press, 2009.

[249] de Haan, Ferdinand. *Typological approaches to modality* [A]. W. Frawley. The Expression of Modality [C]. Berlin: Mouton, 2006: 27–69.

[250] Ellegård, Kajsa & Bertil Vilhelmson. *Home as a pocket of local order: everyay activities and the friction of distance* [J]. Geogr

Ann, 2004, 86 B (4): 281 – 296.

[251] Ellegård, Kajsa & Torsten Hagerstrand & Bo Lenntorp. *Activity organization and the generation of daily travel: two future alternatives author (s)* [J]. Economic Geography, 1977, 53: 126 – 152.

[252] Farag, Sendy & K J Krizek & M Dijst. *E-Shopping and its relationship with in-store shopping: empirical evidence from the netherlands and the USA* [J]. Transport Reviews, 2006, 26 (1): 43 – 61.

[253] Ferrell, C E. *Home-based teleshoppers and shopping travel: do teleshoppers travel less* [R]. Paper presented at the 83rd Annual Meeting of the Transportation Research Board, January 2005, Washington, D. C..

[254] Fillmore, Charles J. *The case for case* [A]. Emmon Bach & Robert T. Harms. Universals in Linguistic Theory [C]. Holt, Rinehart and Winston, Inc, 1968: 1 – 88.

[255] Forker, Diana. *Toward a typology for additive markers* [J]. Lingua, 2016, 180: 69 – 100.

[256] François, Alexandre. *Semantic maps and the typology of colexidication: Interwining polysemous networks across languages* [A]. M. Vanhove. From Polysemy to Semantic Change [C]. Amsterdam/ Philadelphia: John Benjamins, 2008: 163 – 215.

[257] Georgakopoulos, Thanasis & Stéphane Polis. *The semantic map model: state of the art and future avenues for linguistic research* [J]. Language & Lingus Compass, 2018, 12 (2): 1 – 33.

[258] Harrington, Peter. *Machine Learning in Action* [M]. New York: Manning Publications Co. 2012.

［259］ Haspelmath, Martin. *Coordinating constructions*［M］. Amsterdam: John Benjamins, 2004.

［260］ Haspelmath, Martin. *From Space to Time: Temporal Adverbials in the World's Languages*［M］. München: Lincom Europa, 1997b.

［261］ Haspelmath, Martin. *Indefinite Pronouns*［M］. Oxford: Clarendon Press, 1997a.

［262］ Haspelmath, Martin. *The geometry of grammatical meaning: Semantic maps and cross-linguistic comparison*［A］. M. Tomasello. The New Psychology of Language, vol. 2［C］. New York: Lawrence Erlbaum Associates Publishers, 2003: 211 – 243.

［263］ Hägerstrand, Torsten. *A note on the quality of life-times*［A］. T. Carlstein et al. eds. Timing space and spacing time. Human activity and time geography［C］. London: Edward Arnold, 1978,（2）: 214 – 224.

［264］ Hägerstrand, Torsten. *Tillvarovävan*［*The fabric of existence*］［A］. Kajsa Ellegärd & Uno Svedin（Eds）. Formas, Stockholm, 2009.

［265］ Hägerstrand, Torsten. *What about people in regional science?*［A］. Papers and proceedings of the regional science association［C］. 1970, 24: 7 – 21.

［266］ Hubers, Christa & Tim Schwanen, Martin Dijst. *Exploring the fragmentation of activity gold mine: the influence of ICT-use on daily activity patterns*［R］. The 86th Annual Meeting of the Transportation Research Board. Washington, D. C. , 2007.

［267］ Huff, James O. *Geographic regularities in residential search be-*

havior [J]. Annals of the Association of American Geographers, 1986, 76 (2): 208 – 227.

[268] Kang, Hejun & Darren M Scott. *An integrated spatio-temporal GIS toolkit for exploring intrahousehold interactions* [J]. Transportation, 2008, 35: 253 – 268.

[269] Kemmer, Suzanne. *The Middle Voice* [M]. Amsterdam: John Benjamins, 1993.

[270] Kim, Hyun-Mi & Mei-Po Kwan. *Space-time accessibility measures: A geocomputational algorithm with a focus on the feasible opportunity set and possible activity duration* [J]. Journal of Geographical Systems, 2003, 5: 71 – 91.

[271] Kortmann, Bernd. *Adverbial Subordination: A Typology and History of Adverbial Subordinators Based on European Languages* [M]. Berlin: Mouton de Gruyter, 1997.

[272] Kwan, Mei-Po & Jiyeong Lee. *Geovisualization of human activity patterns using 3D GIS* [A]. *A time-geography approach* [C]. In Goodchild M F, Janelle D G (eds): Spatially Integrated Social Science. New York: Oxford University Press, 2004.

[273] Kwan, Mei-Po. *Affecting geospatial technologies: toward a feminist politics of emotion* [J]. The Professional Geographer, 2007, 59 (1): 22 – 34.

[274] Kwan, Mei-Po. *Gender and individual access to urban opportunities: A study using space-time measures* [J]. Professional Geographer, 1999b, 51 (2): 210 – 227.

[275] Kwan, Mei-Po. *Gender differences in space-time constraints* [J]. Area, 2000, 32 (2): 145 – 156.

[276] Kwan, Mei-Po. Gender *the home-work link, and space-time*

patterns of nonemployment activities [J]. Economic Geography, 1999a, 75 (4): 370 – 394.

[277] Kwan, Mei-Po. *GIS methods in time-geography research: Geocomputation and geovisualization of human activity patterns* [J]. Geogr. Ann, 2004: 86B (4): 267 – 280.

[278] Kwan, Mei-Po. *Is GIS for women Reflections on the critical discourse in the* 1990s [J]. Gender, Place and Culture, 2002, 9 (3): 271 – 279.

[279] Kwan, Mei-Po. *Mobile communications, social networks, and urban travel: hypertext as a new metaphor for conceptualizing spatial interaction* [J]. The Professional Geographer, 2007, 59 (4): 434 – 446.

[280] Kwan, Mei-Po. *Space-time and integral measures of individual accessibility: a comparative analysis using a point-based framework* [J]. Geographical Analysis. 1998, 30: 370 – 394.

[281] Lenntorp, Bo. *A time geographic simulation model of individual activity programmes* [A]. T. Carlstein, D. N. Parkes, and N. J. Thrift (eds.). Human Activity and Time Geography [C]. London: Edward Arnold, 1978: 162 – 180.

[282] Li, Linhua & Li Zhu & Daniel Z Sui. *A GIS-based Bayesian approach for analyzing spatial-temporal patterns of intra-city motor vehicle crashes* [J]. Journal of Transport Geography, 2007, 15: 274 – 285.

[283] Luraghi, Silvia. *Syncretism and the classification of semantic roles* [J]. Sprachtypologyie und Universalienforschung, 2001, 54 (1): 35 – 51.

[284] Majid, Asifa. *Conceptual maps using multivariate statistics:*

building bridges between typological linguistics and psychology [J]. Theoretical Linguistics, 2008, 34 (1): 59 – 66.

[285] Makin, J. & R. G. Healey & S. Dower. *Simulation modeling with object oriented GIS: A prototype application to the time geography of shopping behavior* [J]. Geographical System, 1997, 4: 397 – 429.

[286] Malchukov, Andrej & H. Narrog. *Case Polysemy* [A]. Malchukov & Spencer. The Handbook of Case [C]. Oxford: Oxford University Press, 2009: 518 – 535.

[287] Malchukov, Andrej & Johan van der Auwera. *A Semantic Map for Depictive Adjectivals* [A]. Nikolaus P. Himmelmann & Eva Schultze-Berndt. Secondary Predication and Adverbial Modification: The Typology of Depictive Constructions [C]. Oxford: Oxford University Press, 2005: 393 – 423.

[288] Malchukov, Andrej & M. Haspelmath & B. Comrie. *Ditransitive Constructions: A Typological Overview* [A]. the Conference on Ditransitive Constructions [C]. Leipzig: Max Planck Institute for Evolutionary Anthropology, 23 – 25 November 2007.

[289] Malchukov, Andrej. *Toward a semantic typology of adversative and contrast marking* [J]. Journal of Semantics, 2004, vol 21, 2: 177 – 198.

[290] Mårtensson S. *Childhood interaction and temporal organization* [J]. Economic Geography, 1977, (2): 99 – 125.

[291] Miller, Harvey J & Yi Hwa Wu & Ming-chih Hung. *GIS-based Dynamic Traffic Congestion Modeling to Support Time-critical Logistics* [M]. Published in the Proceedings of the Hawaii International Conference on System Science, 1999, January 5 –

8, Maui, Hawaii.

[292] Miller, Harvey J. *A measurement theory for time geography* [J]. Geographical Analysis, 2005b, 37: 17 – 45.

[293] Miller, Harvey J. *Necessary space-Time conditions for human interaction* [J]. Environment & Planning B Planning & Design, 2005a, 32 (3): 381 – 401.

[294] Miller R. *Household activity patterns in nineteenth-century suburbs: a time-geographic exploration* [J]. Annals of the Association of American Geographers, 1982, 72 (3): 355 – 371.

[295] Narrog, Heiko & S. Ito. *Re-constructing semantic maps: the comitative-instrumental area* [J]. Language Typology and Universals, 2007, 60 (4): 273 – 292.

[296] Novák, Jakub & Luděk Sýkora. *A city in motion: time-space activity and mobility patterns of suburban inhabitants and the structuration of the spatial organization of the Prague Metropolitan Area* [J]. Geografiska Annaler Series B, 2007, 89B (2): 147 – 168.

[297] Pred, Allan. *Production, family, and free-time projects: a time-geographic perspective on the individual and societal change in nineteenth-century U. S. cities* [J]. Journal of Historical Geography, 1981 (7): 3 – 36.

[298] Pred, A. *Urbanization, domestic planning problems and Swedish geographical research* [A]. Board C et al. eds. Progress in geography [C]. London: Edward Arnold, 1973 (5): 1 – 76.

[299] Ratti, Carlo & Dennis Frenchman & Riccardo Maria Pulselli & Sarah Williams. *Mobile Landscapes: using location data from cellphones for urban analysis* [J]. Environment and Planning

B: Planning and Design, 2006, (33): 727 – 748.

[300] Raubal, Martin & Harvey. J. Miller & Scott Bridwell. *User-centred time geography for location-based services* [J]. Geografiska Annaler: Series B, Human Geography, 2004: 0435 – 3684.

[301] Regier, Terry & Naveen Khetarpal & Asifa Majid. *Inferring semantic maps* [J]. Linguistics Typology, 2013, 17 (1): 89 – 105.

[302] Rey, Sergio J & Mark V Janikas. *STARS: Space-time analysis of regional systems* [J]. Geographical Analysis, 2006, 38: 67 – 86.

[303] Rose, Gillian. *Feminism and Geography: the Limits of Geographical Knowledge* [M]. Minneapolis: University of Minnesota Press. 1993.

[304] Rosen, Kenneth H. *Discrete Mathematics and Its Applications* (*7th*) [M]. New York: McGraw-Hill, 2012.

[305] Sansò, Andrea. *How "semantic" are semantic maps? A pilot study of passive and impersonal constructions in European.* https://www. eva. mpg. de/lingua/conference/07 – SemanticMaps/pdf/15_ sanso. pdf, 2007.

[306] Scott, Darren M. *Embracing activity analysis in transport geography: Merit, challenges and research frontiers* [J]. Journal of Transport Geography, 2006, 14: 389 – 392.

[307] Shaw, Shih-Lung. *Handling disaggregate spatiotemporal travel data in GIS* [J]. GeoInformation, 2000, 4 (2): 161 – 178.

[308] Shoval, Noam & Michal Isaancson. *Sequence alignment as a method for human activity analysis in space and time* [J]. An-

nals of the Association of American Geographers, 2007, 97
(2): 282 - 292.

[309] Srinivasan, Sumeeta & Joseph Ferreira. *Travel behavior at the household level: understanding linkages with residential choice* [J]. Transportation Research Part D, 2002, 7: 225 - 242.

[310] Stassen, Leon. *Intransitive Predication* [M]. Oxford: Oxford University Press, 1997.

[311] Thrift, N. & A. Pred. *Time-geography: a new beginning* [J]. Progress in Human Geography. 1981, (5): 277 - 286.

[312] Urban, G. *Ergativity and accusativity in shokleng (gê)* [J]. International Journal of American Linguistics, 1985, 51 (2): 164 - 187.

[313] van der Auwera, Johan & Vladimir A. Plungian. *Modality's semantic map* [J]. Linguistics Typology, 1998, 2 (1): 79 - 124.

[314] van der Auwera, Johan, Nina Dobrushina, & Valentin Goussev. *A Semantic Map for Imperative-hortatives* [A]. D. Willems, B. Defrancq, T. Colleman, & D. Noel. Contrastive Analysis in Language: Identifying Linguistic Units of Comparison [C]. Houndmills: Palgrave Macmillan UK, 2004: 44 - 66.

[315] van der Auwera, Johan, Peter Kehayov & A. Vittrant. *Acquistive Modals* [A]. L. Hogeweg, H. de Hoop & A. Malchukov. Cross-linguistic Semantics of Tense, Aspect and Modality. [C]. Amsterdam: Elsevier, 2009: 271 - 302.

[316] van der Auwera, Johan. *On the Semantic and Pragmatic Polyfunctionality of Modal Verbs* [A]. Turner K. The Semantics/Pragmatics Interface from Different Points of View [C]. Amsterdam: Elsevier, 1999: 50 - 64.

[317] Wang, Donggen & Yanwei Chai. *The jobs-housing relationship and commuting in Beijing, China: the legacy of Danwei* [J]. Journal of Transport Geography. 2008. In Press.

[318] Weber, Joe & Mei-Po Kwan. *Bring time back in: a study on the influence of travel time variations and facility opening hours on individual accessibility* [J]. The Professional Geographer, 2002, 54: 226 – 240.

[319] Weber, Joe. *Individual accessibility and distance from major employment centers: an examination using space-time measure* [J]. Journal of Geographical Systems, 2003, 5: 51 – 71.

[320] Wälchli, Bernhard & Michael Cysouw. *Lexical typology through similarity semantics: toward a semantic map of motion verbs* [J]. Linguistics, 2012, 50 (3): 671 – 710.

[321] Yu, Hongbo & Shih-Lung Shaw. *Exploring potential human activities in physical and virtual spaces: a spatiotemporal GIS approach* [J]. International Journal of Geographical Information Science, 2007a (6): 1 – 22.

[322] Yu, Hongbo & Shih-Lung Shaw. *Revisiting Hgerstrand's Time-Geographic Framework for Individual Activities in the Age of Instant Access* [M]. Societies and Cities in the Age of Instant Access. Springer Netherlands, 2007b.

[323] Zeng, Ni & Hong Xiao. *Inferring implications in semantic maps via the Apriori algorithm* [J]. Lingua, 2020, 239: 102808.

[324] Zwarts, Joost. *Commentary on Croft and Poole, inferring universals from grammatical variation: multidimensional scaling for typological analysis* [J]. Theoretical Linguistics, 2008, 34 (1): 67 – 73.

引书详目

先秦及西汉

《新书》.贾谊著,方向东译注.北京:中华书局,2012.

《礼记》.戴圣著,王学典译.北京:蓝天出版社,2008.

《汉书》.班固.北京:中华书局,2016.

《列子集释》.杨伯峻.北京:中华书局,2016.

《韩非子集解》.王先慎.北京:中华书局,1998.

东汉魏晋南北朝

《文选》.萧统.北京:中华书局,1977.

《旧唐书》.刘昫.北京:中华书局,1975.

《肘后备急方》.葛洪.北京:人民卫生出版社,1956.

《说文解字》.许慎.北京:中华书局,1963.

《贤愚经》.慧觉等.北京:大众文艺出版社,2005.

《洛阳伽蓝记》.杨衒之著,尚荣译.北京:中华书局,2012.

唐宋元明清

《北齐书》.李百药.北京:中华书局,2008.

《晋书斠注》.房玄龄等撰,(清)吴士鉴、刘承幹注.北京:中华书局,2008.

《全元杂剧》.杨家骆编.上海:世界书局,1973.

《原本老乞大》.郑光主编.北京:外语教学与研究出版社,2002.

《老乞大谚解·朴通事谚解》. 王必成. 台北: 联经出版事业公司, 1978.

《红楼梦（程乙本）》. 曹雪芹, 高鹗. 上海: 亚东图书馆, 1948.

《三剑侠》. 张杰鑫著, 张丰原点校. 西安: 三秦出版社, 1996.

《全唐诗》. 彭定求等编. 北京: 中华书局, 1960.

《朝野金载》. 张鷟. 上海: 商务印书馆, 1936.

《敦煌变文集》. 敦煌文物研究所. 兰州: 甘肃人民出版社, 1982.

《碧岩录》. 圆悟克勤. 郑州: 中州古籍出版社, 2011.

《全宋诗（第2版）》. 北京大学古文献研究所. 北京: 北京大学出版社, 1995.

《全宋词》. 唐圭璋编. 北京: 中华书局, 1988.

《林间录》. 释惠洪. 四库馆, 1868.

《张协状元》. 九山书会. 上海: 上海社会科学院出版社, 2006.

《京本通俗小说》. 佚名. 上海: 上海古典文学出版社, 1955.

《朱子语类》. 黎靖德编. 北京: 中华书局, 1986.

《秘书监志》. 王士点、商企翁. 香港: 文海出版社, 1984.

《汉宫秋》. 马致远. 上海: 中国古籍出版社, 2003.

《元诗选》. 顾嗣立编. 北京: 中华书局, 1987.

《永乐大典》. 谢缙等编. 北京: 中华书局, 1986.

《普济方》. 朱橚. 北京: 人民卫生出版社, 1983.

《本草纲目》. 李时珍著, 张凤娇译. 北京: 北京联合出版公司, 1986.

《三宝太监西洋记》. 罗懋登. 北京: 华夏出版社, 1995.

《鼓掌绝尘》. 金木散人. 北京: 时代文艺出版社, 2003.

《水浒传》. 施耐庵, 罗贯中. 北京: 人民文学出版社, 2018.

《初刻拍案惊奇》. 佚名. 上海: 上海古籍出版社, 1985.

《二刻拍案惊奇》. 凌濛初. 上海: 上海古籍出版社, 1985.

《三刻拍案惊奇》. 佚名. 北京：北京大学出版社，1987.

《禅真后史》. 方汝浩. 杭州：浙江古籍出版社，1987.

《纪效新书》. 戚继光. 北京：人民体育出版社，1988.

《吴昌龄 刘唐卿 于伯渊集》. 吴昌龄、刘唐卿、于伯渊著，张继红校注. 太原：山西人民出版社，1993.

《情经》. 冯梦龙著，花子金编著. 广州：广州出版社，1995.

《桂枝儿》. 冯梦龙著，关德栋选注. 济南：济南出版社，1990.

《笑赞》. 赵南星. 北京：星云堂书店，1912 – 1948.

《姑妄言》. 曹去晶著，许辛点校. 北京：中国文联出版社，1999.

《儿女英雄传》. 文康. 上海：上海古籍出版社，1994.

《官场现形记（全五册）》. 李伯元. 北京：艺文书房，1942.

《歧路灯》. 李绿园. 北京：新世界出版社，2013.

《刘公案》. 佚名. 北京：北京燕山出版社，2007.

《二十年目睹之怪现状》. 吴趼人. 北京：中华书局，2013.

《九尾龟》. 张春帆. 上海：上海古籍出版社，1994.

《十尾龟》. 陆士谔. 北京：中国戏剧出版社，2000.

《全宋文》. 严可均辑. 北京：商务印书馆，1999.

《全三国文》. 严可均辑. 北京：商务印书馆，1999.

《小五义》. 佚名. 北京：华文出版社，2018.

《花案奇闻》. 岐山左臣. 延吉：延边人民出版社，2001.

《金云翘传》. 青心才人. 沈阳：春风文艺出版社，1983.

《赛红丝》. 佚名. 北京：中国经济出版社，2011.

《醉春风》. 佚名. 北京：时代文艺出版社，2001.

民国至今

《毛泽东选集》. 毛泽东. 北京：人民出版社，1951.

《飞花集·哪有闲情话年月》. 曹靖华. 上海：上海文艺出版社，1978.

《人海潮》. 平襟亚（网蛛生）. 上海：上海古籍出版社，1991.

图书在版编目（CIP）数据

数智时代湖北方言语义演化研究 / 曾妮著. -- 北京：
社会科学文献出版社，2025.1
（光谷语言文学研究丛书）
ISBN 978-7-5228-2944-9

Ⅰ.①数⋯ Ⅱ.①曾⋯ Ⅲ.①西南官话-方言研究-
湖北 Ⅳ.①H172.3

中国国家版本馆 CIP 数据核字（2023）第 245196 号

光谷语言文学研究丛书
数智时代湖北方言语义演化研究

著　　者 / 曾　妮

出 版 人 / 冀祥德
责任编辑 / 李建廷
责任印制 / 王京美

出　　版 / 社会科学文献出版社（010）59367215
　　　　　　地址：北京市北三环中路甲 29 号院华龙大厦　邮编：100029
　　　　　　网址：www.ssap.com.cn
发　　行 / 社会科学文献出版社（010）59367028
印　　装 / 三河市东方印刷有限公司

规　　格 / 开　本：787mm×1092mm　1/16
　　　　　　印　张：19.5　字　数：262 千字
版　　次 / 2025 年 1 月第 1 版　2025 年 1 月第 1 次印刷
书　　号 / ISBN 978-7-5228-2944-9
定　　价 / 128.00 元